Albert Scherr

Jugendsoziologie

Albert Scherr

Jugendsoziologie

Einführung in Grundlagen
und Theorien

9., erweiterte und umfassend
überarbeitete Auflage

VS VERLAG FÜR SOZIALWISSENSCHAFTEN

Bibliografische Information der Deutschen Nationalbibliothek
Die Deutsche Nationalbibliothek verzeichnet diese Publikation in der
Deutschen Nationalbibliografie; detaillierte bibliografische Daten sind im Internet über
<http://dnb.d-nb.de> abrufbar.

7. Auflage 2001
8. Auflage 2005
Autor der 1. bis 7. Auflage: Bernhard Schäfers
8. Auflage: Bernhard Schäfers | Albert Scherr
9., erweiterte und umfassend überarbeitete Auflage 2009

Lektorat: Frank Engelhardt

VS Verlag für Sozialwissenschaften ist Teil der Fachverlagsgruppe
Springer Science+Business Media.
www.vs-verlag.de

Umschlaggestaltung: KünkelLopka Medienentwicklung, Heidelberg
Druck und buchbinderische Verarbeitung: Krips b.v., Meppel
Gedruckt auf säurefreiem und chlorfrei gebleichtem Papier
Printed in the Netherlands

ISBN 978-3-531-16480-9

Vorwort zur neunten Auflage

Die nunmehr in einer neunten, umfassend überarbeiteten und aktualisierten Auflage erscheinende Einführung in die Jugendsoziologie hat, wie schon die vorausgehenden Auflagen zum Ziel, über Jugend in der Gegenwartsgesellschaft sozialwissenschaftlich fundiert zu informieren.

Dargestellt werden grundlegende Daten, Begriffe und Theorien der Jugendforschung. Dabei ist die Absicht leitend, zu einer Auseinandersetzung mit der gesellschaftlichen Situation Jugendlicher sowie mit jugendtypischen Verhaltensweisen und Problemlagen zu befähigen, die Jugend nicht primär als psychodynamische Entwicklungsphase, sondern als ein soziales Phänomen in den Blick nimmt. Daher werden zentrale Aspekte der Gesellschafts- und Sozialstruktur der Bundesrepublik Deutschland thematisiert.

Ausgehend von einer soziologischen Betrachtung werden zudem interdisziplinäre – insbesondere sozialgeschichtliche, entwicklungspsychologische und pädagogische – Aspekte berücksichtigt.

Über Jugend und Jugendliche, nicht zuletzt über sog. Jugendprobleme, liegt eine kaum überschaubare Fülle wissenschaftlicher Studien aus unterschiedlichen Fachdisziplinen (Soziologie, Sozialgeschichte, Entwicklungspsychologie, Erziehungswissenschaft) vor. Diese können hier nicht umfassend dargestellt werden. Leitend für die Auswahl der Theorien, Forschungsergebnisse und Themen war das Interesse, Studierenden einen verständlichen und fundierten Überblick zu bieten. Ergänzend erfolgen Hinweise auf Grundlagentexte und weiterführende Literatur.

Einer Einführung entsprechend werden zentrale Begriffe im Text und im Glossar erläutert. Ein Sachregister und Querverweise sollen die Benutzung als Nachschlagewerk erleichtern.

Das vorliegende Buch führt die Tradition fort, die Bernhard Schäfers mit der im Jahr 1982 veröffentlichten ‚Soziologie des Jugendalters‘ begründet hat. Mit der gemeinsam mit dem Verfasser 2005 erstellten achten Auflage wurde ein Prozess eingeleitet, der dafür sorgen sollte, dass diese bewährte Einführung in die Jugendsoziologie trotz Emeritierung von Bernhard Schäfers weiterhin verfügbar bleibt. Dass Wissenschaftler bereit sind, ein solches Lehrbuch an einen Jüngeren zu übergeben, ist keineswegs üblich und selbstverständlich. Auch deshalb ist Bernhard Schäfers an dieser Stelle herzlich zu danken.

Für diese Auflage wurde eine umfassende Überarbeitung vorgenommen. Neben einer Aktualisierung der Daten und der Literaturverweise wurden einige Teilkapitel neu hinzugefügt. Das Kapitel über jugendsoziologische Theorien wurde weitgehend neu verfasst, das Kapitel zur Sozialgeschichte erweitert und es wurde versucht, neuere Theorieentwicklungen und Forschungsergebnisse in alle Teilkapitel einzuarbeiten. An einigen Stellen wurden, wo dies sachlich vertretbar war, Kürzungen vorgenommen.

Für Hilfen bei der Überarbeitung der neunten Auflage ist Dr. Ulrike Hormel, Dr. Maja S. Maier und Dr. Sebastian Dippelhofer zu danken.

Widmen möchte ich dieses Buch meinen inzwischen erwachsenen Söhnen Daniel und Jakob. Dass Jugend gelegentlich eine durchaus schwierige Lebensphase sein kann, aber auch die Chance, einen Weg aus der wohlmeinend-fürsorglichen Umarmung der Eltern zu finden, haben wir in den vergangenen Jahren gemeinsam intensiv erfahren.

Albert Scherr, Freiburg im Breisgau, Oktober 2008

Inhaltsübersicht

Inhaltsverzeichnis

Einleitung: Wozu Jugendsoziologie?

Für das Alltagsdenken ist alles klar und verständlich: Es gibt Säuglinge, Kinder, Jugendliche, Erwachsene und alte Menschen. Jugendliche sind mitten in ihrer Entwicklung, noch nicht so vernünftig wie Erwachsene. Die Veränderungen des Körpers und der Hormone in der Pubertät führen zu emotionalen Verwirrungen und dazu, dass Jugendliche mit sich selbst, mit ihren Gefühlen und ihren sexuellen Bedürfnissen in einer Weise beschäftigt sind, dass sie allzu oft kaum mehr vernünftig ansprechbar sind. Jungen neigen zu Aggressivität, Mädchen werden zickig.

Diese Sichtweise scheint einleuchtend zu sein und aus ihr werden zahlreiche Ratschläge abgeleitet: Man solle Jugendliche nicht allzu ernst nehmen, ihnen die Freiräume zugestehen, die sie brauchen. Oder: Man solle endlich einsehen, dass Jugendlichen klare Grenzen gesetzt und Regeln vorgegeben werden müssen. Ein allzu liberaler oder gar antiautoritärer Umgang mit Jugendlichen, wie ihn Alt-68er immer noch empfehlen, habe sich als Irrweg erwiesen. Das zeige sich z.B. an der Zunahme von Gewalt, Kriminalität und Drogenkonsum.

Eine etwas differenziertere Sichtweise räumt ein, dass nicht alle Jugendlichen so sind sowie, dass man zwischen Mädchen und Jungen, Teenies und älteren Jugendlichen auch Unterschiede sehen müsse. Ob die Behauptung zutrifft, dass die Probleme mit Jugendlichen immer dramatischer werden, wird gelegentlich bezweifelt. Wohlmeinende weisen darauf hin, dass den heutigen Jugendlichen ziemlich viel zugemutet würde: Schulischer Leistungsdruck, Scheidungen und zerrüttete Familien, die Zugänglichkeit von Gewaltdarstellungen und Pornographie sei für heutige Jugendliche eine enorme Belastung. Gelegentlich wird auch angemerkt, dass man die wachsende Armut und die hohe Arbeitslosigkeit berücksichtigen müsse.

Wem eine solche Sichtweise und solche Erklärungen genügen, der braucht nicht weiterzulesen. Denn es scheint ja in wenigen Sätzen alles Wesentliche gesagt zu sein. Als Soziologe habe ich aber gute Gründe für die Überzeugung, dass damit lange noch nicht alles Wichtige oder sogar eine ganze Menge Falsches gesagt ist! Den Beweis für diese Behauptung sollen die folgenden Seiten erbringen.

Im Weiteren wird eine soziologische Sichtweise eingenommen. Das heißt erstens: Es soll darum gehen, Aussagen über „die Jugend" einigermaßen verlässliche empirische Daten zu Grunde zu legen, also nicht nur das, was jedermann aus eigener Erfahrung weiß bzw. zu wissen glaubt; zweitens ist für Jugendsoziologie die Annahme grundlegend, dass man gesellschaftliche Verhältnisse in den Blick nehmen muss, wenn man verstehen und erklären will, warum sich Jugendliche so verhalten, wie sie es tun. Gegenüber Erklärungen, die auf die Erbanlagen, die Hormone oder die angeblich zu allen Zeiten gleiche menschliche Psyche hinweisen, sind Soziologen – aus guten Gründen – misstrauisch. Auch das soll im Weiteren noch deutlich werden.

Für den *Aufbau* und den *Argumentationsgang* dieses Buches sind drei Gesichtspunkte zentral:

▪ Erstens handelt es sich um ein Lehrbuch, das den Stand des wissenschaftlichen Wissens verlässlich und verständlich darstellen soll. Im Hinblick auf eigene Positionen in wissenschaftlichen Kontroversen war also Zurückhaltung geboten. Das kann aber nicht heißen, auf eine Kritik von Dogmen und Überzeugungen zu verzichten, die sich als empirisch und theoretisch nicht haltbar erwiesen haben.

▪ Im Zentrum stehen soziologische Theorien und Forschungsergebnisse. Ergänzend wird auf wichtige Aspekte der sozialhistorischen, pädagogischen und psychologischen Jugendforschung eingegangen. Dabei wird versucht zu verdeutlichen, dass der Blick auf andere Teildisziplinen in vielfacher Hinsicht als notwendige Erweiterung und Ergänzung des soziologischen Wissens verstanden werden kann, aber auch, dass es in Hinblick auf einige Aspekte durchaus ein Spannungsverhältnis zwischen soziologischen und psychologischen Deutungen und Erklärungen gibt.

▪ Drittens kam mir beim Schreiben immer wieder ein Gedanke des 1982 verstorbenen und leider weitgehend in Vergessenheit geratenen Sozialwissenschaftlers und Psychologen Peter Brückner ins Gedächtnis. In seiner 1980 unter dem Titel ‚Das Abseits als sicherer Ort' erschienen Auseinandersetzung mit seiner Kindheit und Jugend im Nationalsozialismus schreibt Brückner, dass es darauf ankomme, „die Rätsel unserer Lebensgeschichte im Kontext der Geschichte unserer Gesellschaft zu lösen". Eine dazu geeignete Theorie solle so angelegt sein, dass sie dazu befähigt, eigene Erfahrungen und die Untersuchung gesellschaftlicher Verhältnisse zueinander ins Verhältnis zu setzen. Diesem hohen Anspruch wird das vorliegende Buch nicht umfassend gerecht. Aber es versucht, dafür hilfreiche Grundlagen anzubieten.

1. Begriff, Differenzierung und Institutionalisierung von Jugend

1.1 Zum Begriff Jugend

Jugend – das ist zunächst kein klar definierter wissenschaftlicher Begriff, sondern ein Wort aus der Alltagssprache. Der alltägliche Sprachgebrauch benennt damit in mehrdeutiger Weise eine von Kindheit und Erwachsenenleben unscharf unterschiedene Lebensphase und er legt Annahmen über besondere Verhaltensmuster und Eigenschaften nahe, die als jugendtypisch gelten. So wird über Söhne und Töchter in Familien, über Schüler in der Schule oder über Auszubildende im Betrieb gewöhnlich nur dann als Jugendliche gesprochen, wenn sie sich in einer Weise verhalten, die als typisch für diese Lebensphase gilt.

1.1.1 Unterschiedliche Jugendbegriffe

Im Unterschied zur Alltagssprache ist wissenschaftliche Jugendforschung auf eine Klärung ihres Grundbegriffs angewiesen. Erforderlich ist dies nicht allein deshalb, weil für empirische Untersuchungen die Altersgrenzen festgelegt werden müssen, mit denen darüber entschieden wird, wer als Jugendlicher gelten soll. Ganz generell gilt darüber hinaus, dass wissenschaftliche Forschung ihren jeweiligen Forschungsgegenstand nicht einfach als eindeutig gegeben vorfindet; mit wissenschaftlichen Grundbegriffen gehen vielmehr zentrale Annahmen darüber einher, was den jeweiligen Forschungsgegenstand kennzeichnet. Dies ist auch im Fall der Jugendforschung folgenreich. Denn bloße Festlegungen von Altersabgrenzungen sind nur ein Hilfsmittel für die Forschungspraxis. Sie sind, wie im Weiteren noch deutlicher werden wird, nicht hinreichend, um Jugend von der Kindheit und vom Erwachsenenalter begründet zu unterscheiden.

Für die empirische Jugendforschung und die Theorieentwicklung ist deshalb unverzichtbar, auszuweisen wer – im Sinne eines wissenschaftlich begründeten Jugendbegriffs – als Jugendlicher gelten soll, und von welchen Annahmen über die besonderen Eigenschaften der Lebenssituation Jugendlicher und der Lebensphase Jugend ausgegangen wird.

Hierfür ist es nicht zureichend, Jugend als biologisches oder psychisches Entwicklungsstadium zu fassen, wie es im Alltagsdenken üblich ist. Soziologie zielt vielmehr darauf, Jugend als Lebenslage bzw. Lebensphase in Hinblick auf gesellschaftliche Bedingungen des Heranwachsens in den Blick zu nehmen. Jugendtypische Verhaltensweisen und Probleme werden als Auseinandersetzungen mit den Gegebenheiten, den Zwängen und den Möglichkeiten untersucht, die Jugendliche in einer jeweiligen gesellschaftlichen Situation vorfinden.

Obwohl begriffliche Klarheit und Eindeutigkeit in den Wissenschaften im Interesse der Verständigung angestrebt werden, gibt es auch in den Fachsprachen der Soziologie, der Psychologie oder der Pädagogik keine verbindliche und einheitliche Definition des Begriffes Jugend (zur Begriffsgeschichte vgl. Markefka 1967; Fend 2000: 23ff.). Dies ist nicht zuletzt dadurch bedingt, dass die genannten Fachdisziplinen je eigene Gesichtspunkte ins Zentrum stellen: Psychologische Jugendtheorien akzentuieren die emotionale und kognitive Entwicklungsdynamik, die mit der Pubertät* in Gang kommt (s. als Übersicht Fend 2003).[1] Pädagogik und Erziehungswissenschaft fragen nach altersgruppentypischen Voraussetzungen und Folgen von Lernen, Erziehung und Bildung sowie den Auswirkungen der Sozialisation* in Schulen und den Einrichtungen der außerschulischen Jugendpädagogik (s. als Überblick Breyvogel 1998a).

Jugend*soziologie* interessiert sich im Unterschied dazu vor allem für

- Jugend als eine Lebensphase im Kontext der gesellschaftlichen Ordnung der Altersgruppen, durch die Kindern, Jugendlichen und Erwachsenen unterschiedliche Rechte und Pflichten zugewiesen, Möglichkeiten eröffnet und Zwänge auferlegt werden;
- die Auswirkungen der gesellschaftlichen (ökonomischen, politischen, rechtlichen usw.) Bedingungen auf Jugend als Lebenslage und Lebensphase;
- die unterschiedlichen Lebensbedingungen und Praktiken, die bei Jugendlichen in Abhängigkeit von der sozialen Position ihrer Herkunftsfamilie (insbesondere: Einkommen und Vermögen, Bildungsniveau, Migrationshintergrund) vorzufinden sind sowie für die Gemeinsamkeiten und Unterschiede von männlicher und weiblicher Jugend; dezidiert formulierte Erwin K. Scheuch (1975: 54): „Die Jugend gibt es nicht!" und er forderte, die soziale „Differenziertheit von Jugend" theoretisch und empirisch systematisch zu berücksichtigen;
- die Einstellungen und Praktiken, die bei Jugendlichen in einer jeweiligen gesellschaftlichen Situation vorzufinden sind; jugendkulturelle Selbstdefinitionsprozesse und Abgrenzungsprozesse zwischen Jugendkulturen sowie gegenüber „der Erwachsenengesellschaft";
- spezifische Problemlagen Jugendlicher sowie die gesellschaftliche Wahrnehmung von Jugendproblemen, insbesondere in den Massenmedien, der Pädagogik und der politischen Kommunikation;

---

1   Mit * versehene Wörter/Begriffe sind im Glossar erläutert.

- die gesellschaftlichen Bemühungen, auf Jugendliche (insbesondere durch Pädagogik, Sozialarbeit, Strafrecht und Jugendpolitik) gezielt einzuwirken.

1.1.2 Zur Entstehung von Jugend

Jugend ist ein gesellschaftsgeschichtliches Phänomen:

- Die Lebensbedingungen Heranwachsender verändern sich in Abhängigkeit von gesamtgesellschaftlichen Entwicklungen.
- Die Vorstellung, dass Jugend eine eigenständige, von der Kindheit unterschiedene Lebensphase aller Heranwachsenden sei, setzt sich erst im 19. und 20. Jahrhundert durch.

Jugend im Sinne der gegenwärtigen Bedeutung des Begriffs, d.h. als eine zeitlich abgrenzbare Lebensphase Heranwachsender aus allen sozialen Schichten der Gesellschaft und beider Geschlechter,* hat es nicht schon immer gegeben. Die Entstehung moderner Jugend im Prozess der Industrialisierung hat ihre zentrale Grundlage darin, dass „immer größere Teile der heranwachsenden Generation (nicht mehr nur die Angehörigen privilegierter Schichten) aus der frühzeitigen Eingliederung in den Erwerbs- und Produktionsprozess freigesetzt werden" (Hornstein 1990: 31).

Sozialgeschichtliche Untersuchungen (s. dazu auch die Ausführungen in den Kapiteln 3 und 4) weisen entsprechend nach, dass sich die Bedeutung der Unterscheidung von Kindheit, Jugend und Erwachsenenleben im Verlauf der historischen Entwicklung erheblich gewandelt hat. So kann etwa für die Landbevölkerung in den vorindustriellen Gesellschaften Mitteleuropas festgestellt werden, dass Jugend dort primär den Status derjenigen (männlichen) Heranwachsenden kennzeichnete, die wirtschaftlich nicht in der Lage waren, einen eigenen Haushalt zu gründen und deshalb auch nicht als heiratsfähig galten (Mitterauer 1986: 44ff.). Im Unterschied dazu hat sich in den bürgerlichen Schichten seit der zweiten Hälfte des 18. Jahrhunderts ein Verständnis von Jugend durchgesetzt, demzufolge darunter eine eng mit der Pubertät verknüpfte individuelle Lern- und Entwicklungsphase zu verstehen ist, in der besondere pädagogische Aufmerksamkeit und eine geschlechtsbezogen differenzierte Erziehung erforderlich sind. In seinem klassischen Werk „Emil oder über die Erziehung" (1762/1978) charakterisiert Jean-Jacques Rousseau (1712-1778) die Jugend als eine „zweite Geburt", als „die Geburt der Leidenschaften" und proklamiert: „Unsere Sorgen waren bisher nur Kinderspiel, jetzt gewinnen sie größte Bedeutung. In diesem Zeitraum, in dem gewöhnlich die Erziehung abgeschlossen wird, beginnt unsere erst richtig" (ebd.: 210f.). Rousseau bestimmt Jugend damit in einer bis heute einflussreichen Weise als eine Lebensphase, in der Erziehung schwieriger als in der Kindheit, aber zugleich in besonderer Weise erforderlich ist.

Von zentraler Bedeutung für die Entstehung moderner Jugend ist einerseits die Durchsetzung der allgemeinen Schulpflicht und einer daran anschließenden Phase der beruflichen bzw. hochschulischen (Aus-)Bildung; andererseits die Durchsetzung eines Verständnisses von Jugend als Lebensphase, in der Heranwachsenden die Möglichkeit und das Recht zukommen soll, ein eigenständiges Jugendleben zu führen, das von Erwachsenen und pädagogischen Institutionen nicht umfassend kontrolliert wird.

Moderne* Jugend kann entsprechend als eine in sich widersprüchliche Lebensphase verstanden werden: Einerseits unterliegen Jugendliche Qualifizierungszwängen und verfügen nicht über die gleichen Rechte wie Erwachsene; sie sind ökonomisch abhängig und gelten als erziehungsbedürftig. Andererseits werden Jugendliche nicht mehr wie Kinder behandelt, ihnen wird zugestanden und zugemutet, über bestimmte Aspekte ihrer Lebensführung selbst zu bestimmen und über Zeiten und Räume zu verfügen, die nicht von Erwachsenen beaufsichtigt werden.

Eine von den Zwängen der Erwerbsarbeit und der Sorge um die alltägliche Existenzsicherung weitgehend freie Jugend existierte im 19. und im frühen 20. Jhdt. jedoch nur für die Heranwachsenden aus den privilegierten sozialen Klassen und Schichten. Das vorherrschende Jugendbild der Literatur und der Wissenschaften betrachtete die Arbeiterjugendlichen als eine eigenständige soziale Gruppe, für die Jugend nur als eine kurze Übergangsphase zwischen Schule, Beruf und Militärdienst existiert.

Ein Verständnis von Jugend als Phase der relativ freien Persönlichkeitsentwicklung bezieht sich bis Anfang des 20. Jahrhunderts zudem vorwiegend auf männliche Jugendliche, da in den bürgerlichen Schichten den jungen Frauen die künftige Rolle der Mutter und Hausfrau zugedacht war; eine eigenständige Qualifizierung für den Beruf war entsprechend vielfach nicht vorgesehen und ein mit Pubertät und Sexualität verknüpfter Drang nach Ablösung von der Familie wurde für die bürgerlichen Mädchen nicht angenommen (s. Bilden/Diezinger 1993).

Damit ist angedeutet, dass das moderne Verständnis von Jugend eine klassen-, schichten- und geschlechtsspezifische Ausprägung aufweist sowie zumindest drei unterschiedliche historische Bezüge hat (s. Roth 1983; von Trotha 1982b):

- erstens ein Jugendkonzept, für das Jugend eine Phase der ökonomischen Abhängigkeit, der Unterordnung unter erwachsene Autoritäten und ein Status eingeschränkter Rechte ist;
- zweitens ein Jugendbegriff, der als Jugendliche vor allem die vermeintlich schwer in die soziale Ordnung zu integrierende Gruppe der proletarischen und subproletarischen jungen Männer bezeichnet; Jugendliche sind hier die potenziellen Klienten der Strafjustiz und der Fürsorge;
- drittens schließlich ein bildungsbürgerliches Verständnis von Jugend als Phase der individuellen Persönlichkeitsentwicklung, in der Heranwachsende von den Zwängen der Erwerbsarbeit freigestellt sind und in der

durch pädagogische Einwirkungen bewirkt werden soll, dass diese Entwicklung in wünschenswerten Bahnen verläuft.

In seiner 1970 veröffentlichten Studie ging Friedhelm Neidhardt (1970: 18) von den folgenden sozialen Merkmalen von Jugend in der modernen Gesellschaft aus:

„Wir meinen mit ‚typischen Jugendlichen' diejenigen, die
1. geschlechtsreif, aber unverheiratet sind (Familienposition),
2. die gesetzlich vorgegebene Grundschulzeit absolviert haben, aber noch keine feste Berufsposition besitzen (Berufsposition),
3. rechtlich teilweise, aber noch nicht voll mündig und verantwortlich sind (Rechtsposition),
4. z.T. öffentliche Funktionen von unmittelbarer Bedeutung erfüllen (z.B. Militärdienst), aber noch kein formelles Mitspracherecht (Wahlrecht) besitzen (politische Position)."

Obwohl einige der hier zu Grunde liegenden Annahmen heute offenkundig nicht mehr zutreffen, weist diese Formulierung auf einen auch gegenwärtig noch wichtigen Aspekt hin: Jugend kann als eine transistorische Phase unsicherer, sozial nicht garantierter Übergänge charakterisiert werden. Dies schließt Freiräume und Gestaltungsmöglichkeiten ebenso ein wie Risiken des Scheiterns.

Bei der Betrachtung der Entstehung von Jugend ist auch der eigenständige Beitrag von Jugendbewegungen und Jugendkulturen zu berücksichtigen; der Jugendhistoriker John R. Gillis (1984) spricht von einem ‚making of youth', insbesondere in Hinblick auf die Jugendbewegungen Anfang des 20. Jhdts., in denen die Idee einer eigenständigen Jugendwelt jenseits der Welt der Erwachsenen proklamiert und realisiert wurde (s. dazu Kapitel 4).

1.1.3 Der Jugendbegriff der Soziologie: Jugend als soziales Phänomen

Aus soziologischer Perspektive sind folgende weitere Aspekte für eine Annäherung an den Jugendbegriff bedeutsam:

▪ Jugend ist keine Naturtatsache, sondern ein gesellschaftliches Phänomen. Die Abgrenzungen und Unterschiede von Kindheit und Jugend, Jugend und Erwachsenenleben sind keine direkte Folge biologischer und psychischer Entwicklungsprozesse, sondern Ausdruck darauf bezogener sozialer Festlegungen, die sich in der gesellschaftsgeschichtlichen Entwicklung verändern. Auch das den Beginn der Jugendphase anzeigende, scheinbar eindeutig biologische Phänomen der körperlichen Geschlechtsreife ist in hohem Maß gesellschaftlich beeinflusst. So trat die erste Menstruation bei Mädchen zu Beginn des 19. Jahrhunderts durchschnittlich mit 16,8 Jahren ein (Mitterauer 1986: 12); gegenwärtig ist dies um das 12. Lebensjahr der Fall.

- Für eine soziologische Betrachtung ist auch nicht das biologische Faktum der körperlichen Geschlechtsreife als solches relevant; es sind vielmehr die sozialen Praktiken und die sozialen Reaktionen darauf, die veränderten Verhaltensweisen von Eltern und Gleichaltrigen, die für den sozialen Übergang von der Kindheit in die Jugendphase entscheidend sind.
- Die Entstehung von Jugend schließt die gesellschaftliche Anerkennung einer als „Experimentierraum gestalteten ,Jugendwelt'" (Hornstein 1985: 77) ein. Hierfür ist ein Verständnis von Jugend als ein Entwicklungsstadium bedeutsam, das durch intensive Identitätssuche gekennzeichnet ist, in der Fragen nach den eigenen ethisch-moralischen, religiösen und politischen Überzeugungen sowie der anzustrebenden beruflichen und familialen Lebensführung aufgeworfen werden. Freiräume von Einflussnahme durch Erwachsene wurden historisch von Jugendbewegungen eingefordert; sie waren und sind Gegenstand sozialer Konflikte und Auseinandersetzungen (Gillis 1984: 141ff.; Deutscher Werkbund e.V. 1986; Rucht/Roth 2000: s. dazu Kapitel 4).
- In älteren soziologischen Studien wird Jugend als eine Übergangszeit verstanden, die typischerweise in der ersten Hälfte des zweiten Lebensjahrzehnts mit der Aufnahme einer eigenen Erwerbstätigkeit und der Gründung einer eigenen Familie endet. Heute ist dagegen für einen erheblichen Teil der Heranwachsenden die Ausbildung keineswegs bereits vor dem 25. Lebensjahr abgeschlossen. Auch die Heiratszeitpunkte haben sich nach hinten verlagert; Erwachsensein ist nicht selbstverständlich mit Eheschließung verbunden. Damit endet die Jugend als gesellschaftlich institutionalisierte Phase des schulischen und beruflichen Lernens heute deutlich nach dem Abschluss der körperlichen und psychosexuellen Entwicklungsphase.
- Der Übergang von der Jugendphase ins Erwachsenenalter ist gegenwärtig nicht mehr durch ein eindeutiges Kriterium markiert, sondern durch mehrere Übergänge, die zeitlich auseinander fallen: Ende der Pubertät; rechtliche Mündigkeit, Abschluss der schulischen und beruflichen Erstausbildung; Ablösung und ökonomische Unabhängigkeit von der Herkunftsfamilie; Gründung eines eigenen Haushalts (vgl. Tabelle 3). Seit den späten 1960er Jahren wird Sexualität im Jugendalter nicht mehr tabuisiert und sanktioniert. Damit entfällt ein traditionelles Abgrenzungskriterium zwischen Jugend und Erwachsenenleben. Zudem ist Jugend auch in anderen Bereichen (Konsummöglichkeiten, Freizeitgestaltung, Zugang zu Informationen) nicht mehr umfassend dadurch charakterisiert, dass Jugendlichen Möglichkeiten vorenthalten werden, über die Erwachsene als Privilegien verfügen.
- Jugend war und ist auch ein normativ aufgeladener Begriff, der mit weitreichenden Erwartungen, mit Hoffnungen, aber auch mit Befürchtungen verknüpft ist. So gilt Jugendlichkeit gegenwärtig nicht mehr nur als Merkmal einer Altersgruppe, sondern in mancher Hinsicht (etwa: kör-

perliche Erscheinung, Sportlichkeit, Flexibilität, Lernbereitschaft) als ein Ideal, das auch im Erwachsenenalter anzustreben ist. Zugleich gibt es die Vorstellung, dass Jugend, zumal die männliche Jugend, eine in besonderer Weise krisenhafte und problematische Lebensphase sei. In der Folge fließen in Debatten über „die heutige Jugend" vielfach Ängste und Hoffnungen von Erwachsenen ein, die nicht durch überprüfbare wissenschaftliche Studien belegt sind. Auch werden gesellschaftliche Probleme und Konflikte wiederkehrend stellvertretend als Jugendprobleme diskutiert.

- Gegenwärtig gilt als normal und unproblematisch, dass Jugendliche ihre Freizeit überwiegend in Gleichaltrigengruppen verbringen, sich einer Jugendkultur zuordnen und sich entsprechende Kleidungsstile, musikalische Präferenzen und Sprachgewohnheiten aneignen. Obwohl sich keineswegs alle Jugendlichen mit einer Jugendkultur oder Szene identifizieren, stehen diese immer wieder im Zentrum des öffentlichen Interesses. Jugendsoziologie kann sich aber nicht darauf beschränken, jene Phänomene in den Blick zu nehmen, die mediale Aufmerksamkeit auf sich ziehen, sondern hat auch die unspektakulären Aspekte der alltäglichen Lebensbedingungen und der Lebensführung Jugendlicher in den Blick zu nehmen.

Ein traditionelles Verständnis von Jugend als zeitlich klar abgegrenzte Lebensphase, die mit der Pubertät beginnt und mit dem Eintritt in die Arbeitswelt, der Gründung einer eigenen Familie und der Festlegung auf einen privaten und beruflichen Lebensentwurf endet, ist der gegenwärtigen Situation also nicht mehr angemessen. Zwar kann bei einer sozialwissenschaftlichen Bestimmung des Jugendbegriffs immer noch davon ausgegangen werden, dass das Einsetzen der Sexualreife und die darauf bezogenen Reaktionen von Eltern, Gleichaltrigen und sonstigen Bezugspersonen den Übergang von der Kindheit in die Jugendphase markieren. Dagegen kann kein singulärer Zeitpunkt bzw. kein soziales Ereignis mehr angegeben werden, mit dem das Ende der Jugendphase eindeutig angezeigt ist. Es gibt unterschiedliche, zeitlich auseinander fallende Elemente des Übergangs von der Jugendphase in die Erwachsenenphase. Zudem ist zu berücksichtigen, dass Verhaltenweisen und Problematiken, die traditionell als jugendtypisch gelten (etwa: Identitätssuche) sich jedenfalls gegenwärtig keineswegs mehr auf die Jugendphase eingrenzen lassen.

Vor diesem Hintergrund schlagen Ronald Hitzler et al. (2000: 1) vor, von Jugend als einem sozialen Phänomen auszugehen, das „durch eigenständige Inhalte und Lebensvollzugsformen seine Konturen gewinnt" – und dies „weitgehend losgelöst von scharfen Altersgrenzen". Hintergrund dieser Überlegung ist die Beobachtung, dass die Zugehörigkeit zu Jugendkulturen gelegentlich erst Mitte des dritten Lebensjahrzehnts endet. Jugendlichkeit kann entsprechend auch als ein Lebensstil verstanden werden, der sich von der Bindung an eine bestimmte Lebensphase tendenziell abgekoppelt hat.

Die aus den oben stehenden Überlegungen abzuleitende Forderung nach einem differenzierten Verständnis von Jugend wird auch in heutigen Jugendstudien keineswegs konsequent beachtet; vielmehr wird immer wieder versucht, Generalaussagen über „die Jugend" aus erhobenen Daten abzuleiten und damit die mediale und politische Nachfrage nach Einschätzungen zur Lage „der Jugend" zu bedienen.

Eine soziologische Jugendforschung hat dagegen herauszuarbeiten, dass Jugend keine einheitliche Lebenslage und Lebensphase ist. Die grundlegenden gesellschaftlichen Strukturen, insbesondere die Strukturen der sozialen Ungleichheit* (soziale Klassen, Schichten und Milieus*) in Verbindung mit den Vorgaben des hierarchisch gegliederten Bildungssystems sowie die gesellschaftliche Geschlechterordnung* führen zu höchst unterschiedlichen Ausprägungen und Verläufen der Lebensphase Jugend.

Die aktuellen Lebensbedingungen wie z.b. das verfügbare Einkommen und die Wohnsituation, aber auch die schulischen und beruflichen Perspektiven Jugendlicher sind in erheblichem Maß von der sozialen Position ihrer Herkunftsfamilie abhängig. Untersuchungen des Freizeitverhaltens, der Studienfach- und Berufswahl, von Jugendgewalt und Jugendkriminalität sowie zur Übernahme von Pflichten in der Familie weisen immer noch erhebliche Unterschiede zwischen männlichen und weiblichen Jugendlichen nach. In Städten finden Jugendliche andere Bedingungen des Heranwachsens vor als in ländlichen Regionen. Jugendliche in Deutschland, das sind zudem Jugendliche mit und ohne Migrationshintergrund, Jugendliche mit deutscher, aber auch mit türkischer, serbischer, kroatischer, italienischer usw. Staatsangehörigkeit.

Insofern ist es plausibel, von sozial unterschiedlichen und ungleichen Jugenden im Plural, statt von „der Jugend" im Singular auszugehen.

Jugendsoziologie ist folglich darauf verwiesen, verallgemeinernde Aussagen über ‚die Jugend' immer unter den Vorbehalt zu stellen, dass es die Jugend als eine homogene soziale Gruppe nicht gibt, also die gesellschaftsgeschichtlich und gesellschaftsstrukturell bedingten Unterschiede zwischen jeweiligen Jugenden zu berücksichtigen.

1.1.4 Soziologische Definition des Jugendbegriffs

Vor diesem Hintergrund kann folgende soziologische *Definition* des Jugendbegriffs formuliert werden:

Jugend ist eine gesellschaftlich institutionalisierte und intern differenzierte Lebensphase, deren Abgrenzung und Ausdehnung sowie deren Verlauf und Ausprägung wesentlich durch soziale (sozialstrukturelle, ökonomische, politische, kulturelle, rechtliche, institutionelle) Bedingungen und Einflüsse bestimmt ist. Jugend ist keine homogene Lebenslage oder Sozialgruppe, sondern umfasst unterschiedliche, historisch veränderliche, sozial ungleiche und geschlechtsbezogen differenzierte Jugenden.

Grundlegend für moderne Jugend ist eine in sich komplexe und widersprüchliche Konstellation von ökonomischer und sozialer Abhängigkeit, eingeschränkten Rechten, pädagogischer Einwirkung und Qualifizierungszwängen einerseits, gesellschaftlich ermöglichten Freiräumen für die Persönlichkeitsentwicklung und das Leben in Gleichaltrigengruppen andererseits. Jugend ist eine befristete Übergangsphase und eine Phase der sozialen Platzierung, in der für die künftige soziale Stellung als Erwachsener bedeutsame Weichenstellungen erfolgen.

Jugend ist auch ein kulturelles Konzept: Für jeweilige Jugenden sind Erwartungen (Normalitätsmodelle, Normen, Werte, Ideale) bedeutsam, denen gesellschaftliche bzw. milieuspezifische Annahmen darüber zu Grunde liegen, was Jugendliche kennzeichnet, was ihnen angemessen ist und welche Chancen und Risiken das Jugendalter kennzeichnen.

Für die soziale Hervorbringung von Jugend sind weiter auch die Praktiken relevant, mit denen Heranwachsende sich als Jugendliche definieren und darstellen und sich dabei in bestimmter Weise gegen Kinder und Erwachsene abgrenzen.

1.2 Reflexive Jugendsoziologie

Von Eltern und Pädagogen, in der belletristischen und der Ratgeberliteratur, in Filmen usw., aber auch in der psychologischen, pädagogischen und soziologischen Forschung und im Recht werden Annahmen darüber formuliert, was vermeintlich jugendtypisch ist und wie darauf sinnvoll zu reagieren sei. Die jeweiligen (veränderlichen, gesellschaftsspezifischen, alters- und geschlechtsbezogen differenzierten) Vorstellungen und Jugendbilder sind folgenreich: Sie führen zu einem besonderen pädagogischen, sozialarbeiterischen, juristischen usw. Umgang mit Jugendlichen und sie teilen Jugendlichen auch mit, was für sie als zulässig und normal gilt. Folglich ist zu berücksichtigen, dass das gesellschaftliche „Wissen" über Jugend selbst ein Bestandteil der sozialen Prozesse ist, die auf Jugendliche einwirken. Das durch die Wissenschaften mit hervorgebrachte jugendbezogene „Wissen" hat nicht nur Einfluss auf den Umgang von Erwachsenen mit Jugendlichen und die Gestaltung jugendbezogener gesellschaftlicher Institutionen, etwa von Schulen, Jugendzentren und Jugendstrafvollzugsanstalten. Gesellschaftlich einflussreiche Annahmen über Jugendliche teilen sich Heranwachsenden in der alltäglichen Kommunikation und den Medien auch als Vorstellungen mit, die sie in ihr Selbstverständnis übernehmen oder als zurückzuweisende Vorurteile wahrnehmen können.

Die Wissenschaften finden Jugend also nicht einfach als eine Realität vor, die unabhängig von der wissenschaftlichen Forschung und Theoriebildung über Jugend gegeben ist. Deshalb muss die Jugendsoziologie auch analysieren, welche Erwartungen und Normalitätsvorstellungen über Jugendliche gesellschaftlich einflussreich sind, was die Wissenschaften zu ihrer Entstehung und Veränderung beitragen und wie sich Jugendliche damit auseinander setzen. Folglich ist die Jugendforschung darauf verwiesen, eine reflexive Perspektive einzunehmen, d.h. eine Perspektive, in der sie ihre eigenen Verstrikkungen, insbesondere in Politik, massenmediale Kommunikationen und pädagogisches Handeln, bedenkt.

Aus vergleichbaren Überlegungen ziehen die australischen Jugendforscher Johanna Wyn und Rob White (1997: 3) die folgende Konsequenz:

> „‚Jugend' ist eine historische Konstruktion, die bestimmte Aspekte der biologischen und sozialen Erfahrung Heranwachsender mit Bedeutungen versieht. (...) Wir argumentieren, dass Jugend als ein sozialer Prozess verstanden werden sollte, in dem die Bedeutung der Erfahrung des Heranwachsens sozial beeinflusst und überformt wird". (eigene Übersetzung)

Damit wird in den Blick gerückt, dass für das Selbstverständnis und die Praktiken Jugendlicher auch die Auseinandersetzung mit „mächtigen und einflussreichen Definitionen und Konstruktionen" der Probleme, Bedürfnisse und Interessen Jugendlicher bedeutsam ist, die Wissenschaftler sowie „Journalisten, Politiker, Lehrer und Jugendarbeiter" formulieren (Wyn/White 1997: 147).

Zur Verdeutlichung:

- Es war in der Jugendforschung der 1980er Jahre üblich, auf die unsicheren beruflichen Zukunftsperspektiven Jugendlicher hinzuweisen. Daraus wurde in manchen Kontexten der Sozialarbeit die Folgerung abgeleitet, dass es unter Bedingungen der Massenarbeitslosigkeit nicht mehr sinnvoll sei, Jugendpädagogik als Vorbereitung auf eine künftige Lebensführung als berufstätiger Erwachsener zu begreifen. Eine entsprechende sozialwissenschaftlich angeregte Infragestellung eines unzeitgemäßen Gesellschaftsbildes der Jugendpädagogik kann nun aber durchaus problematische Folgen haben, wenn sie dazu führt, dass Pädagogen Jugendlichen Einschätzungen mitteilen, die ihre schulischen und beruflichen Qualifizierungsanstrengungen entmutigen.
- Die Überwindung einer klassisch-autoritären Pädagogik, die Kindern und Jugendlichen, Schulen und Familien bedingunglose Unterordnung abverlangte und dies durch Strafandrohungen durchsetzte – bis Anfang der 1970er Jahre waren in Westdeutschland auch körperliche Züchtungen zulässig und gehörten mancherorts zum schulischen Alltag – ist auch durch die sozialwissenschaftliche Kritik des Autoritarismus mit bewirkt worden. Dass Erziehung etwas anderes sein kann und sollte als durch

„Schlagrituale" bewirkte „Dressur" hatte u.a. Klaus Horn, ein der sog. Kritischen Theorie der Frankfurter Schule zuzurechnender Soziologe und Sozialpsychologe, in einer 1967 veröffentlichten Studie betont (Horn 1967). Die Sozialwissenschaften hatten und haben also, zumindest gelegentlich, durchaus positive Wirkungen durch ihre Kritik problematischer Traditionen und Konventionen.

Diese Verschränkung von wissenschaftlichem Wissen sowie jugendbezogenen Diskursen und Praktiken betrifft auch ganz grundsätzlich den Jugendbegriff: Das spezifische Jugendverständnis, das sich im 18. und 19. Jhdt. im Bildungsbürgertum herausbildet (s. dazu auch Kapitel 4), wird im 20. Jhdt. zu einem Modell bzw. Ideal, von dem angenommen wird, dass es für Jugend generell charakteristisch sei. Andere Formen von Jugend werden als problematische Abweichung davon wahrgenommen. In manchen Texten wird Jugend als eine exklusive Bezeichnung für solche Formen von Jugend verwendet, die eine deutliche Ähnlichkeit mit dem bürgerlichen Jugendmodell aufweisen.

Dies ist etwa dann der Fall, wenn von ‚Kinderarbeit' in Ländern der Dritten Welt und von ‚Straßenkindern' die Rede ist. In beiden Fällen, wie auch in internationalen Dokumenten, so der UN-Kinderrechtskonvention, sind zu einem großen Teil jedoch Heranwachsende bis zum 18. oder 21. Lebensjahr gemeint.

Aus den genannten Gründen kann der Jugendbegriff in den Sozialwissenschaften sinnvoll nicht naiv verwendet werden; erforderlich ist es vielmehr, sich reflexiv damit auseinander zu setzen, was die gesellschaftsgeschichtlichen Entstehungsbedingungen und die sozialen Folgen jeweiliger, auch wissenschaftlicher, Jugendbegriffe sind.

Offenkundig wird die praktische Bedeutung begrifflicher Festlegungen z.B. in den Auseinandersetzungen über den Geltungsbereich des Jugendstrafrechts (s. dazu die Dokumente auf der Webseite www.dvjj.de): Es ist folgenreich, ob 19-Jährige strafrechtlich noch als Jugendliche gelten, oder aber bereits als Erwachsene, wie von konservativen Politikern gefordert wird. Denn im Fall einer Verurteilung sieht das Jugendstrafrecht Haftstrafen nur als letztes Mittel vor und schreibt einen Strafvollzug vor, dem erzieherische Gesichtspunkte zu Grunde liegen sollen.

1.3 Ausdehnung der Jugendphase

Vor allem in Folge der Vorverlagerung der Pubertät einerseits, der Verlängerung von Ausbildungszeiten und damit der Verschiebung des Zeitpunkts, zu dem ökonomische Unabhängigkeit von der Herkunftsfamilie erreicht wird andererseits, hat sich in der sozialwissenschaftlichen Diskussion eine Sichtweise durchgesetzt, die Jugend als eine zeitlich ausgedehnte Lebensphase begreift, die weder mit dem biologisch und psychodynamisch fundierten Erwachsenwerden noch mit der vollen Rechtsmündigkeit endet. Empirische Jugendstudien umfassen entsprechend eine weiter gefasste Altersspanne, so etwa die 15. Shell-Jugendstudie von 12-25 Jahren (Hurrelmann/Albert 2006) oder von 12 bis 29 Jahren, so z.B. eine Repräsentativstudie über politische Orientierungen Jugendlicher (Gille/Krüger 2000).

Operationalisiert man den Jugendbegriff für Zwecke empirischer Studien durch Altersabgrenzungen, dann sind neben bereits erwähnten sozialstrukturellen, geschlechtsbezogenen usw. Differenzierungen auch Altersgruppenunterschiede *innerhalb* der Jugendphase in Rechnung zu stellen. Denn die Frage, worin die Gemeinsamkeiten eines 14-jährigen Schülers mit einem 25-jährigen Studenten bestehen, ist – über den Hinweis hinaus, dass sich beide noch in der Ausbildung befinden – keineswegs einfach zu beantworten.

Deshalb ist es sinnvoll zu unterscheiden zwischen

- einer pubertären Phase (ca. 12-18 Jahre): Jugendliche im engeren Sinn;
- einer nachpubertären Phase (ca. 19-21 Jahre): die Heranwachsenden;
- der Phase nach dem Erreichen der vollen Rechtsmündigkeit bis zum Abschluss der Erstausbildung (21 Jahre bis ca. Ende des zweiten Lebensjahrzehnts): die jungen Erwachsenen.

In der Wahrnehmung Jugendlicher werden gewöhnlich andere und differenziertere Altersunterscheidungen gesetzt: Ein 17-Jähriger erlebt einen 13-Jährigen gewöhnlich nicht als altersgleich, sondern als jemanden, der sich in einer völlig anderen Entwicklungsphase befindet und in einer anderen Welt lebt.

Das Kinder- und Jugendhilfegesetz (KJHG/SGB VIII, § 7), die entscheidende Rechtsgrundlage für die Jugend- und Sozialarbeit mit Heranwachsenden, nimmt folgende Unterscheidungen vor:

„Im Sinne dieses Buches ist 1. Kind, wer noch nicht 14 Jahre alt ist, (...) 2. Jugendlicher, wer 14, aber noch nicht 18 Jahre alt ist, 3. junger Volljähriger, wer 18, aber noch nicht 27 Jahre alt ist."

Über die Leistungen und Problemlagen der Kinder- und Jugendhilfe informieren die Kinder- und Jugendberichte der Bundesregierung, die alle vier Jahre erscheinen (s. www.bmfsfj.de).

Für die über 18-jährigen Jugendlichen hat sich der Begriff der „Post-Adoleszenten" durchgesetzt. In der Studie „Jugend '81" (Fischer 1981: 101) wurden die Merkmale der *Post-Adoleszenz* wie folgt gefasst:

„Die durchschnittliche oder Normalbiografie differenziert sich aus, die klassische Jugendphase erhält einen sozialen ‚Aufbau'. Zwischen Jugend und Erwachsensein tritt eine neue gesellschaftlich regulierte Altersstufe. Das heißt, zunehmend mehr Jüngere treten nach der Jugendzeit als Schüler nicht ins Erwerbsdasein, sondern in eine Nach-Phase des Jungseins über. Sie verselbstständigen sich in sozialer, moralischer, intellektueller, politischer, erotisch-sexueller, kurz gesprochen in soziokultureller Hinsicht, tun dies aber, ohne wirtschaftlich auf eigene Beine gestellt zu sein, wie das historische

Jugendmodell es vorsieht. Das Leben als Nach-Jugendlicher bestimmt das dritte Lebensjahrzehnt."

John R. Gillis hat diese Lebensphase entsprechend als rechtliche und soziokulturelle „Mündigkeit ohne wirtschaftliche Grundlage" charakterisiert (Gillis 1984: 39).

1.4 Was kennzeichnet soziologische Erklärungen jugendtypischer Praktiken und Problemlagen?

Aus dem bislang Dargestellten können erste Ansatzpunkte für eine soziologische Erklärung typischer Praktiken und Problemlagen ableitet werden:[2]

- Jugendliche befinden sich in einer Übergangsphase, in der ihnen die Bewältigung der psychosozialen Ablösungsprozesse von der Herkunftsfamilie sowie schulischer und beruflicher Qualifizierungszwänge abverlangt ist, die mit Risiken des Scheiterns verbunden und für die gegenwärtige und künftige soziale Positionierungen bedeutsam sind.

- Zudem ist die Lebensphase Jugend durch eine widersprüchliche Gemengelage von zugestandener Eigenverantwortlichkeit einerseits, ökonomischer Abhängigkeit sowie pädagogischen Einflussnahmen und Kontrollen andererseits gekennzeichnet. Jugendtypische Verhaltensweisen können soziologisch entsprechend als Versuche verstanden werden, die damit verbundenen Unsicherheiten und Spannungen lebenspraktisch zu bewältigen.

- Dies geschieht auf der Grundlage sozial ungleicher Ressourcen (Geld, Bildung, soziale Beziehungen usw.) und in Auseinandersetzung mit Erwartungen, die in den sozialen Milieus sowie geschlechtsbezogen unterschiedlich ausgeprägt sind.

In einer interdisziplinären, entwicklungspsychologische Aspekte einbeziehenden Perspektive kann diese Überlegung wie folgt erweitert werden:

„Jugendliche müssen eine rapide Veränderung ihrer psycho-physischen Dispositionen, also ihrer Motive, Gefühle, Denkweisen und Reaktionsmuster ... in einer Zeitspanne bewältigen, in der ihnen mit massivem Nachdruck zugleich soziale Integrationsleistungen, nämlich soziokulturelle Anpassungs- und ökonomisch relevante Qualifizierungsleistungen, abverlangt werden." (Hornstein 1990: 232)

---

2 Weiterführende Hinweise zu soziologischen Erklärungen von Jugendphänomenen finden sich insbesondere im Kapitel 3 zu jugendsoziologischen Theorien sowie in den Kapiteln 9 und 10 über Jugendkulturen und abweichendes Verhalten Jugendlicher.

1.5 Institutionalisierung und rechtliche Normierung der Jugendphase

Grundlage der gesellschaftlichen *Institutionalisierung** von Jugend sind die Durchsetzung und zeitliche Ausdehnung der allgemeinen Schulpflicht sowie die anschließenden beruflichen oder hochschulischen Bildungsgänge. Durch die Vorgaben des viergliedrigen Schulsystems (Sonder- und Förderschulen, Hauptschulen, Realschulen, Gymnasien) sowie die Trennung von betrieblicher und berufschulischer Ausbildung („duales System") und hochschulischer Ausbildung ist institutionell eine hierarchische Binnendifferenzierung der Jugendphase vorgegeben.

Tabelle 1: SchülerInnen in allgemeinbildenden Schulen zu Beginn des Schuljahres 2005/06

Schulart	SchülerInnen in 1.000	männlich in 1.000	männlich in%	weiblich in 1.000	weiblich in%
Schulkindergärten/ Vorschulklassen	30,0	18,6	62	11,4	38
Grundschulen	3176,5	1617,0	50,9	1559,5	49,1
Hauptschulen	1126,1	628,5	55,8	497,6	44,2
Förderschulen	416,2	262,9	63,2	153,3	36,8
Realschulen	1324,7	660,6	49,9	664,1	50,1
Gymnasien	2341,3	1035,2	44,2	1306,1	55,8
Integr. Gesamtschulen, Freie Waldorfschulen	597,7	300,8	50,3	296,9	49,7
Abendschulen/Kollegs	62,5	31,6	50,6	30,9	49,4
Insgesamt	9505,2	4827,9	50,8	4677,3	49,2

Quelle: Statistisches Jahrbuch 2007: 130. Schwankende Zahlen durch Auf-/Abrundungen.

Tabelle 2: Auszubildende und Studierende (Anfänger)

Jahr	Neu abgeschlossene Ausbildungsverträge	Studienanfänger im 1. Hochschulsemester
1995	572.774	223.168
2000	621.693	290.530
2003	557.634	317.463
2007	625.914	294.661

Quelle: Berufsbildungsbericht 1996; Tabellen 1/3, 1/6; 2008: Übersicht 2; Statistisches Jahrbuch 1995: 393; 2001: 372; 2004: 132; 2007: 138

Nach den Daten des Statistischen Bundesamtes befanden sich am 31. Dezember 2006 rund 1,57 Millionen Jugendliche in einer Ausbildung im dualen System; zum gleichen Zeitpunkt wurden 1, 97 Millionen Studierende gezählt. Da Studiengänge gewöhnlich länger dauern als Ausbildungen, heißt dies aber nicht, dass es unter den Jugendlichen und jungen Erwachsenen eines Altersjahrgans mehr Studierende als Auszubildende gibt.

Mit den Schülern, Auszubildenden und Studierenden sind jedoch keineswegs alle Jugendlichen erfasst. Eine relevante Teilgruppe stellen die Jugendlichen dar, die sich in Qualifizierungsmaßnahmen der Bundesagentur für Arbeit befinden; im Juni 2008 nahmen z.B. knapp 100.000 Jugendliche an sog. berufsvorbereitenden Bildungsmaßnahmen teil (Bundesagentur für Arbeit 2008: 31).

Hinzu kommen der beträchtliche Anteil der bereits erwerbstätigen Heranwachsenden sowie die als sog. unversorgte Lehrstellenbewerber und als arbeitslos Gemeldeten. Die Arbeitslosenquote* der unter 25-Jährigen lag nach Angaben der Bundesagentur für Arbeit 2005 bei ca. 11%, mit einer erheblichen Streuung zwischen den Bundesländern.

Abbildung 1: Anteil der erwerbstätigen Jugendlichen[3] (17-25jährige)

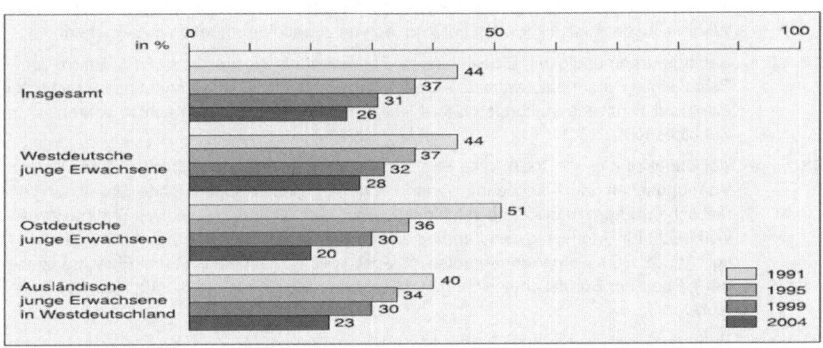

Quelle: Datenreport 2006, S. 544

Bestandteil der gesellschaftlichen Institutionalisierung der Jugendphase sind darüber hinaus umfangreiche und uneinheitliche rechtliche Normierungen. Hierzu gehören das Kinder- und Jugendhilfegesetz, das Jugendschutzgesetz und Jugendstrafrecht sowie arbeitsrechtliche Regelungen; weiterhin auf Jugend bezogene Politiken (Jugendpolitik als eigenständige Ressortpolitik, Bildungspolitik, Gesundheits- und Kriminalpolitik usw.) und zahlreiche politische, wissenschaftliche und zivilgesellschaftliche Instanzen, die sich speziell mit Aspekten der Lebenssituation Jugendlicher befassen: das Bundesministerium für Familie, Senioren, Frauen und Jugend (BMFSFJ), die entsprechenden Landesministerien und die Jugendämter der Landkreise und Kommunen, die Jugendarbeit der Vereine, Jugendbildungsstätten, Jugendberatungsstellen und die offene Jugendarbeit in Jugendzentren. Einige für die Lebenssituation

---

3   Als Ausländer bzw. ausländisch werden diejenigen Jugendlichen bezeichnet, die nicht über die deutsche Staatsangehörigkeit verfügen. Neuere Statistiken erfassen zudem – unabhängig von der aktuellen Staatsangehörigkeit – den Migrationshintergrund* (s. dazu Kapitel 2.3.).

Jugendlicher besonders folgenreiche Formen der Normierung und Institutionalisierung von Jugend sind in den rechtlichen Bestimmungen zu den verschiedenen *Teilreifen* des Jugendalters zu sehen.

Tabelle 3: Erwerb rechtlich festgelegter Teilreifen nach Altersstufen

Alter	Befähigung/Erlaubnis/Mündigkeit/Pflichten
10 Jahre	Recht auf Anhörung bei Religionswechsel.
12 Jahre	Beschränkte Religionsmündigkeit.
14 Jahre	Besuch von Film- und sonstigen Veranstaltungen bis 22 Uhr; volle Religionsmündigkeit; bedingte Strafmündigkeit; Mitbestimmungsrechte, z.B. bei der Wahl des Berufes, bei der Zugehörigkeit zu einem Elternteil im Scheidungsfall, bei einer vorgesehenen Operation (im medizinischen Bereich).
15 Jahre	Ende der normalen Schulpflichtzeit; Beginn der Berufsschulpflicht; aktives und passives Wahlrecht von Auszubildenden bei Wahlen von Jugendvertretungen in Betrieben.
16 Jahre	Bedingte Ehemündigkeit; Eidesfähigkeit; Fahrerlaubnis Klasse 1b, 4 und 5; Pflicht zum Besitz eines Personalausweises; Aufenthalt in Gaststätten ohne Erziehungsberechtigten; Film- und Tanzveranstaltungen bis 24 Uhr. Ende der Schulpflicht (nach 10 Jahren Schulbesuch).
18 Jahre	Volljährigkeit (vgl. §2 BGB); volle Ehemündigkeit; volle Geschäftsfähigkeit; Ende der Vormundschaft oder Pflegschaft wegen Minderjährigkeit; Adoption ohne Einwilligung der (leiblichen) Eltern möglich; selbstständige Wahl des Wohnsitzes; aktives und passives Wahlrecht für Bundestag und Landtag wie für die Gemeindevertretung (für Bundestag vgl. Art. 38 GG); Europaparlamentswahlrecht; volle Strafmündigkeit (mit Einschränkungen); Ende der Berufsschulpflicht (mit Ausnahmen je nach Bundesland); Rauchen erlaubt.
21 Jahre	Ende der Möglichkeit, Jugendstrafrecht anzuwenden (vgl. §10 StGB); Ende der Möglichkeit, Hilfen nach dem Kinder- und Jugendhilfegesetz zu beanspruchen (Ausnahme: begründete Einzelfälle; offene und verbandliche Jugendarbeit).
24 Jahre	Ende der Möglichkeit, den Jugendstrafvollzug anzuwenden (Sollvorschrift).
25 Jahre	Annahme eines Kindes möglich (Differenzierungen in §1743 BGB).
27 Jahre	Ende der Leistungsberechtigung nach dem Kinder- und Jugendhilfegesetz.

Quellen: Bürgerliches Gesetzbuch; Strafgesetzbuch; Sozialgesetzbuch und Deisenhofer (2004)

Zur Institutionalisierung der Jugendphase gehören auch eigenständige Jugendforschungseinrichtungen wie das Deutsche Jugendinstitut (DJI) in München oder das Archiv der Jugendkulturen sowie jugendspezifische Angebote der Massenmedien, der Konsumgüterindustrie und im kommerziellen Freizeitbereich.

1.6 Strukturwandel der Jugendphase?

Die oben angedeuteten Veränderungen der Lebenssituation Heranwachsender seit den 1960er Jahren waren und sind Bestandteil eines umfassenden sozialen Wandels, der in der Soziologie unter Stichworten wie ‚Krise der Arbeitsgesellschaft', ‚neue Armut', ‚Krise des Fordismus', ‚gesellschaftliche Desintegration', ‚kulturelle Pluralisierung', ‚Individualisierung', ‚Familienformen im Wandel', ‚Postmoderne' und zuletzt ‚Globalisierung' betrachtet wurde und wird. Darauf kann hier nicht näher eingegangen werden (s. als Überblick Schimank/Volkmann 2000 und 2002). Es ist jedoch wichtig darauf hinzuweisen, dass Veränderungen der Jugendsituation in einem unauflöslichen Zusammenhang mit gesamtgesellschaftlichen Entwicklungen stehen, deren Analyse Gegenstand von soziologischen Gesellschaftstheorien und Gegenwartsdiagnosen ist.

Für die jugendsoziologische und die jugendpädagogische Diskussion sind seit Mitte der 1980er Jahre Überlegungen einflussreich, die von einer grundlegenden Veränderung der Jugendphase ausgehen und eine „Entstrukturierung" bzw. einen umfassenden „Strukturwandel" der Jugendphase diagnostizieren (s. dazu u.a. Ferchhoff 1985 und 1999; Heitmeyer/Olk 1990; Hornstein 1985 und 2002; Münchmeier 1998). Mit unterschiedlicher Akzentuierung wird dort der Frage nachgegangen, ob und wie ein Verständnis von Jugend als eine Übergangsphase, in der Heranwachsenden ein mehr oder weniger geschützter Schonraum für die Persönlichkeitsentwicklung zugestanden wird und deren Sinn im vorbereitenden Lernen auf das Erwachsenenleben besteht, inzwischen obsolet geworden ist.

Ausgangspunkt für diese Diskussion war *erstens* die Beobachtung, dass seit Mitte der 1980er Jahre in Folge von Arbeitslosigkeit und Lehrstellenmangel eine Situation eingetreten ist, in der gute schulische Abschlüsse keine Garantie mehr für angestrebte berufliche Karrieren bieten. Empirische Untersuchungen kommen entsprechend zu dem Ergebnis, dass bei einem erheblichen Teil der Jugendlichen Zukunftsängste vorzufinden sind (Münchmeier 1998: 9f.). Entsprechend weist die 15. Shell-Jugendstudie nach, dass über 60% aller Jugendlichen ‚Furcht vor Arbeitslosigkeit' äußern (Hurrelmann/Albert 2006: 76).

Daran anschließend wird *zweitens* angenommen, dass inzwischen eine Situation eingetreten sei, in der Heranwachsende vor die Aufgabe gestellt sind, den eigenen Lebensentwurf unter Bedingungen von Unsicherheit zu entwickeln und zu realisieren, ohne dabei auf vorgegebene „Fahrpläne" zurückgreifen zu können.

Drittens wird konstatiert, dass Jugend nicht als weitgehend ähnlich strukturierte Lebensphase aller Gleichaltrigen verstanden werden kann, sondern sich uneinheitliche Verlaufsformen und Übergänge herausgebildet haben. Klare Abgrenzungen zwischen Jugend und Erwachsenenleben werden durch Übergänge ersetzt, die in unterschiedlichen gesellschaftlichen Teilbereichen (Politik, Bildung, Familie usw.) zu unterschiedlichen Zeitpunkten des Lebenslaufs erfolgen. Im Zusammenhang damit steht die These, dass bislang für das Jugendalter typische Unsicherheiten, Muster der Lebensführung und Bewältigungsformen „paradigmatisch für alle nachfolgenden Lebensphasen werden" (Hurrelmann 2003: 115). Statusunsicherheit und Identitätskrisen etwa treten demnach inzwischen auch im Erwachsenenalter auf und an die

Stelle von Jugend als zeitlich begrenzte Phase des vorbereitenden Lernens tritt die Forderung nach dem sog. lebenslangen Lernen.

Walter Hornstein (1990 und 2002) formuliert darauf bezogen, dass Jugend gegenwärtig eine in sich hoch widersprüchliche Lebensphase sei: Die klassische Erwartung an Jugendliche, sich durch diszipliniertes Lernen auf einen erstrebenswerten Beruf vorzubereiten, sei keineswegs bedeutungslos geworden; für einen erheblichen Teil der Jugendlichen stehe aber in der Folge von Lehrstellenmangel und Arbeitslosigkeit in Frage, ob sich entsprechende Anstrengungen tatsächlich lohnen. In den 1980er Jahren war entsprechend der folgende Topos verbreitet: ‚Du hast keine Chance, aber nutze sie!'

Widersprüchlich ist die Situation Jugendlicher auch insofern, als Jugendlichkeit gegenwärtig zwar in verschiedener Hinsicht als gesellschaftliches Ideal gilt, etwa im Sinne von Sportlichkeit und Flexibilität, und gegenwärtigen Jugendlichen mehrheitlich größere Autonomiespielräume (etwa: Freizeitgestaltung, Verfügung über ein eigenes Zimmer) zugestanden werden als noch in den 1960er Jahren. Gleichzeitig aber bedeutet Jugendlicher zu sein immer noch ökonomische Abhängigkeit sowie in vielen Fällen auch, in Institutionen pädagogischer Einflussnahme und Kontrolle ausgesetzt zu sein.

Mit der Überwindung des Verbots der vorehelichen Sexualität und in Folge der wachsenden Bedeutung, die Jugendlichen als Konsumenten zukommt, wird auch für Heranwachsende ein Spannungsverhältnis bedeutsam, das Daniel Bell (1979) als einen grundlegenden „kulturellen Widerspruch des Kapitalismus" bestimmt hat: In Schulen und der Arbeitswelt wird Selbstdisziplin und Leistungsbereitschaft erwartet; im Freizeit- und Konsumbereich ist dagegen eine „Moral des Vergnügens" (ebd.: 89) einflussreich. In der Folge ist ein tradiertes Verständnis von Jugend als Zeit des sozial zugemuteten Bedürfnisaufschubs in Frage gestellt; damit stehen Heranwachsende vor der Anforderung, eine Balance zwischen den Zwängen der arbeitsbezogenen Selbstdisziplinierung und den Versprechungen und Verlockungen der konsumbezogenen Genüsse zu finden.

In Zusammenhang damit ist ein weiterer Widerspruch zu nennen, der in die Jugendphase eingelassen ist: Jugend stellt eine begrenzte Lebensphase dar, die der Vorbereitung auf die künftige Erwachsenenexistenz dienen soll; demgegenüber fordern Jugendliche aber auch das Recht ein, ein sinnvolles und befriedigendes Leben in der Gegenwart zu führen. Zudem ist für ein Teil der Jugendlichen die Möglichkeit zum Aufbau einer beruflichen Erwachsenenexistenz fraglich. Dies kann, so Rainer Paris (1990), zu einer „erzwungenen Gegenwartsorientierung" führen. D.h.: einem Leben von Tag zu Tag ohne Orientierung an der mittelfristigen Zukunft. Die Zukunft stellt sich als unsicher und unplanbar dar.

Bestandteil des Strukturwandels der Jugendphase sind auch Veränderungen der Geschlechterbeziehungen und sog. typischer weiblicher und männlicher Verhaltensweisen. Die Idee der Gleichberechtigung der Geschlechter hat sich als Leitbild, wenn auch nicht als Realität, gesellschaftlich weitgehend durchgesetzt und wird von gegenwärtigen Jugendlichen gewöhnlich nicht mehr als anzustrebendes feministisches Ideal, sondern als selbstverständlich gültig betrachtet. Traditionelle Männlichkeitsmodelle, die den Mann als Versorger und Beschützer „seiner" Familie betrachten, haben an Einfluss verloren. Weibliche Jugendliche sind zudem inzwischen nicht mehr bildungsbenachteiligt. Sie haben vielmehr einen etwas höheren Anteil an den Abiturienten und den Studienanfängern als männliche Jugendliche. In der Berufs- und Studienfachwahl stellt sich Benachteiligung jedoch immer noch über die Festlegung auf bestimmte Frauenberufe her, die schlechter entlohnt werden als vergleichbare Männerberufe. Auch sind, etwa im Freizeitverhalten, bei der Übernahme familialer Verpflichtungen und bei Straftaten, insbesondere bei Gewaltdelikten, erhebliche geschlechtsspezifische Unterschiede festzustellen (Bundesministerium für Bildung und Forschung 2004; Bundeskriminalamt 2004; Datenreport 2004: 61ff.; Hurrelmann/Albert 2006: 36ff.).

In der sozialwissenschaftlichen Diskussion wird weiter darauf hingewiesen, dass es hoch problematisch ist, von der Vorstellung eindeutiger männlicher und weiblicher Eigenschaften und Lebensentwürfe auszugehen. Was jeweils als „typisch männlich" und „typisch weiblich" gilt, ist veränderlich. In der Geschlechterforschung wurde zudem aufgezeigt, dass Geschlechterunterschiede nicht eindeutig und trennscharf sind; zudem sind eine interne Pluralisierung sowie klassen-, schichten- und milieuspezifische Ausprägungen von männlichen und weiblichen Lebensentwürfen in Rechnung zu stellen (vgl. Becker/Kortendiek 2004). Darüber hinaus wird die Vorstellung einer notwendigen und klaren Unterscheidung von zwei Geschlechtern hinterfragt.

1.7 Ende der modernen Jugend?

Die Beobachtung fließender Übergänge zwischen dem Jugend- und dem Erwachsenenalter wird bei Thomas Olk (1985: 292) zu der These zugespitzt, dass „die einheitliche kollektive Statuspassage Jugend zerfällt"; an die Stelle einer klar abgrenzbaren Lebensphase treten demnach eigenständige Übergänge in unterschiedlichen gesellschaftlichen Teilbereichen, die zu unterschiedlichen Zeitpunkten der Biographie stattfinden. Olk geht weiter davon aus, dass damit auch tradierte Vorstellungen darüber, was Jugend als soziale Gruppe bzw. als Entwicklungsstadium kennzeichnet, ihre Plausibilität verlieren.

Ausdrücklich vom ‚Ende der Jugend' ist in einem einflussreichen Aufsatz bei Trutz von Trotha (1982a) die Rede (s. dazu auch die Ausführungen im Kapitel 3). Gemeint ist damit, dass ein Verständnis von Jugend als einer Lebensphase, in der von Heranwachsenden erwartet wird, dass sie in einem relativen Freiraum jenseits strikter sozialer Kontrolle ihre Individualität entwickeln und sich zugleich soziale Normen zu Eigen machen, der gesellschaftlichen Realität nicht mehr entspreche. Kennzeichnend sei nunmehr ein von unterschiedlichen Instanzen (Sozialarbeit, Jugendhilfe, Justiz, Schule) professionell betreuter Übergangsprozess.

Hintergrund dieser Überlegung ist die gesellschaftstheoretische Annahme, dass sich das bildungsbürgerliche Modell einer als selbstgesteuerter Entwicklungsprozess gedachten Jugend nicht verallgemeinern lässt. Zudem weist von Trotha (ebd.: 269) darauf hin, dass mit der Überwindung der Sanktionierung von Sexualität im Jugendalter ein im 19. und 20. Jhdt. zentrales Unterscheidungskriterium zwischen Jugendlichen und Erwachsenen entfallen ist und auch das Wahlrecht nicht mehr erst mit 21 Jahren zugesprochen wird.

Diagnosen, die von einer Auflösung der Unterschiede zwischen Jugendlichen und Erwachsenen und einem Verschwinden von Jugendkulturen und Jugendbewegungen ausgehen (s. auch den Abschnitt zum Generationskonzept im Kapitel 3), haben sich bislang rückblickend immer wieder als Irrtum erwiesen. Auch die These vom Ende der modernen Jugend ist keine zwingende Interpretation der benannten Sachverhalte. Sie können auch als Ausdruck einer Veränderung verstanden werden, die als Pädagogisierung und gleichzeitige Ausweitung von Jugend charakterisiert werden kann. Die Dauer der Lebensphase, in der man noch in die Zuständigkeit pädagogischer Institutionen fällt und auf Qualifizierungsprozesse verwiesen ist, hat sich ausgedehnt. In einer Umkehrung der These vom Ende der Jugend ließe sich sagen, dass sich die Zeit des klassischen Erwachsenenlebens verkürzt hat und eine beruflich und sozial stabile Existenz zu einem knappen Gut geworden ist. Nicht mehr Jugendlicher sein zu müssen, sondern Erwachsener sein zu können, wäre so betrachtet nunmehr ein Privileg.

1.7.1 Vormoderne, moderne und postmoderne Gesellschaften

In der Soziologie wird zwischen vormodernen, modernen und postmodernen Gesellschaften unterschieden. Manche Autoren verwenden die Termine „reflexive" oder „zweite" Moderne anstelle von Postmoderne (s. dazu Beck/ Giddens/Lash 1996). Damit wird u.a. darauf hingewiesen, dass es um Veränderungen geht, die moderne Strukturen überlagern, nicht um einen umfassen neuen Gesellschaftstypus.

Mit dieser Unterscheidung soll auf grundlegende gesellschaftliche Wandlungsprozesse hingewiesen werden. In der folgenden Übersicht wird versucht, diese Unterscheidung, auf die im Weiteren mehrfach zurückzukommen sein wird, etwas näher zu verdeutlichen. Zur Datierung: Moderne Gesellschaften entstehen in Europa und Nordamerika im 18. und 19. Jhdt.; Diagnosen, die ein Ende der bisherigen Moderne und die Herausbildung eines postmodernen Gesellschaftstypus annehmen, wurden seit Mitte der 1980er Jahre vorgelegt. (Als einführende Übersicht hierzu s. Welsch 1988.)

Auf zentrale Aspekte der folgenden Übersicht wird in den einzelnen Kapiteln (z.B. Kapitel 9 zu Jugendkulturen) bzw. Unterkapiteln (z.B. Abschnitt 7.1 zu Familie) ausführlicher eingegangen.

Tabelle 4: Vormoderne, moderne, postmoderne Gesellschaften

	Vormoderne	Moderne	Postmoderne
Individuum und Gesellschaft	Forderung nach Unterwerfung der Individuen unter politische und religiöse Autoritäten; Ein- und Unterordnung des Individuums in Familien, Verwandtschaften und lokale Gemeinschaften	Leitidee der gleichen und freien Individuen; Herauslösung der Individuen aus ihrer Abhängigkeit von traditionellen Gemeinschaften – Abhängigkeit von bezahlter Erwerbsarbeit und sozialstaatlichen Leistungen	Infragestellung der Idee des autonomen Individuums; Betonung der Bedeutung gemeinschaftlicher Bindungen; Individualisierungstendenzen; Krise und Abbau des Sozialstaates und Appelle an Eigenverantwortung
Ökonomie I	Landwirtschaft als zentraler Wirtschaftsbereich; landwirtschaftliche Arbeit als bedeutsamste Grundlage der Existenzsicherung	Industrie als zentraler Wirtschaftsbereich; Industriearbeit als bedeutsamster Sektor des Arbeitsmarktes	Weitreichende Automatisierung und Globalisierung der industriellen Produktion; wachsender Anteil der Dienstleistungsarbeit am Arbeitsmarkt
Ökonomie II	Lokale bäuerliche und handwerkliche Ökonomie; relativ geringe Bedeutung des überregionalen Fernhandels	Nationalstaatliche Ökonomien in der Weltwirtschaft; kapitalistische Marktökonomie	Kapitalistische Marktökonomie in einer globalisierten Weltwirtschaft
Politik	Ständische Herrschaftsordnungen ohne politische Mitbestimmungsrechte für die Bevölkerungsmehrheit	Demokratische Nationalstaaten, aber auch Formen der totalitären Herrschaft	Infragestellung der Grundlagen nationalstaatlicher Demokratien; zunehmende Bedeutung supranationaler Institutionen
Kultur	Regionale und ständische Kulturen	Durchsetzung einer nationalstaatlichen Hochkultur; Unterdrückung von Minderheitenkulturen	Forderungen nach Anerkennung der Gleichberechtigung unterschiedlicher Kulturen; Globale Verschränkung der Kulturproduktion und des Kulturkonsums
Familie	In ein Verwandtschaftssystem eingebettete Mehrgenerationenfamilien	Von der Verwandtschaft abgegrenzte Kleinfamilien	Vielfalt familialer Lebensformen
Wissenschaft	Keine eigenständige Wissenschaft	Wissenschaft als zentrale Grundlage des Weltverständnisses	Infragestellung des Monopolanspruches der Wissenschaften
Erste Welt – Dritte Welt	Nur geringe Unterschiede im Stand der wirtschaftlichen Entwicklung	Kolonialisierung und Imperialismus; wirtschaftliche Ausbeutung und politische Unterdrückung der Kolonien; Entkolonialisierung nach dem 2. Weltkrieg	Politische Eigenständigkeit der ehemaligen Kolonien; fortbestehende wirtschaftliche Ungleichheiten und Ausbeutungsverhältnisse

1.8 Initiationsriten und Übergangsrituale

In der Gegenwartsgesellschaft vollzieht sich der Übergang von der Position des Jugendlichen in die des Erwachsenen schrittweise in der Form rechtlicher und informeller Teilreifen, nicht, wie in Stammesgesellschaften (s.u.), mittels einer symbolischen Initiation, durch die die Aufnahme der Heranwachsenden in die Welt der Erwachsenen vollzogen und angezeigt wird. In Stammesgesellschaften stellt die eindeutige Ordnung der Altersklassen ein bedeutsames gesellschaftliches Organisationsprinzip dar. Am Ende der Kindheit steht häufig ein förmlicher „Initiationsritus", der den Übergang von der Altersgruppe der Kinder in die der Erwachsenen symbolisiert bzw. öffentlich macht (s. dazu van Gennep 1909/1995; Harris 1989).

Neben den erwähnten rechtlichen Teilreifen sind institutionelle Übergangsrituale wie die Konfirmation, die Jugendweihe oder die feierliche Schulentlassung jedoch auch gegenwärtig noch bedeutsam (s. Griese 2000). Hinzu kommen Praktiken, durch die Heranwachsende sich selbst der Distanzierung von der Kindheit oder des Übergangs ins Erwachsenenalter vergewissern.

In seiner klassischen Studie bestimmt Arnold van Gennep (1873-1957) die Funktion solcher Riten darin, die Einpassung von Individuen in eine bestehende soziale Ordnung u.a. dadurch zu gewährleisten, dass Übergänge zwischen sozialen Positionen gezielt bewerkstelligt und überwacht werden. Dem entspricht, dass Bestandteil mancher Riten die demonstrative Anerkennung bestimmter Symbole der Ordnung ist; bei anderen müssen schmerzhafte Prüfungen durchlaufen und dadurch die Bereitschaft demonstriert werden, das Recht der Vertreter der sozialen Ordnung Schmerzen zuzufügen, zu akzeptieren.

In einigen Gesellschaften ist der Initiationsritus mit einer Beschneidung der Jungen und auch der Mädchen verbunden. Über die Genitalverstümmelung von Mädchen in einigen Staaten bzw. Regionen Afrikas und Asiens gibt es heftige Auseinandersetzungen, sowohl in diesen Ländern selbst, als auch zwischen westlichen Frauen- und Menschenrechtsorganisationen und den Verantwortlichen (vgl. hierzu Augstein 1996).

Übergangsrituale, auch solche, in denen die Bereitschaft zur Unterwerfung signalisiert werden muss, finden sich auch in manchen modernen Institutionen. In Armeen wird gewöhnlich erwartet, dass man sich die Haare schneiden lässt und damit seine Bereitschaft anzeigt, sich der militärischen Disziplin zu unterwerfen. Religiöse Riten sind bei den christlichen Kirchen mit einem demonstrativen öffentlichen Bekenntnisakt zum jeweiligen Glauben verbunden. Auch schulische und hochschulische Abschlussprüfungen sind gelegentlich als Initiationsriten angelegt: Der Kandidat muss nicht nur sein Können vorzeigen, sondern durch angemessene Kleidung und passendes Benehmen seine Anerkennung der Institution sichtbar machen.

1.9 Jugendformationen in unterschiedlichen gesellschaftlichen Kontexten

In der folgenden Tabelle werden auf Grundlage sozialhistorischer und soziologischer Studien grundlegende Gemeinsamkeiten und Unterschiede zwischen Jugenden zusammenfassend dargestellt (vgl. von Trotha 1982a und b; Roth 1983; Eisenstadt 2006). Dabei ist zu beachten, dass es sich um eine grobe Vereinfachung handelt, die den Zusammenhang von Gesellschaftsstruktur und den Formen des Heranwachsens illustrieren soll. Für die vorindustriellen Gesellschaften kann zudem nur mit Einschränkungen von einer eigenständigen Lebensphase Jugend gesprochen werden.

Eine instruktive, die postmodernen Entwicklungstendenzen betonende und z.T. etwas überzeichnende Darstellung der Jugendsituation zu Beginn des 21. Jhdts. hat Wilfried Ferchhoff (2007a) vorgelegt.

Tabelle 5: Jugendformationen

	„Jugend" in den vorindustriell-agrarischen Gesellschaften Europas	Jugend in der klassischen industriegesellschaftlichen Moderne	Jugend in den postmodernen westeuropäischen Gegenwartsgesellschaften
Typische soziale Position	Außerhäusliche Arbeit in Abhängigkeitsverhältnissen	Ausbildung in Schulen, Betrieben und Hochschulen	Verlängerte Ausbildung in Schulen, Betrieben und Hochschulen
Sozialstrukturelle Verortung	Ständische Ordnung mit starren sozialen Abgrenzungen der jeweiligen „Jugenden" (Bauern, städtisches Handwerk, Adel usw.)	Klassen- und schichtenspezifische Jugenden; Übergreifendes Konzept von Jugend als für alle (männlichen) Heranwachsenden angenommene Entwicklungsphase	Klassen-, schichten- und milieuspezifische Jugenden; Jugend in einer komplexer gewordenen Ungleichheitsstruktur Übergreifendes Konzept von Jugend als für alle Heranwachsenden angenommene Entwicklungsphase mit einer deutlichen Betonung geschlechtsbezogener Unterschiede
Altersspanne	Unscharfe Altersabgrenzungen; Beginn: 7./8. Lebensjahr bis gegen Ende des zweiten Lebensjahrzehnts	ca. 14. bis ca. 21. Lebensjahr	ca. 12. bis ca. 30. Lebensjahr mit erheblichen sozialstrukturell bedingten Unterschieden der Übergänge

	„Jugend" in den vorindustriell-agrarischen Gesellschaften Europas	Jugend in der klassischen industriegesellschaftlichen Moderne	Jugend in den postmodernen westeuropäischen Gegenwartsgesellschaften
Dominante Form der sozialen Kontrolle	Sanktionen und autoritär geprägte Abhängigkeitsverhältnisse: äußere Kontrolle	Pädagogische und wohlfahrtsstaatliche Institutionen mit relativ strikten Normen und Ordnungsmustern: Kontrolle durch Verinnerlichung sozialer Normen	Pädagogische und wohlfahrtsstaatliche Institutionen unter Bedingungen kultureller Pluralisierung und einer Infragestellung tradierter Ordnungsmodelle
Geschlechterverhältnisse	männliche und weibliche Formen des Heranwachsens in einer patriarchalisch geprägten Ordnung der Zweigeschlechtlichkeit	männliche und weibliche Jugenden in einer patriarchalisch geprägten Ordnung der Zweigeschlechtlichkeit mit Elementen der institutionellen Geschlechtertrennung (z.B. männliche und weibliche Sportarten; Armee und Polizei als männliche Institutionen)	männliche und weibliche Jugenden unter der Bedingung einer Infragestellung und partiellen Überwindung der alten Geschlechterordnung sowie weitgehend ohne eine institutionalisierte Geschlechtertrennung
Sozialräumliche Verortung	lokal und regional	nationalstaatlich	Überlagerung von nationalstaatlichen und EU-europäischen Rahmungen mit den Folgen von Einwanderung und Globalisierung
Jugendkultur	Keine eigenständige Jugendkultur	Entstehung und Etablierung einer eigenständigen Jugendkultur in Abgrenzung zur Erwachsenenkultur	Vielfältige Jugendkulturen; z.T. unscharfe Abgrenzungen gegenüber Erwachsenen und zur medialen Populärkultur; Integration der Jugendkultur in die Massenmedien

2. Jugendliche in der Bevölkerungs- und Sozialstruktur

2.1 Soziale Ungleichheiten in der Lebensphase Jugend

Soziologische Ungleichheitsforschung befasst sich damit, dass Individuen und Familien in einer Gesellschaft über höchst ungleiche Lebensbedingungen (insbesondere: Einkommen und Vermögen, Bildung, politischer Einfluss, soziales Prestige*) und Lebenschancen (z.b. Bildungschancen, Zugang zu qualifizierter Arbeit, Zugang zu Kunst und Kultur, politische Interessensdurchsetzung) verfügen. Positionen im Gefüge der sozialen Ungleichheit haben – und dies selbstverständlich auch für Jugendliche – weitreichende Auswirkungen auf die aktuelle Lebenssituation und künftige Chancen. Dies betrifft neben den genannten Aspekten die Wohnsituation, die Konsummöglichkeiten, die gesundheitliche Versorgung und nicht zuletzt die Ausbildungssituation in Schulen, Betrieben und Hochschulen, was zahlreiche Studien nachgewiesen haben (s. etwa Geißler 2005a).

Für die Analyse sozialer Ungleichheit sind Klassenmodelle, Schichtungsmodelle und Milieumodelle entwickelt worden. Diese können hier nicht dargestellt werden (s. etwa Geißler 2005b). Im Folgenden werden deshalb nur ausgewählte Aspekte der Ungleichheitsforschung aufgegriffen.

Die Ungleichheit der Einkommens- und Vermögensverhältnisse und die dadurch bedingten Unterschiede, die im Hinblick auf Familien festgestellt werden können, betreffen selbstverständlich auch Jugendliche, da über 70% der 12- bis 25-Jährigen bei ihren Eltern wohnen (Hurrelmann/Albert 2006: 64) und von diesen finanziell abhängig sind, sofern sie kein eigenes Einkommen erzielen. Einen ersten groben Überblick über die ungleiche Einkommensverteilung gibt die folgende Tabelle:

Tabelle 6: Verfügbares Haushaltseinkommen im Jahr 2005 in Euro

Durchschnitt aller Haushalte	Selbstständige	Beamte	Angestellte	Arbeiter	Nichterwerbstätige
36.900	115.000	51.900	41.600	32.100	23.700 Sozialhilfebezieher: 14.200 (2004)

Eigenständige, aktuelle und verlässliche Untersuchungen zur sozialen Lage Jugendlicher liegen gegenwärtig nicht vor. Auf der Grundlage eines vereinfachten Schichtungsmodells, das auch in der 14. und 15. Shell-Jugendstudie verwendet wurde, kommt die Studie ‚Kinder in Deutschland 2007' (Hurrel-mann/Andresen 2007: 74) zu folgender Darstellung der sozialen Lage bei den 8- bis 11-Jährigen:

Tabelle 7: Position Heranwachsender in einem Schichtungsmodell

	Prozentanteil der Kinder mit jeweiliger Schicht-zugehörigkeit	Merkmale der Bildung der Eltern	Für die Kinder angestrebter Schulabschluss; Anteil derjenigen, die das Abitur anstreben	Anteil der 2-Kind-Kernfamilien/ der Alleinerziehenden
Oberschicht	12%	Über 70% der Mütter und über 80% der Väter haben das Abitur	81%	56%/ 4%
Obere Mittelschicht	28%	Ca. 50% der Mütter und ca. 60% der Väter haben das Abitur	68%	41%/10%
Mittelschicht	32%	Typisch ist ein Realschulabschluss bzw. die mittlere Reife bei den Eltern	36%	37%/19%
Untere Mittelschicht	19%	ca. 70% der Mütter und Väter haben einen Hauptschulabschluss	32%	36%/24%
Unterschicht	9%	Über 90% der Väter und Mütter verfügen maximal über einen Hauptschulabschluss	20%	18%/36%

In Hinblick auf die Bildungslaufbahnen Jugendlicher ist festzustellen, dass soziale Positionen in einem hohen Maß „vererbt" werden. D.h.: Die soziale Position der Herkunftsfamilie hat einen bedeutenden Einfluss auf die gegen-wärtige und künftige Position eines Jugendlichen, der durch die gesellschaft-lichen Institutionen nicht umfassend ausgeglichen wird. Dies wird z.B. an der relativen Wahrscheinlichkeit von Bildungslaufbahnen deutlich (zu den Aus-prägungen und Ursachen von Bildungsungleichheit s. Georg 2006):

Abbildung 2: Bildungsabschluss des Vaters und Bildungsbeteiligung von Kindern und Jugendlichen

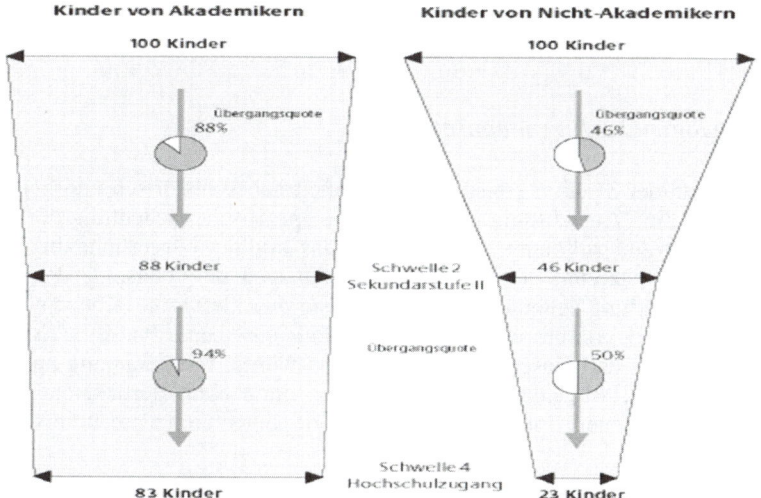

Quelle: Lebenslagen in Deutschland. Der 3. Armuts- und Reichtumsbericht der Bundesregierung, 2008: 69

Mit der Struktur des Bildungssystems wird zudem eine eigenständige, nicht direkt durch die Herkunftsfamilie gegebene Bildungsschichtung im Jugendalter etabliert; Jugendliche erfahren sich während der Schulzeit als Schülerinnen und Schüler in ungleichwertigen Bildungsgängen und Schultypen. Durch den Schultypus hergestellte soziale Nähe und Distanz setzt sich im außerschulischen Bereich vielfach fort.

Soziale Positionen sind auch als soziale Abgrenzungen zwischen Jugendlichen unterschiedlicher Herkunft und zwischen Jugendszenen bedeutsam. Es ist z.B. recht unwahrscheinlich, dass sich die Gymnasiastin in einen Hauptschüler verliebt – denn sie bewegen sich gewöhnlich in unterschiedlichen Freundeskreisen –, falls sie sich dennoch begegnen, werden sie mit hoher Wahrscheinlichkeit feststellen, dass die Schnittmenge gemeinsamer Interessen relativ gering ist (s. dazu etwa Hurrelmann/Albert 2006: 77ff.). Es gibt kaum eine Dimension der Lebenswirklichkeit Jugendlicher, auf die die eingenommene Position im Gefüge der Ungleichheiten keinen Einfluss hat.

Für den Zusammenhang von sozialer Position und Gesundheit stellt der 3. Armuts- und Reichtumsbericht der Bundesregierung (2008: 108) fest:

„Eine umfassende Einschätzung der gesundheitlichen Situation von Kindern und Jugendlichen ermöglicht der Kinder- und Jugendgesundheitssurvey (KiGGS), der vom Robert Koch-Institut in den Jahren 2003 bis 2006 durchgeführt wurde. Kinder und Jugendliche aus Familien mit niedrigem Sozialstatus weisen demnach zu 32% einen sehr guten allgemeinen Gesundheitszustand auf im Vergleich zu 38% bzw. 48% derer aus Familien mit mittlerem und hohem Sozialstatus. Von Übergewicht sind Kinder und Jugendliche aus der niedrigen im Vergleich zur höchsten Statusgruppe 2,3-mal häufiger betroffen. Psychische Auffälligkeiten sowie Verhaltensauffälligkeiten sind bei ihnen sogar 3,8-mal häufiger festzustellen."

2.1.1 Ungleiche Jugendkonzepte

Positionen in der Struktur sozialer Ungleichheit haben historisch und gegenwärtig auch eine Auswirkung darauf, welche spezifische Bedeutung der Lebensphase Jugend zukommt. Während für das bildungsbürgerliche Jugendkonzept ein Verständnis der Jugendphase als ausgedehnte Phase der Persönlichkeitsentwicklung leitend war und ist, war das klassische Konzept von Arbeiterjugend davon bestimmt, dass Jugend als eine kurze Phase ‚zwischen Kindheit, Fabrik und Kasernentor' verstanden wurde. In Anlehnung an Jürgen Zinnecker (1986) können vereinfachend – und ohne Berücksichtigung geschlechtsbezogener Unterschiede – folgende Jugendkonzepte unterschieden werden:

Tabelle 8: Jugendkonzepte und soziale Ungleichheit

Privilegierte	Mittelschichten	Arbeiterschicht	Unterprivilegierte
Statuserhalt und soziale Abgrenzungen „nach unten" Jugend als Zeit der freien Persönlichkeitsentwicklung jenseits gesellschaftlicher Zwänge und sozialer Notlagen	Statuserhalt unter Bedingungen der Unsicherheit und Konkurrenz; ggf. Jugend als mit Aufstiegshoffnungen verknüpfte Laufbahn Jugend als Zeit der Qualifizierung und der zweckgerichteten Vorbereitung auf das Erwachsenenleben mit begrenzten Freiräumen	Gemengelage von Statuserhalt, Abstiegsvermeidung und Aufstiegsbemühungen Jugend als notwendige Vorbereitung auf das Arbeitsleben und als eng begrenzte Phase der relativen Freiheit, die es erlaubt, Dinge auszuleben, die unter den Zwängen des Erwachsenenlebens (Arbeit und Familie) nicht mehr möglich sein werden. Ggf. Jugend als mit Aufstiegsanstrengungen verbundene Phase der schulischen Qualifizierung	Begrenzte Hoffnungen oder Hoffnungslosigkeit in Hinblick auf eine Verbesserung der eigenen Lage Jugend als kurze Übergangsphase ins Erwachsenenleben unter Bedingungen materieller Knappheit

In dem erwähnten Aufsatz von Zinnecker (1986) findet sich eine lesenswerte differenzierte Darstellung dieser Unterscheidung.

Ansätze zu einer empirisch fundierten Weiterentwicklung und Aktualisierung liegen im Kontext der soziologischen *Milieu**forschung vor (s. als

44

Einführung Vester et al. 2001: 167ff.), so auch in der ‚Sinus-Milieustudie U27' (Sinus-Institut 2008; Etscheid 2008). Dort werden u.a. die Folgenden von insgesamt sieben Jugendmilieus unterschieden und stichwortartig charakterisiert:

Bürgerliches Jugendmilieu in einer Mittelschichtposition:

- zwischen Augenblicks-Genuss und Zukunfts-Gestaltung;
- einerseits Teilhabe an Lifestyle-Trends, die Freiheit und die Medien- und Warenwelt genießen (in materieller und sozialer Geborgenheit);
- andererseits sich langsam darüber klar werden, was man will und was nicht;
- die eigene Zukunft planen, sein Leben aus- und einrichten: ankommen – aber noch nicht „gesetzt" sein;
- modisch und modern sein – aber „normal" bleiben: Eine gewisse „Flughöhe" erreichen wollen, dafür auch etwas tun.

Konsummaterialisten in einer Unterschichtposition:

- Anschluss und Akzeptanz suchen; Verbündete finden;
- Verarbeitung und Kompensation von Ausgrenzung;
- sich selbst versorgen und organisieren;
- sich auf die eigenen Eltern häufig nicht verlassen können in Bezug auf emotionale Zuwendung und finanzielle Mittel;
- Ziel ist das Herauskommen aus dem elterlichen Umfeld, es einmal besser zu haben;
- Modemarken (auch Fakes) sind signifikante Symbole für Modernität, Prestige und Teilhabe.

Hinzuweisen ist zudem auf eine Reihe einschlägiger älterer und neuerer Fallstudien der qualitativen Jugendforschung, in denen ungleiche Jugendkonzepte deutlich werden; auf diese wird in Kapitel 3 eingegangen.

2.2 Jugendliche in der Altersgruppenstruktur

Die Altersgruppenstruktur ist ein weiteres Grundelement der Gesellschaftsstruktur (s. Schäfers 2004: 88ff.). Denn es ist davon auszugehen, dass die demographische Struktur und der proportionale Anteil der Altersgruppen ökonomisch, politisch und kulturell folgenreich sind. Die Gegenüberstellung der Bevölkerungspyramiden aus dem Jahr 1900 und dem Jahr 2000 zeigt die weitreichende Veränderung der Anteile der genannten Bevölkerungsgruppen in nur drei Generationen:

In Deutschland hatte der Anteil der bis zu 15-Jährigen an der Gesamtbevölkerung im Jahr der Reichsgründung 1871 noch ein Drittel betragen; gegenwärtig ist er geringer als der Anteil der über 65-Jährigen. Für die aus historischer Sicht einmalige und disproportionale Entwicklung der Altersgruppen sind vor allem folgende Faktoren verantwortlich:

- Der Rückgang der ländlich-bäuerlichen und die Zunahme der städtischen Bevölkerung und die daraus resultierende „säkulare Nachwuchsbeschränkung" (Linde 1984), verstärkt seit dem letzten Drittel des 19. Jahrhunderts;
- der Strukturwandel der Familie im Zusammenhang mit dem Wandel der Geschlechterrollen, des Arbeitsmarktes und des Bildungssystems, insbesondere
  - die ökonomischen und sozialen Kosten und Folgekosten der Kindererziehung und die Schwierigkeiten, Familie und Beruf unter den gegebenen Bedingungen zu vereinbaren;
  - ein verändertes Selbstverständnis von Frauen, die es nicht mehr als ihre vermeintliche Pflicht sehen, „der Gesellschaft" viele Kinder zu gebären;
  - die verbesserten Möglichkeiten der Empfängnisverhütung in Verbindung mit dem sinkenden Einfluss eines religiösen Modells, das Verhütungsmittel verbietet.

Die erhebliche Reduktion der Kinderzahl pro Familie bzw. Frau seit über 100 Jahren zeigt sich in folgenden Daten: Um 1905 lag die durchschnittliche Kinderzahl bei 4,7; gegenwärtig nur noch bei ca. 1,35.

Abbildung 3: Bevölkerungspyramiden

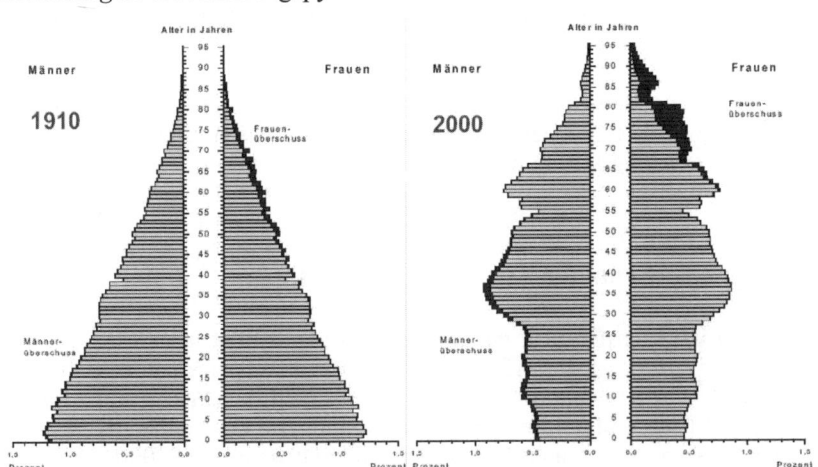

Quelle: Bundesinstitut für Bevölkerungsforschung (2004: 60)

46

Die Veränderungen in der Größe und Zusammensetzung der Familien sind in ihren vielfältigen Auswirkungen nur schwer zu erfassen, z.zB. des Tatbestands, dass viele Kinder und Jugendliche in einer Ein-Kind-Konstellation aufwachsen.

Tabelle 9: Bevölkerung 2005 nach Altersgruppen

Altersgruppen	Insgesamt		männlich		weiblich	
	in Tsd.	in%	in Tsd.	in%	in Tsd.	in%
0-10	7.539,4	9,1	3.867,1	9,6	3.672,3	8,7
10-20	8.946,3	10,9	4.588,3	11,3	4.358,0	10,4
20-25	4.853,8	5,9	2.461,5	6,1	2.392,3	5,7
25-35	9.855,3	12,0	5.003,9	12,4	4.851,4	11,5
35-65	35.373,2	42,9	17.862,9	44,3	17.510,2	41,6
65 u.ä.	15.870,1	19,3	6.556,4	16,3	9.313,7	22,1
Zusammen	82.438,0		40.340,0		42.098,0	

Quelle: Statistisches Jahrbuch 2007: 44 und eigene Berechnungen. Schwankungen durch Auf-/ Abrundungen.

Zu den demographischen Grunddaten gehört weiterhin der Tatbestand, dass bis zum 60. Lebensjahr der gegenwärtigen Bevölkerung der Anteil der Männer pro Altersjahrgang über dem Frauenanteil liegt. Erst nach dem (gegenwärtig) 60. Lebensjahr nimmt der Frauenanteil überproportional stark zu. Die Lebenserwartung bei Geburt beträgt für Frauen 81,1 Jahre und für Männer 75,1 Jahre. Sie ist seit dem Bestehen der Bundesrepublik für Frauen um 10 Jahre und für Männer um 7,8 Jahre gestiegen.

Der höhere Männeranteil in den ersten 59 Lebensjahren erklärt sich durch eine relative Konstanz von 105/106 Jungengeburten auf 100 Mädchengeburten (vgl. Statistisches Jahrbuch 2004: 49). Die höhere Sterblichkeit von Jungen im Säuglingsalter, höhere Unfallquoten mit tödlichem Ausgang bei jungen Männern und andere Faktoren sorgen dann für erste „Verschiebungen" der Proportionen.

Ein wichtiges demographisches und soziales Merkmal ist der Familienstand. Es wurde bereits hervorgehoben, dass Heirat noch bis in die 1960er Jahre hinein als Merkmal für den Abschluss der Jugendzeit gegolten hat. Dieses Kriterium hat an Eindeutigkeit verloren, auch weil in den letzten Jahrzehnten das Zusammenleben junger Menschen in vor- bzw. nichtehelichen Verhältnissen stark zugenommen hat. Dabei sind jedoch zumindest zwei Unterschiede zur traditionellen Familiengründung festzustellen: Zum einen wird vor- und nichteheliches Zusammenleben immer unabhängiger von der Frage, ob der junge Mann bzw. die junge Frau eine Familie ernähren kann; zum zweiten bleiben diese frühen Formen des ehelichen und vorehelichen Lebens überwiegend kinderlos.

Tabelle 10: Familienstand jugendlicher Altersgruppen in Prozent
(31.12.2005)

Alter von ...bis	ledig		verheiratet	
unter ... Jahre	m	w	m	w
15-20	99,9	99,4	0,1	0,6
20-25	96,3	89,4	3,6	10,1

Quelle: Statistisches Jahrbuch 2007: 43

Das durchschnittliche Alter bei der Erstheirat hat sich deutlich verschoben: Es lag im Jahr 1975 bei den Männern bei durchschnittlich 25,3 Jahren, 2004 dann bei 32 Jahren; bei den Frauen 1975 bei 22,7 Jahren, 2004 dann bei 29 Jahren (Datenreport 1989: 44 und Datenreport 2006: 39). Diese Zahlen variieren jedoch erheblich zwischen den sozialen Schichten und Milieus; akademisch Gebildete heiraten deutlich später als Personen ohne Hochschulstudium.

2.3 Jugendliche mit Migrationshintergrund*

2.3.1 Entwicklung zur Einwanderungsgesellschaft

Die Entwicklung der BRD hin zu einer Einwanderungsgesellschaft (zur Geschichte der Einwanderung nach Deutschland vgl. Herbert 2001) wird in den folgenden Zahlen für das Jahr 2006 deutlich. Dabei ist zu berücksichtigen, dass es sich um Durchschnittswerte für Gesamtdeutschland handelt; in den westdeutschen Bundesländern sind die Anteile höher, in den ostdeutschen erheblich geringer.

Von den knapp 14 Millionen 10- bis 25-Jährigen haben ca. 25% einen Migrationshintergrund, ca. 15% dieser Altersgruppe verfügen nicht über die deutsche Staatsangehörigkeit. Dies ist der Fall, obwohl bereits 69% der unter 18jährigen Ausländer in Deutschland geboren sind (Beauftragte der Bundesregierung für Migration 2007: 210).

In einigen Großstädten in den industriellen Ballungszentren liegt der Anteil der Jugendlichen mit Migrationshintergrund deutlich über den Durchschnittswerten und ist weiter ansteigend. Entsprechend wird für einige Städte angenommen, dass in wenigen Jahren 40 bis 50% der Jugendlichen aus Zuwandererfamilien stammen werden.

Tabelle 11: Jugendliche mit Migrationshintergrund

	Personen mit Migrationshintergrund insgesamt	unter 15-Jährige	15- bis 24-Jährige
	15,3 Millionen (=18,4% der Gesamtbevölkerung)	3,4 Millionen (=29,7% der Altersgruppe)	2,4 Millionen (=ca. 24,4% der Altersgruppe)
davon Ausländer	7,3 Millionen (=8,2% der Gesamtbevölkerung)	1,1 Millionen (=11,3% der Altergruppe)	1,01 Millionen (=8.8% der Altersgruppe)
davon Aussiedler	4,5 Millionen	776 Tsd. (=7,8% der Altersgruppe)	712 Tsd. (=6,2% der Altersgruppe)
davon Eingebürgerte und als Deutsche geborene Kinder von Zuwanderern	1,8 Millionen	1,5 Millionen (=15,3% der Altersgruppe)	678 Tsd. (=5,9% der Altersgruppe)

Quelle: Beauftragte der Bundesregierung für Migration (2007: 211); eigene Berechnungen

Tabelle 12: Herkunftsregionen der 12- bis 25-jährigen Ausländer in Deutschland (31.12.2007)

Insgesamt	1.227.076 davon mit einem zeitlich befristeten Aufenthaltsrecht unterschiedlicher Länge und Aufenthaltsicherheit: 491.473 (=40%)
Türkei	406.253
EU-Staaten	353.614
Staaten des ehemaligen Jugoslawien	168.532
Asiatische Staaten	171.251
Staaten der ehemaligen Sowjetunion	95.407
davon: Russische Föderation	34.116
Ukraine:	23.439
Afrikanische Staaten	54.754
Mittel- und südamerikanische Staaten	21.300
USA und Kanada	15.387

Quelle: Statistisches Bundesamt: Einbürgerungen, 2008

Tabelle 13: Ausländeranteil in ausgewählten Bundesländern in Prozent

Länder	Gesamtbevölkerung	Ausländer in%
Baden-Württemberg	10.738.753	11,8
Berlin	3.404.037	13,9
Brandenburg	2.547.772	2,6
Hessen	6.075.359	11,3
Nordrhein-Westfalen	18.028.745	10,6
Schleswig-Holstein	2.834.254	5,3
Thüringen	2.311.140	2,0

Quelle: Statistisches Bundesamt: Gebiet und Bevölkerung, 2008

Der rechtliche Status ‚Ausländer' bedeutet nicht, dass es sich um Einge-
wanderte mit kurzer Aufenthaltsdauer handelt. Denn „Ende 2006 lebten
63,3 Prozent der ausländischen Bevölkerung seit mindestens zehn Jahren
in Deutschland. Etwa ein Drittel (34,6 Prozent) lebte seit mehr als zwanzig
Jahren im Bundesgebiet – etwas mehr als ein Fünftel (21,6 Prozent) sogar
seit 30 Jahren und länger (...)" (Bundeszentrale für politische Bildung
2008: 9).

Insbesondere Staatsangehörige aus den ehemaligen Anwerbeländern ha-
ben einen langjährigen Aufenthalt: 80,1 Prozent der Türken, 83,8 Prozent der
Griechen, 84,2 Prozent der Italiener und 88,5 Prozent der Kroaten lebten im
Jahr 2006 seit mindestens zehn Jahren in Deutschland.

Die Jugendlichen mit Migrationshintergrund kommen überwiegend aus
Familien

- von Arbeitsmigranten aus den ehemaligen Anwerbeländern (Italien, Por-
tugal, Spanien, Marokko, Türkei usw.);
- von Spätaussiedlern aus dem Gebiet der ehemaligen Sowjetunion;
- von Flüchtlingen (bzw. jugendliche Flüchtlinge, die ohne Eltern einge-
reist sind);
- von Zuwanderern aus den Staaten der Europäischen Union.
- Hinzu kommt seit der massiven Einschränkung des Asylrechts im Jahr
1993 eine erhebliche Zahl sog. ‚Illegaler', d.h. von Jugendlichen und Erwachsenen ohne einen rechtlich abgesicherten Aufenthaltsstatus.

Die rechtlich verankerte Unterscheidung von Zuwanderergruppen (Arbeitsmigranten, Spätaussiedler, Flüchtlinge, EU-Ausländer und Nicht-EU-Ausländer usw.) sowie die Aufenthaltsdauer haben weitreichende Folgen, insbesondere in Bezug auf den Zugang zum Arbeitsmarkt, die Aufenthaltssicherheit
und die Möglichkeit zum Erwerb der deutschen Staatsangehörigkeit. Die einschlägigen ausländer-, arbeits- und sozialrechtlichen Festlegungen können
hier nicht dargestellt werden. Aktuelle Informationen hierzu finden sich u.a.
auf der Homepage des Bundesamts für Migration und Flüchtlinge (www.
bamf.de) und der Hilfsorganisation Pro Asyl (www.proasyl.de).

Auch hinsichtlich ihrer Position in der Sozialstruktur (Bildungsstatus, Ar-
beitsmarktposition, Einkommens- und Vermögensverhältnisse) sind Migranten
bzw. Ausländer in der Bundesrepublik keine in sich homogene Sozialgruppe.
Obwohl sich unterschiedliche Formen der Benachteiligung nachweisen lassen,
stellt die verbreitete Vorstellung, dass „die ausländischen Jugendlichen" über
ein geringes Bildungsniveau verfügen ebenso ein Vorurteil dar, wie die Annahme, dass sie häufiger Straftaten begehen würden als Einheimische.

In der sozialwissenschaftlichen Forschung, der Politik und der Pädagogik richtet sich das Interesse jedoch vor allem auf diejenigen Teilgruppen,
die weitreichenden politischen, rechtlichen und ökonomischen Benachteiligungen unterliegen. Darüber hinaus wird untersucht, ob und ggf. wie sich
Migranten unter Aspekten wie Sprachkompetenz, Religionszugehörigkeit,

Familienstrukturen und Erziehungsstile von der einheimischen Bevölkerung unterscheiden.

Die soziale Benachteiligung der Eingewanderten wird exemplarisch in den folgenden Daten zur Armutsgefährdung deutlich:

„Das Armutsrisiko in Deutschland liegt bei 11,6% für die Bevölkerung ohne Migrationshintergrund und bei 28,2% für die Bevölkerung mit Migrationshintergrund. In den Großstädten sind die Werte für alle Bevölkerungsgruppen höher: Bei Deutschen ohne Migrationshintergrund liegt die Armutsrisikoquote bei 12,5%, bei Personen mit Migrationshintergrund aber bereits bei 31,8%. Damit haben in Deutschland insgesamt 36% der armutsgefährdeten Bevölkerung einen Migrationshintergrund. In den Großstädten ist dieser Anteil ebenfalls höher. Die armutsgefährdete Bevölkerung setzt sich hier fast zur Hälfte (48%) aus Personen mit Migrationshintergrund zusammen." (Beauftragte der Bundesregierung für Migration 2007: 2000)

2.3.2 Zur Situation im Bildungswesen

Ca. 25% aller Schüler haben einen Migrationshintergrund, ca. 10% sind Ausländer. Diese verteilen sich wie folgt auf die Schularten (s. dazu Konsortium Bildungsberichterstattung 2006: 142ff.).

Tabelle 14: Ausländische SchülerInnen an allgemeinbildenden Schulen in Tausend und anteilig in Prozent an der Gesamtschülerzahl im Schuljahr 2005/06

Schulart	1.000	%
Vorklassen	1,0	12,2
Schulkindergärten	3,8	18,3
Grundschulen	333,8	10,6
Schulunabh. Orientierungsstufen	14,7	14,7
Hauptschulen	182,7	19,2
Realschulen	100,6	7,7
Gymnasien	104,6	4,3
Integrierte Gesamtschulen	70,3	13,8
Förderschulen	63,1	15,5
Abendhauptschule	0,5	41,9
Abendrealschule	5,1	23,4
Abendgymasium	2,5	12,4
Kollegs	1,0	5,6
Insgesamt	897,7	9,6

Quelle: Statistisches Bundesamt: Absolventen/Abgänger nach Abschlussarten, 2008

Ausländische Schüler sind im Bildungssystem gegenüber Schülern mit deutscher Staatsangehörigkeit benachteiligt. Dies wird schon daran deutlich, dass knapp 20% aller ausländischen Schüler die Hauptschule, aber nur ca. 4% das Gymnasium besuchen. Chancengleichheit ist unter diesen Voraussetzungen, wie u.a. die international vergleichend angelegten PISA-Studien (*PISA* steht für Programme for International Student Assessment; Baumert 2000; Prenzel et al. 2003) nachgewiesen haben, nicht gewährleistet. Diese Benachteiligung ist jedoch keineswegs zureichend als Folge herkunftsbedingter sprachlicher Defizite erklärbar. Vielmehr ist die Benachteiligung ein Ergebnis des Zusammenwirkens der sozioökonomischen Benachteiligung der Eingewanderten, ihrer sozialen Segregation, dadurch bedingter Bildungsstrategien, unzureichender schulischer (Sprach-)Förderung im vorschulischen Bereich und in Schulen sowie von Formen der schulischen Selektion und der Diskriminierung (vgl. Bericht der Beauftragten der Bundesregierung für Migration 2005: 32ff.; Boos-Nünning/Karakasoglu 2005: 163ff. und 350ff.).

Im Ergebnis ist festzustellen, dass ausländische und deutsche Arbeiterkinder „bei gleichen kognitiven Grundfähigkeiten und gleicher Lesekompetenz" ein um den Faktor 6 geringere Chance haben, das Gymnasium zu besuchen, als Akademikerkinder (Deutsches PISA-Konsortium 2002: 168). Fast ein Fünftel aller Jugendlichen ohne deutsche Staatsangehörigkeit verlässt die Schule ohne qualifizierten Abschluss.

Tabelle 15: Deutsche und ausländische Schulabgänger 2006 (in Prozent)

	Deutsche	Ausländer
ohne Hauptschulabschluss	7,0	16,8
mit Hauptschulabschluss	22,7	41,6
mit Realschulabschluss	41,1	30,8
mit allg. Hochschulreife	26,7	9,3

Quelle: Statistisches Jahrbuch 2007: 130

Festzustellen ist aber auch, dass ein Teil der Migranten höhere Bildungsabschlüsse erwirbt, in Angestelltenberufen sowie akademischen Berufen arbeitet und dass der Anteil der selbstständig Erwerbstätigen wächst.

2.3.3 Zur sozialen Situation der Jugendlichen mit Migrationshintergrund

In zahlreichen Untersuchungen wurde nachgewiesen, dass Jugendliche mit Migrationshintergrund im Bildungssystem, bei der Lehrstellenvergabe und auf dem Arbeitsmarkt benachteiligt werden (s. als Übersicht Flam 2007: 35ff. und Beauftragte der Bundesregierung für Migration 2007: 47ff.). Diese Benachteiligungen sind zum einen auf die schlechtere Ausgangslage von Jugendlichen aus Familien mit Migrationshintergrund (Bildungsniveau, Berufsposition und Einkommen der Eltern) zurückzuführen; zudem sind „Verstärkereffekte" in Rechnung zu stellen: eine ungünstige Wohngegend erschwert die Beziehungen zu deutschen Jugendlichen, aber auch den Zugang zu Lehrstellen; die Tendenz zur sozialen Segregation zwischen eingewanderten und einheimischen Jugendlichen in Schulen und im Freizeitbereich vermindert die Möglichkeiten des Spracherwerbs, usw.

Hinzu kommen rechtliche Benachteiligungen der eingewanderten Jugendlichen ohne deutsche Staatsangehörigkeit: diese sind vom Wahlrecht auf Bundes- und Landesebene ausgeschlossen, ihr Aufenthaltsrecht und damit ihre Zukunftsperspektive ist im Fall befristeter Aufenthaltstitel mehr oder weniger unsicher, bei einem Teil der Nicht-EU-Ausländer ist der Zugang zum Arbeitsmarkt rechtlich erschwert und im Fall von Straftaten droht unter bestimmten Bedingungen die Abschiebung.

Die besondere Situation eines Teils der Jugendlichen mit Migrationshintergrund besteht also darin, dass ungünstige soziale Bedingungen in einer besonderen Verdichtung und Verschränkung auftreten.

Zudem tragen Vorurteile, nationalistische und rassistische Mentalitäten und Ideologien sowie Formen der sog. institutionellen Diskriminierung zur Benachteiligung bei. Institutionelle Diskriminierung (s. dazu Flam 2007: 12ff.) liegt dann vor, wenn die ‚ganz normale' Arbeitsweise von Institutionen benachteiligende Auswirkungen hat, die gerade nicht auf individuelle Vorurteile, z.B. von einzelnen LehrerInnen, zurückzuführen sind. Dies ist z.B. dann der Fall, wenn auf eine angemessene Sprachförderung in Schulen verzichtet wird, weil vorausgesetzt wird, dass alle SchülerInnen die schulische Verkehrsprache hinreichend beherrschen bzw. beherrschen sollten, es also nicht als Aufgabe gesehen wird, für den Schulerfolg erforderliche sprachliche Fähigkeiten in der Schule erst zu vermitteln.

In der älteren sozialwissenschaftlichen Literatur war dagegen eine Sichtweise vorherrschend, die die Situation der Jugendlichen mit Migrationshintergrund grundsätzlich durch besondere Probleme und Belastungen charakterisiert sieht, als deren Ursachen der Sprach- und Kulturwechsel sowie der Wechsel der Bezugspersonen und Bezugsgruppen im Migrationsprozess betrachtet wurden. Angenommen wurden weiter Schwierigkeiten der Identitätsbildung unter Bedingungen eines Lebens „zwischen den Kulturen" (vgl. Griese 1981).

Demgegenüber hat sich inzwischen auf der Grundlage zahlreicher empirischer Studien und theoretischer Analysen (s. etwa Dannenbeck/Esser/Lösch 1999; Hormel/Scherr 2003 und 2004; Boos-Nünning/Karakasoglu 2005) eine Sichtweise durchgesetzt, die zum einen geltend macht, dass der überwiegende Teil der eingewanderten Jugendlichen sich erfolgreich mit den Lebensbedingungen in der Bundesrepublik auseinander setzt. Ein deutliches Indiz hierfür ist etwa, dass die dauerhaft in Deutschland lebenden Ausländer weniger Straftaten begehen als deutsche Staatsangehörige in einer vergleichbaren sozialen Lage. Zum anderen konnte nachgewiesen werden, dass bei einigen Teilgruppen vorzufindende sprachliche, kulturelle und religiöse Besonderheiten keine direkte Folge der Abstammung oder Herkunft, sondern als Reaktion auf die Lebensbedingungen in der Aufnahmegesellschaft zu interpretieren sind.

Für die politischen Orientierungen von Migrantenjugendlichen hat eine Studie des Deutschen Jugendinstituts (Weidacher 2000) eine weitgehende

Angleichung an sozialstrukturell vergleichbare deutsche Jugendliche aufgezeigt.

In Bezug auf die Situation eines Teils, also keineswegs aller Mädchen und Jungen mit Migrationshintergrund, insbesondere aus türkischen Einwandererfamilien, weisen vorliegende Studien auf den Einfluss traditioneller Erziehungs- und Geschlechterkonzepte hin (vgl. Popp 1994; Boos-Nünning/ Karakasoglu 2005: 96ff. und 241ff.). Diese können z.b. dazu führen, dass Mädchen erheblich in autoritativ-patriarchalische Familienstrukturen und familiale Verpflichtungen (Hausarbeit; Betreuung jüngerer Geschwister) eingebunden und somit ihre Möglichkeiten sehr begrenzt sind, Freizeit außerhalb der Familie bzw. ohne Kontrolle durch die Familie zu verbringen. Hinzu kommen rigide Sexualnormen für Mädchen (Tabuisierung und Verbot vorehelicher Sexualität) sowie in einigen Fällen die Zwangsverheiratung. Es kann bei dieser Thematik nicht ausgeklammert bleiben, dass sich migrantische Mädchen und Jungen mit diesen Vorgaben auch kritisch auseinandersetzen oder sie radikal verwerfen.

In ihrer Untersuchung weist Ulrike Popp (1994: 122) nach, dass „deutsche Mädchen und türkische Mädchen (...) die traditionelle Verteilung der Rollen zwischen Männern und Frauen eher ab(lehnen) als deutsche und türkische Jungs". In einer Studie über Bildungsbiographien von jungen Frauen aus Einwanderfamilien zeigt Merle Hummrich (2002) auf, dass ein Teil der jungen Migrantinnen darum bemüht ist, Kompromisse zwischen traditionellen familialen Bindungen und Erwartungen einerseits, den Möglichkeiten des sozialen Aufstiegs durch Bildung und einer eigenständigen modernen Lebensführung andererseits zu finden.

Ursula Boos-Nünning und Yasemin Karakasoglu (2005: 96ff.) zeigen in ihrer Studie auf, dass sich Familienstrukturen im Verlauf des Migrationsprozesses verändern und das Stereotyp der patriarchalisch geprägten Migrantenfamilie einer Realität, die durch eine Heterogenität der Formen des familialen Zusammenlebens auch bei Migranten gekennzeichnet ist, nicht entspricht.

Ein niedriger Bildungsstatus in Verbindung mit unsicheren Berufsperspektiven verbindet sich bei einem Teil der männlichen Migrantenjugendlichen – ebenso wie bei manchen deutschen Jugendlichen – mit patriarchalisch-sexistischen Verhaltensweisen und einer demonstrativen, mit physischer Stärke und Gewaltbereitschaft verbundenen Maskulinität (vgl. Tertilt 1996). Es ist jedoch problematisch, entsprechende Beobachtungen zu verallgemeinern und vereinfachend als Folge von Traditionen bzw. kulturellen und ethnischen Unterschieden zu interpretieren. Dies wäre nicht nur sachlich unzutreffend, sondern trüge auch zur Verstärkung von fremdenfeindlichen Stereotypen und Vorurteilen bei (vgl. Hormel/Scherr 2003; Badawia et al. 2003).

2.4 Heterogene Jugenden in der Weltgesellschaft

Wenn in der einschlägigen Forschung von Jugend die Rede ist, werden in der Regel solche Jugendliche in den Blick genommen, die in Deutschland bzw. der europäischen Union bzw. den entwickelten westlichen Industriegesellschaften leben. Und selbst in diesem Rahmen finden bestimmte Teilgruppen nur geringe Aufmerksamkeit. Dies gilt z.b. in Hinblick auf Jugendliche, die in Haftanstalten einsitzen, in psychiatrischen Anstalten oder Heimen untergebracht werden oder die bestimmten Minderheitengruppen, wie etwa den Sinti und Roma, angehören. Darin zeigt sich, dass auch die Jugendforschung gelegentlich immer noch mit einem wenig reflektierten Bild des „Normaljugendlichen" operiert.

Dass das Bild des durchschnittlich gesunden, in einer Familie lebenden und eine schulische bzw. berufliche Ausbildung absolvierenden „Normaljugendlichen", jedenfalls außerhalb der westlichen Industriegesellschaften, wenig tragfähig ist, ist offenkundig: Nach Angaben der UNESCO haben weltweit 75 Millionen Heranwachsende im schulpflichtigen Alter keine Möglichkeit, eine Schule zu besuchen. In bestimmten Regionen gehört die alltägliche Beteiligung an der materiellen Existenzsicherung durch sog. Kinderarbeit zur Normalität oder werden, so in einigen Krisenregionen Afrikas, Jugendliche als Kindersoldaten rekrutiert (s. Liebel 2001; Child Soldiers Global Report 2008).

Zur Verdeutlichung sei auf einige andere Aspekte hingewiesen: Jugendliche, die gegenwärtig z.B. im Kosovo oder Bosnien heranwachsen, sind mit der Situation einer Nachkriegsgesellschaft und damit mit anhaltenden Feindseligkeiten und Konflikten zwischen Bevölkerungsgruppen sowie ggf. den Auswirkungen von Kriegstraumatisierungen auf ihre Familien konfrontiert. Zur Alltagsrealität z.B. palästinensischer Jugendlicher gehören Armut, Einschränkungen der Bewegungsfreiheit und Demütigungen an den sog. Checkpoints, während die Bedrohung durch Terror zum Alltag israelischer Jugendlicher gehört (s. dazu die Dokumentationen auf der Internetseite: www. ferien-vom-krieg.de).

Damit ist angedeutet, dass die erheblichen ökonomischen, politischen, rechtlichen und kulturellen Unterschiede zwischen den Nationalstaaten und Regionen der Weltgesellschaft hoch folgenreich sind für die Lebensbedingungen Heranwachsender und das jeweilige Verständnis von Jugend als Lebensphase. Eine Jugendsoziologie, die die Begrenzungen eines „methodischen Nationalismus" (Beck/Beck-Gernsheim 2006: 236) überwinden will, steht vor der Aufgabe, sich stärker auf die höchst unterschiedlichen Jugendwirklichkeiten in den Regionen der Weltgesellschaft einzulassen. Gängige Stereotype über kulturelle Unterschiede zwischen den Nationalstaaten und Merkmale eines vermeintlichen „Nationalcharakters" sind hierfür kein geeigneter Ausgangspunkt.

Eine neuere international vergleichende Jugendstudie (Blossfeld et al. 2006) akzentuiert, dass in Folge von Arbeitslosigkeit und des Abbaus sozialstaatlicher Leistungen eine zunehmende Unsicherheit das gemeinsame Merkmal von Jugend in unterschiedlichen Gegenwartsgesellschaften sei. In dieser Studie wird weiter deutlich, dass es auch unter Jugendlichen eine Spaltung in Gewinner und Verlierer des ökonomischen und politischen Wandels im sich globalisierenden Kapitalismus gibt. Insbesondere gering qualifizierte Jugendliche haben erhebliche Schwierigkeit, Zugang zu existenzsichernder Erwerbsarbeit zu finden.

In dem Sammelband ‚Globale Jugend und Jugendkulturen' (Villányi et al. 2007) liegen erste Analysen zu weiteren Aspekten der Auswirkungen der gegenwärtigen Globalisierungsdynamik auf Jugendliche vor.

3 Jugendsoziologische Theorien

3.1 Bedeutung jugendsoziologischer Theorien

Die zentrale Aufgabe jugendsoziologischer Theorien und einer theoriegeleiteten Jugendforschung besteht darin, Jugend als Lebensphase und Lebenslage in Zusammenhang mit der Struktur und Dynamik der Gesamtgesellschaft in den Blick zu nehmen. Dabei sind die folgenden Aspekte von zentralem Interesse:

- die für eine jeweilige Gesellschaft charakteristische (sozialstrukturelle, ökonomische, politische, rechtliche und kulturelle) Konturierung und Institutionalisierung der Lebensphase Jugend sowie der sozial ungleichen und geschlechtsbezogen differenzierten Jugenden;
- die gesellschaftlichen Einwirkungen auf die Lebenssituation Jugendlicher sowie auf ihre Persönlichkeitsentwicklung, ihre Lebensführung, ihr Denken und ihre Wertvorstellungen (Sozialisation);
- der Einfluss von Jugendlichen auf die gesellschaftliche Entwicklung (Jugend(sub)kulturen, soziale Bewegungen, angepasstes und abweichendes Verhalten Jugendlicher usw.);
- die Bedeutung von Jugendgruppen und Jugendkulturen für die Lebensführung und die Sozialisation Jugendlicher.

Soziologische Jugendtheorien sind folglich auf eine gesellschafts-, kultur- und sozialisationstheoretische Fundierung angewiesen.

Jugendforschung ist de facto jedoch keineswegs durchgängig an wissenschaftlichen Theorien orientierte und auf theoretisch begründeten Hypothesen und Fragestellungen aufbauende Forschung. Vielmehr werden in repräsentativ angelegten Studien – so in den einflussreichen Shell-Jugendstudien – vielfach ohne eine systematische theoretische Fundierung Daten erhoben, etwa zu politischen Einstellungen, zum Freizeitverhalten oder zur Zufriedenheit mit der gesellschaftlichen Entwicklung und der eigenen Lebenssituation, die von den Medien und seitens der Politik nachgefragt werden bzw. von denen angenommen wird, dass sie das Interesse an einer empirisch fundierten Einschätzung zur Lage „der Jugend" befriedigen können. Andere Untersuchungen gehen in einer von vornherein interdisziplinär angelegten Herangehensweise spezifischen, insbesondere politisch und pädagogisch relevanten Fragestellungen nach. So wurden seit Beginn der 1990er Jahre zahlreiche Studien über Ursachen und Erscheinungsformen von jugendlichem Rechtextremismus (s. als Überblick Kleinert 2004; Möller/Schuhmacher 2007: 17ff.; Scherr 1996) vorgelegt.

Der schon Anfang der 1980er Jahre formulierte Einwand, dass „die jugendsoziologische Forschung eher den wechselnden gesellschaftspolitischen Diskussionen ... hinterherläuft, als theoriegeleitete Fragestellungen zu verfolgen" (von Trotha 1982a: 254), ist auch gegenwärtig noch nicht völlig hinfällig, auch wenn seit den 1980er Jahren zahlreiche Studien erschienen sind, die zur jugendsoziologischen Theorientwicklung und zur theoriegeleiteten Forschung beigetragen haben (s. dazu Mansel/Griese/Scherr 2003; Hoffman/ Merkens 2004; Bingel et al. 2008).

Diese Problematik ist nicht nur dadurch bedingt, dass eine empirische Forschung, die verspricht, für die Politik, die Medien und die Pädagogik interessante Daten zur Verfügung zu stellen, stärker nachgefragt wird als komplexe und für die Öffentlichkeit in der Regel schwer verständliche Theorien. Es ist aus den folgenden Gründen zudem schwierig, eine umfassende jugendsoziologische Theorie zu entwickeln:

- Es liegen unterschiedliche soziologische Gesellschaftstheorien und Gegenwartsdiagnosen vor, die je eigene Sichtweisen entfalten (etwa: die moderne Gesellschaft als kapitalistische, als funktional differenzierte Gesellschaft, als individualisierte Risikogesellschaft oder als postmoderne Gesellschaft). Jede dieser Theorien enthält spezifische Annahmen über die Struktur und Dynamik der Gegenwartsgesellschaft, die explizit oder implizit eigenständige Zugänge zur Jugendthematik beinhalten (s.u.).
- Die Frage nach der gesellschaftlichen Bedeutung von Altersgruppen und Lebensphasen findet in der neueren soziologischen Gesellschaftstheorie nur relativ geringe Beachtung. Auch deshalb können jugendsoziologische Theoreme nicht einfach deduktiv aus den Grundannahmen der vorliegenden Gesellschaftstheorien abgeleitet werden.
- Gesellschaften sind keine Gebilde, in denen in allen Teilbereichen gemeinsame und einheitliche Prinzipien wirksam sind. Die Besonderheiten ihrer Teilbereiche, also von Familie, Schule, Massenmedien, Erwerbsarbeit, Pädagogik, Politik usw., sind für die gesellschaftliche Lebenssituation Jugendlicher keineswegs belanglos und können deshalb in jugendsoziologischen Theorien auch nicht ignoriert werden.
- Zudem ist eine Betrachtung von Jugend als Phase der Persönlichkeitsentwicklung darauf verwiesen, sich auf die umfangreichen Wissensbestände heterogener soziologischer, psychologischer und erziehungswissenschaftlicher Sozialisationstheorien zu beziehen.

Deshalb ist davon auszugehen, dass es nicht „die" jugendsoziologische Theorie gibt oder geben kann. Es liegen unterschiedliche Paradigmen jugendsoziologischer Theoriebildung vor, die sich teilweise ergänzen und je eigene Gesichtspunkte hervorheben.

3.2 Gemeinsame Fragestellungen und Grundannahmen jugendsoziologischer Theorien

(1) Ein gemeinsamer Ausgangspunkt jugendsoziologischer Theorien ist erstens in der Annahme zu sehen, dass Jugend als eigenständige Lebensphase in Folge der Trennung zwischen Familie, Schule, beruflicher Ausbildung und Erwerbsarbeit entsteht, die moderne Gesellschaften seit der Industrialisierung kennzeichnet. Mit der Transformation von Agrargesellschaften und Industriegesellschaften und mit der Entstehung moderner Nationalstaaten wird es erforderlich, Heranwachsenden Wissensbestände und Qualifikationen zu vermitteln, die über das hinaus gehen, was in der Familie gelernt werden kann, also Institutionen (Schulen, Jugendverbände) zu etablieren, in denen eine über die Kindheit hinausgehende Erziehung und Bildung möglich ist. Jugend entsteht so betrachtet mit der Durchsetzung von allgemeiner Schulpflicht und beruflicher Ausbildung in Verbindung mit der sich dabei durchsetzenden Vorstellung, dass Lernprozesse dem Lebensalter angemessen sein und entsprechend in Gleichaltrigengruppen erfolgen sollen. Ein strukturelles Merkmal moderner Jugend ist folglich die Etablierung einer Übergangsphase, in der institutionalisierte Erziehung und Bildung in eigenständigen Einrichtungen die Sozialisation in Familien und Verwandtschaften ergänzt bzw. ersetzt. Walter Hornstein (1990: 32) formuliert pointiert:

> „Das allgemeinste Merkmal moderner Jugend besteht in der Tatsache ihrer Ausgliederung aus dem Produktionsprozess zum Zweck des Lernens in eigens dafür geschaffenen Institutionen ... und in dafür charakteristisch werdenden Sozialformen, nämlich der Gruppe der Altersgleichen."

Er charakterisiert das damit einhergehende Verhältnis von Jugend zur Erwachsenenwelt als „Integration durch Separation" (ebd.), bei Ernest Gellner (1995: 55) ist entsprechend von einer „Exo-Ausbildung" die Rede. Damit ist auf ein relevantes Merkmal hingewiesen: Lernprozesse im Jugendalter finden wesentlich unter Bedingungen statt, in denen sich der Nutzen und Sinn jeweiliger Kenntnisse, Normen und Werte usw. überwiegend nicht unmittelbar aufgrund ihrer Bedeutung im eigenen alltäglichen Erfahrungszusammenhang ergibt, sondern nur indirekt aus der Erwartung, dass sie in der künftigen Erwachsenenwelt unverzichtbar sein werden.

Schon mit dieser Grundannahme sind die als typisch für die Jugendphase geltenden Phänomene ‚Ablösung von der Herkunftsfamilie' und ‚Orientierung an Gleichaltrigen' auch soziologisch, und nicht allein entwicklungspsychologisch erklärbar: Jugendliche werden, ob sie dies wollen oder nicht, institutionell zu Gleichaltrigengruppen zusammengefasst und veranlasst, einen erheblichen Teil ihrer Zeit in einem außerfamilialen Erfahrungszusammenhang zu verbringen. Daraus, dass Jugend eine auf eine prinzipiell ungewisse persönliche Zukunft ausgerichtete Übergangsphase darstellt, folgt weiter, dass Jugend als eine „Zeit beträchtlicher Spannungen und Unsicherheit"

(Parsons 1942/1968: 80) charakterisiert werden kann: Gesellschaftlich erwartet wird die emotionale Ablösung von der Herkunftsfamilie und der eigenständige Aufbau von Freundschafts- und Partnerschaftsbeziehungen; gesellschaftlich abverlangt wird die Bewältigung des Übergangsprozesses in eine eigene Erwerbstätigkeit. Die in der Entwicklungspsychologie wiederkehrend als „Identitätsfindung" gefasste Kernproblematik des Jugendalters (s.u.) lässt sich soziologisch also zunächst darauf zurückzuführen, dass Jugendlichen strukturell abverlangt ist, ihre soziale Zugehörigkeit und Verortung zu verändern, ohne dass für die erforderlichen Übergänge feste Vorgaben und sichere Wege gegeben sind.

(2) Zweitens betonen jugendsoziologische Theorien mit unterschiedlicher Akzentuierung, dass Jugend(en) durch ihre Position in der Gesellschaftsstruktur, insbesondere im Gefüge der sozialen Klassen, Schichten und Milieus unterschieden sind. Spätestens mit der 1949 veröffentlichen Studie ‚Elmtown Youth – The Impact of Social Classes on Adolescents' (Hollingshead 1949) ist ein Ausgangspunkt für die empirisch fundierte Beschreibung ungleicher Jugenden gesetzt.

(3) Drittens haben jugendsoziologische Theorien wiederkehrend aufgezeigt, dass Machtverhältnisse, Autoritätsbeziehungen und darauf bezogene Konflikte zwischen Altersgruppen und Generationen im Rahmen soziologischer Jugendforschung nicht ausgeklammert werden können. So begründete bereits Emile Durkheim (1858-1917) die Notwendigkeit von Erziehung mit dem Erfordernis, dass die jeweilige Erwachsenengeneration im Interesse der Aufrechterhaltung der bestehenden sozialen Ordnung auf die Jugendgeneration einwirkt (Durkheim 1972: 26ff.). Friedhelm Neidhardt (1970: 13) wies darauf hin, dass gesellschaftliche Altersgruppendifferenzierungen eng mit Macht- und Autoritätsverteilungen zusammenhängen sowie darauf, dass für den gesellschaftlichen Umgang mit Jugendlichen auch „Domestikationsideologien der dominierenden Altersklassen" folgenreich sind, mit denen Beschränkungen der Rechte Jugendlicher gerechtfertigt werden. Trutz von Trotha (1982a und b) hat vorgeschlagen, Jugendsoziologie prinzipiell in einer macht- und kontrolltheoretischen Perspektive zu fundieren (s.u.).

(4) Viertens war und ist jugendsoziologische Theoriebildung mit der Untersuchung von Prozessen sozialen Wandels und sozialen Konflikten verknüpft. Gesellschaftliche Entwicklungen, etwa in den Bereichen Arbeitsmarkt, Bildungssystem, Politik und Massenmedien haben nicht nur Auswirkungen auf die Lebenssituation Jugendlicher. Jugend(sub)kulturen und Jugendbewegungen waren immer wieder auch als Akteure bedeutsam, die gesellschaftliche Wandlungsprozesse mit bewirkt haben.

(5) Jugendsoziologische Theorien gehen fünftens davon aus, dass Jugendliche (ebenso wie Kinder und Erwachsene) den gesellschaftlichen Bedingungen nicht einfach nur passiv ausgeliefert sind, sondern mehr oder weniger in-

formierte und reflektierte Wahrnehmungen, Deutungen und Bewertungen ihrer individuellen und der gesellschaftlichen Situation entwickeln und sich damit aktiv auseinandersetzen. Denn „trotz der Umstände und Ereignisse, mit denen sie konfrontiert ist und die sie nicht beeinflussen kann, führt eine Person ihr Leben" (Kohli/Robert 1984: 11). Für die Jugendsoziologie sind folglich Theorien und Methoden der sinnverstehenden bzw. subjektorientierten Sozialforschung relevant (s. Flick et al. 2005); denn diese zielen darauf, die Sichtweisen und die Praktiken der Akteure zu beschreiben und diese als Formen der eigensinnigen Auseinandersetzung mit den jeweiligen Bedingungen, aber auch als Versuche verständlich zu machen, das eigene Leben nicht nur zu bewältigen, sondern auch aktiv zu gestalten.

(6) Schließlich nehmen jugendsoziologische Theorien Distanz zu solchen pädagogischen und psychologischen Konzepten ein, die Annahmen über vom gesellschaftlichen Wandel und der sozialen Lage vermeintlich unabhängige Entwicklungsprozesse im Jugendalter formulieren. Bereits in seiner 1957 veröffentlichen einflussreichen Studie „Die skeptische Generation" formuliert Helmut Schelsky (1963: 102f.) dezidiert, dass die Annahme einer „Eigenständigkeit und selbständigen Wesensart" der Jugend kein Ausgangspunkt wissenschaftlicher Untersuchungen sein könne (vgl. Abels 1993: 190ff.). Die Frage, welche Vorstellungen über „die Jugend" jeweils verbreitet sind, warum dies der Fall ist und welche politischen und pädagogischen Konsequenzen daraus gezogen werden, eröffnet eine eigenständige wissenssoziologische Forschungsperspektive.

Im Weiteren werden vor diesem Hintergrund Grundüberlegungen einflussreicher jugendsoziologischer Theorien in knapper Form dargestellt.

Eine ausführlichere, aber inzwischen leider etwas veraltete Darstellung jugendsoziologischer Theorien hat Hartmut Griese (1987) vorgelegt. Die Entwicklung jugendsoziologischer und psychologischer Jugendtheorien wird bei Heinz Abels (1993) unter dem Gesichtspunkt ausführlich untersucht, welche zeittypischen Vorannahmen in die Theorieentwicklung eingehen.

Neuere Entwicklungen und Kontroversen sind in den Sammelbänden ‚Theoriedefizite der Jugendforschung' (Mansel et al. 2003), ‚Jugendsoziologische Sozialisationstheorie' (Hoffman/Merkens 2004), ‚Globale Jugend und Jugendkulturen' (Villanyi et al. 2007), ‚Arbeit, Politik und Religionen in Jugendkulturen' (Göttlich et al. 2007) sowie ‚Jungsein in einer alternden Gesellschaft' (Hoffmann et al. 2008) dokumentiert.

3.3 Paradigmen jugendsoziologischer Theoriebildung

3.3.1 Jugend im Generationenverhältnis

Eines der ältesten und nach wie vor einflussreichen jugendtheoretischen Paradigmen stellt den Prozess der Weitergabe von Normen, Werten und Wissensbeständen in der Generationenabfolge ins Zentrum. So wird bei dem Philosophen und Pädagogen Friedrich Schleiermacher (1768-1834) davon ausgegangen, dass Erziehung in der Kindheit der Familie überlassen bleiben kann, im „Knaben-" bzw. Jugendalter aber teilweise öffentliche Aufgabe ist. Vor diesem Hintergrund wird eine Theorie der Erziehung, „die von dem Verhältnis der älteren Generation zur jüngeren ausgeht", die Aufgabe zugewiesen, sich mit folgenden Fragen zu befassen: „Was will denn eigentlich die ältere Generation mit der jüngeren? Wie wird die Tätigkeit dem Zweck, wie das Resultat der Tätigkeit entsprechen?" (Schleiermacher 1826/1959: 38).

Wie oben bereits erwähnt, nimmt auch Emile Durkheim die Notwendigkeit an, „eine gewisse Anzahl von Ideen, Gefühlen und Praktiken" durch Erziehung an Kinder und Jugendliche zu vermitteln (1922/1972: 28). Einen wichtigen Beitrag zur Systematisierung des Generationenansatzes leistete 1928 Karl Mannheim (1893-1947). Er ging davon aus, dass es für die Aufrechterhaltung und Weiterentwicklung einer bestehenden gesellschaftlichen Ordnung erforderlich ist, „akkumulierte Kulturgüter" in der Generationenabfolge zu übertragen (Mannheim 1928/1972 36f.). In seiner einflussreichen jugendsoziologischen Studie ‚Von Generation zu Generation' (1956/1966) betrachtet Smuel N. Eisenstadt es als eine der wichtigsten Aufgaben, „denen sich jede Gesellschaft und jedes Sozialsystem gegenübergestellt" sieht, die Fortdauer der eigenen Struktur, Normen, Werte usw. zu sichern – „trotz der sich ständig durch Todesfälle und Geburten ändernden Zusammensetzung" (ebd.: 17).

In diesen Formulierungen wird ersichtlich eine Perspektive eingenommen, in deren Zentrum die Frage nach den Bedingungen der Aufrechterhaltung einer bestehenden Gesellschaft steht. Bereits bei Karl Mannheim (1928/1972: 26) wird jedoch zugleich hervorgehoben, dass Generationenverhältnisse mit sozialem Wandel verschränkt sind:

> „Das Neueinsetzen neuer Menschen verschüttet zwar stets akkumulierte Güter, schafft aber unbewusst nötige, neue Auswahl, Revision im Bereich des Vorhandenen, lehrt uns, nicht mehr Brauchbares zu vergessen, noch nicht Errungenes zu begehren."

Mannheim stellte in seiner Betrachtung des Generationenverhältnisses entsprechend nicht nur Einwirkungen der jeweils älteren auf die jüngere, sondern auch Einflussnahmen der jüngeren auf die ältere Generation in Rechnung.

Hintergrund dessen ist ein Verständnis, das Generationen begrifflich von der Gruppe der Altersgleichen (Kohorten) unterscheidet. „Generationenlagen" sind dadurch gekennzeichnet, dass Individuen in einer gleichen Phase ihres Lebenslaufes bedeutsamen gesellschaftlichen Bedingungen und Ereignissen (z.B. Krieg, Wirtschaftskrisen, politische Umbruchsituationen) ausgesetzt sind; ein „Generationenbewusstsein" kommt zustande, wenn diese Erfahrungen in eine gemeinsame Deutung des Erlebten übersetzt werden. Dann ist eine Grundlage dafür geschaffen, dass eine Generation sich aus einer je eigenen Position heraus mit Traditionen und vorgefundenen Verhältnissen auseinander setzt. Mannheim nahm weiter an, dass Generationenlagen sozioökonomischen Klassenlagen insofern ähnlich sind, als sie „eine spezifische Art des Erlebens und Denkens, eine spezifische Art des Eingreifens in den historischen Prozess" (ebd.: 36) nahe legen.

In einer generationensoziologischen Perspektive ist dabei einerseits zu berücksichtigen, dass für eine Generation zentral bedeutsame Ereignisse ihres Lebens bereits für die nachfolgende Teil der Geschichte sind, die sie nur aus Dokumenten und den Berichten Älterer kennen, in denen deren je eigene Perspektive zum Tragen kommt; Generationen sind so betrachtet Erinnerungsgemeinschaften, die sich auf eine Deutung ihrer Geschichte verständigen (s. dazu im Hinblick auf den Nationalsozialismus Welzer et al. 2002). Anderseits gilt, dass die jeweilige Gegenwart in Abhängigkeit von der generativen Lage und damit verbundenen Perspektiven in je eigentümlicher Weise erlebt wird.

Alfred Schütz (1899-1959), Begründer der phänomenologischen Soziologie, nahm an, dass hieraus erhebliche Verständigungsprobleme zwischen den Generationen resultieren:

> „Unsere älteren Zeitgenossen erinnern sich noch gut an Leute, in deren Welt es keine Flugzeuge, kein Radio gab. Auch während wir noch zusammen am Leben sind und während uns vieles, wenn schon nicht gemeinsam, dann doch in gleichartigen und gleichzeitigen oder fast gleichzeitigen unmittelbaren Erfahrungen zugänglich ist, enthält die Welt der Älteren Bereiche, die meiner unmittelbaren Erfahrung grundsätzlich verschlossen ist. (…) Was für mich mehr oder minder anonyme Wissenselemente sind, ist für ihn Lebenserfahrung." (Schütz 1984: 160)

Schütz fügt einen weiteren Aspekt hinzu:

> „Ältere und ich begegnen zwar den gleichen Situationen, aber die Älteren haben die Situation schon mehrfach bewältigt, während mich so manche Lage ‚zum ersten Mal‘ überfällt." (ebd.)

In seiner Kritik an Mannheim wies Hartmut M. Griese (1987: 89) darauf hin, dass dieser die gesellschaftlich-historischen Bedingungen der Bildung von Generationszusammenhängen nicht zureichend untersucht habe und auch keine überzeugende Erklärung für die Entstehung von Generationenkonflikten anbiete. Diese und andere Kritiken verweisen zudem darauf, dass Generationenlagerungen ihrerseits von Positionen in der Sozialstruktur überlagert sind sowie dass für die gesellschaftliche Entwicklung bedeutsame Generationenkonflikte nur unter bestimmen Bedingungen, insbesondere in Phasen eines beschleunigten sozialen Wandels, entstehen.

So war in einer Phase enormen wirtschaftlichen Wachstums bei gleichzeitiger kultureller Stagnation Ende des 19., Anfang des 20. Jahrhunderts die bewusste Abgrenzung von den Werten und Normen der Erwachsenen das zentrale Thema der damaligen Jugendbewegung (s.u. Kapitel 4). Nach dem Ersten Weltkrieg sowie nach der Epoche des Nationalsozialismus und dem Zweiten Weltkrieg zeichnete sich zunächst jedoch keine intergenerative Konfliktdynamik ab.

Vor diesem Hintergrund ging Schelsky (1963: 133) davon aus, dass die „sozialen und geistigen Grundlagen (des) Generationengegensatzes (...) in unserem gegenwärtigen gesellschaftlichen Zustand geschwunden" seien (1963: 133). Dies begründet er u.a. mit der Annahme, dass Altersgruppenunterschieden eine zunehmend geringere Bedeutung zukomme und von einem gemeinsamen Jugendstatus, der im Zentrum des Selbstverständnisses der Heranwachsenden steht, folglich auch nicht mehr ausgegangen werden kann. In Folge der „Generationsnivellierung des sozialen Verhaltens" (ebd.: 108) sei die Formierung einer Jugendgeneration unwahrscheinlich. Schelsky stützte seine Argumentation zudem auf die Überzeugung, dass der seit der Aufklärung und der Durchsetzung der bürgerlichen Gesellschaft typische Avantgardismus der Jugend mit dem schwindenden Fortschrittsoptimismus in der Gegenwartsgesellschaft ebenfalls geschwunden sei – und damit auch das Überlegenheitsgefühl der Jüngeren den Älteren gegenüber; die Erfahrungshorizonte würden sich durch die Lebensbedingungen in der wissenschaftlich-technischen Zivilisation immer mehr angleichen und dadurch die Generationenspannung abschwächen.

Im Rückblick liegt eine ambivalente Einschätzung dieser Überlegungen nahe: Die Schüler- und Studentenbewegung in der zweiten Hälfte der 1960er Jahre, die sog. Jugendunruhen Anfang der 1980er Jahre, aber auch der hohe Anteil Jugendlicher an politischen Protesten in den 1990er Jahren (s. dazu Kapitel 4) sowie die immer wieder neue Entstehung von Jugendkulturen (s. dazu Kapitel IX) sind Indizien dafür, dass von einer umfassenden Auflösung der Unterschiede zwischen den Generationen nicht die Rede sein kann. Gleichzeitig aber ist es unbestreitbar, dass auch nicht mehr von einer strikten Abgrenzung zwischen Jugend- und Erwachsenenkultur ausgegangen werden kann und dass sich gesellschaftliche Konflikte keineswegs zentral als Generationskonflikte entwickeln. Gegenwärtige Protestbewegungen, so etwa die wiederkehrenden Proteste gegen Castor-Transporte oder im Jahr 2007 gegen den G8-Gipfel in Heiligendamm, weisen gewöhnlich eine altersgruppenübergreifende Zusammensetzung auf.

In der generationssoziologischen Perspektive wurden und werden immer wieder Typologien entwickelt, die darauf zielen, Lage und Mentalität der jeweiligen Jugend zu bestimmen.

Im Sinne einer groben Typologie haben Ulf Preuss-Lausitz et al. Anfang der 1980er Jahre vorgeschlagen, für die Nachkriegsgeschichte Deutschlands von einer Generation der „Kriegskinder", einer Generation der „Konsumkinder" und einer Generation der „Krisenkinder" auszugehen (Preuss-Lausitz et al. 1983; s. dazu auch Fend 1998: 169ff.).

Neuere Generationenbezeichnungen wie ‚Generation Golf' (Illies 2005), ‚Generation @' (Opaschowski 1999) usw. sind auch in einer breiten Öffentlichkeit bekannt geworden; es handelt sich in der Regel um Ergebnisse journalistischer Typisierungen ohne eine seriöse wissenschaftliche Grundlage. Die jüngste Shell-Jugendstudie nimmt an, dass von einer „pragmatischen Generation unter Druck" (Hurrelmann/Albert 2006: 443ff.) auszugehen sei, d.h. einer Generation, die darum bemüht ist, sich unter schwierigen Bedingungen in den gegebenen gesellschaftlichen Verhältnissen einzurichten. (s. als Versuch einer aktuellen Generationenbeschreibung auch Neumann-Braun/Richard 2005; zum gegenwärtigen Generationsverhältnis s. Hoffmann et al. 2008).

Vorliegende Charakterisierungen sind nur begrenzt in der Lage, für die Gegenwartsgesellschaft gemeinsame generationstypische Merkmale aufzuzeigen, die es erlauben, trotz der vielfältigen Unterschiede der Lebensbedingungen und des Selbstverständnisses heutiger Jugendlicher in begründeter Weise von generationstypischen Gemeinsamkeiten auszugehen. Zudem ist zu berücksichtigen, dass rückblickende Generationentypisierungen sich keineswegs auf „die Jugend" insgesamt beziehen, sondern auf aktive Minderheiten, bzw. auf in bestimmen sozialen Klassen und Milieus verankerte Jugendbewegungen, die für die gesellschaftliche Entwicklung folgenreiche Impulse gesetzt haben.

3.3.2 Jugendsoziologische Sozialisationstheorien

In unterschiedlichen Theorien wird angenommen, dass Jugend eine besonders bedeutsame Phase der individuellen Entwicklung sei, in der für das Erwachsenenleben grundlegende Persönlichkeitseigenschaften (z.B. politische Überzeugungen, kulturelle Präferenzen, auf Beruf und Familie bezogene Lebensentwürfe) entwickelt werden. Ronald Inglehart (1977: 23) geht davon aus, dass die Jugendphase in Hinblick auf die Entwicklung grundlegender Wertorientierungen als „formative years", als prägende Lebensphase verstanden werden kann. Der Psychoanalytiker Mario Erdheim (1983: 39) hat die These formuliert, dass „die Adoleszenz die entscheidende Lebensphase ist, die die Strukturen der Unbewusstheit festlegt". Seines Erachtens werden in der Kindheit erworbene emotionale Dispositionen (z.B. Ängste, Aggressivität, Sexualität) in der Jugendphase im Zuge der Ablösung von der Herkunftsfamilie in Frage gestellt und es findet eine krisenhafte Reorientierung statt, die auch den Individuen selbst nicht bewusste Tiefendimensionen ihrer Persönlichkeitsstruktur betrifft.

Mit diesen Annahmen grenzen sich die Autoren gegen die einflussreiche Annahme ab, dass grundlegende Prozesse der Persönlichkeitsentwicklung bereits in der Kindheit abgeschlossen werden und sie postulieren eine weitgehende Stabilität von Persönlichkeitsstrukturen nach Abschluss der Adoleszenz. Insbesondere der letzte Aspekt wird in der Fachdiskussion hoch kontrovers diskutiert. Aus der Sicht der neueren soziologischen Biographieforschung (s. dazu Helfferich 2006) wird eingewandt, dass von stabilen und unveränderlichen Eigenschaften auch im Erwachsenenalter nicht ausgegangen werden könne.

Die damit angesprochene Thematik des Einflusses der sozial ermöglichten und sozial zugemuteten Erfahrungen in Familien, Gleichaltrigengruppen, Schulen, Massenmedien auf die individuelle Persönlichkeitsentwicklung ist Gegenstand der soziologischen Sozialisationsforschung. Dort wird unter Sozialisation ein mehrdimensionaler Prozess verstanden, der sowohl die gesellschaftliche „Prägung" des Einzelnen, als auch die Befähigung der Individuen zu eigenverantwortlicher Handlungs- und Urteilsfähigkeit umfasst.

Der Begriff Sozialisation wurde in der Soziologie zuerst bei Émile Durkheim (1858-1917) verwendet. Durkheim versteht unter Sozialisation alle „Einwirkungen der Erwachsenengeneration auf diejenigen, die noch nicht reif sind für das Leben in der Gesellschaft" (Durkheim 1922/1972: 50). Sozialisation umfasst demnach ganz allgemein die gesellschaftliche Einflussnahme auf die individuelle Entwicklung, die Prozesse, in denen gesellschaftliche Gewohnheiten, Handlungsmuster, Werte und Normen zu – mehr oder weniger stabilen – individuellen Gewohnheiten oder Gewissheiten werden. Sozialisationsforschung untersucht also nicht nur die Versuche, Kinder und Jugendliche durch Erziehung und Bildung gezielt zu beeinflussen, sondern alle sozialen Einwirkungen auf die individuelle Entwicklung. Die Grundfragen der älteren Sozialisationsforschung lauten entsprechend: Wie werden Individuen zu Mitgliedern sozialer Gruppen und einer Gesellschaft? Wie gelingt es Gesellschaften, ihre Regeln, Werte und Normen an die nachwachsenden Generationen weiterzugeben? Die neuere Sozialisationsforschung betont demgegenüber, dass Sozialisation nicht hinreichend und angemessen als Prägung des Individuums durch die Gesellschaft verstanden werden kann. Sie weist darauf hin, dass Individuen gesellschaftliche Vorgaben nicht einfach passiv übernehmen, sondern sich diese auf der Grundlage ihrer vorgängig entwickelten kognitiven und affektiven Strukturen aktiv und eigensinnig aneignen (s. zum Sozialisationsbegriff Scherr 2006).

Neuere Sozialisationstheorien untersuchen das komplexe Zusammenwirken von sozialen Makro- und Mikrostrukturen einerseits, emotionalen und kognitiven Dispositionen und Entwicklungsprozessen der Individuen andererseits als einen lebenslangen Prozess. Im Hinblick auf die Sozialisation im Jugendalter wird dabei *erstens* akzentuiert, dass die emotionale Ablösung von der Herkunftsfamilie einen tiefgreifenden und der Möglichkeit nach krisenhaften Prozess darstellt, in dem aus dem zentral auf seine Eltern und Geschwister bezogenen Kind ein Jugendlicher wird, dessen Beziehungswünsche sich nunmehr primär auf Gleichaltrige richten. Dies geschieht in enger Verbindung damit, dass das Erleben der eigenen sexuellen Bedürfnisse mit einer Veränderung des Selbstverständnisses einhergeht und die Frage nach dem geschlechtsbezogenen Selbstverständnis damit eine erhöhte Bedeutung erhält (s. dazu auch Kapitel V).

Zweitens befasst sich die jugendsoziologische Sozialisationsforschung mit der Bedeutung von Gleichaltrigengruppen, denen für die Herausbildung und Stabilisierung kultureller, politischer und geschlechtsbezogener Orientierungen Jugendlicher ein zentraler Stellenwert zukommt. Weitere Forschungsfelder sind u.a. die Sozialisation durch Massenmedien, die Sozialisation in Schulen, Jugendverbänden und im Sport.

Ausführliche Darstellungen der für die Jugendsoziologie relevanten Sozialisationstheorien und Forschungsergebnisse finden sich z.B. in Hoffmann/ Merkens 2004 und Hurrelmann et al. 2008.

3.3.3 Systemtheorie: Jugend in der funktional differenzierten Gesellschaft

Die soziologische *Systemtheorie** ist neben dem marxistischen Ansatz der Gesellschaftstheorie die wohl einflussreichste soziologische Makrotheorie. Beiden Theorien ist der Anspruch gemeinsam, die Struktur und Dynamik der Gesamtgesellschaft zu beschreiben und damit eine auch für die Jugendsoziologie unhintergehbare Fundierung bereit zu stellen.

Die soziologische Systemtheorie wurde zunächst vor allem von Talcott Parsons (1902-1979) ausgearbeitet. Dies geschieht in deutlicher Abgrenzung gegen Marx:

> „Von dem heutigen soziologischen Ansatz ausgehend könnte man vielleicht sagen, dass Marx die Struktur der kapitalistischen Unternehmen herausarbeitete und diese dann zu einem sozialen System verallgemeinerte. (...) Das moderne soziologische Denken baut dagegen auf dem Begriff des allgemeinen sozialen Systems auf. Von diesem Rahmen ausgehend werden sowohl die kapitalistische Wirtschaft, als auch die soziale Schichtung im Zusammenhang damit gesehen, welche Rolle sie in einem derartigen sozialen System haben." (Parsons 1940/1968: 208)

Von zentraler Bedeutung für Parsons ist die Überlegung, dass das Gesellschaftssystem in Teilbereiche (Politik, Wirtschaft, Kultur, gesellschaftliche Gemeinschaft) untergliedert ist, die je eigene Leistungen für die Bestandserhaltung des Gesellschaftssystems (Funktionen) erbringen (s. als knappe Einführung in Parsons Theorie Kaesler 1999).

In seiner strukturell-funktionalen Systemtheorie stellt Parsons die Frage nach den Bedingungen der Strukturbildung und Strukturerhaltung sozialer Systeme ins Zentrum. Strukturerhaltung wird Parsons zufolge vor allem durch zwei Prozesse gewährleistet: die Institutionalisierung von Handlungsmustern und sozialen Rollen sowie die Internalisierung (Verinnerlichung) gemeinsamer Werte und Normen durch die Mitglieder des Gesellschaftssystems. Parsons Theorie wurde dahingehend kritisiert, dass sie von einem statischen Gesellschaftsverständnis ausgehe und deshalb dazu tendiert, Kritik und

Abweichung als bedrohliche Infragestellungen der sozialen Ordnung zu bewerten, nicht aber zugleich als Quelle produktiver Innovationen zu berücksichtigten.

Parsons (1942/1968) hat sich explizit mit Aspekten der Jugendkultur sowie mit der Bedeutung männlicher und weiblicher Geschlechterrollen im Jugend- und Erwachsenalter befasst. Er sieht die „positive Funktion" der Jugendkultur darin, dass sie „den Übergang von der Sicherheit der Kindheit in der Herkunftsfamilie zu einem vollen Erwachsenenstatus in Ehe und Beruf" erleichtert (ebd.: 81). Ein Merkmal der Jugendkultur, wie sie Parsons in der zeitgenössischen usamerikanischen Gesellschaft beobachtet, besteht ihm zufolge darin, dass es sich „nicht einfach um eine ‚Lehrzeit', in der man sich mit den Werten und Verantwortlichkeiten der Erwachsenen vertraut macht", handelt (ebd.: 100). Ihre typischen Merkmale seien vielmehr „Unverantwortlichkeit", „Orientierung am Vergnügen" und die „intensive Betonung des Musters der romantischen Liebe" (ebd.). Eine überzeugende soziologische Erklärung hierfür bietet Parsons nicht an, er verweist vielmehr generell auf den „schwierigen Umstellungsprozess" (ebd.) von der Kindheit in den Erwachsenenstatus.

Kritisch kommentierte Parsons zudem die Tendenz zur „Idealisierung der Jugendkultur durch die Erwachsenen" und sieht darin einen Ausdruck der „Spannungs- und Unsicherheitselemente", die auch in die „Erwachsenenrollen" eingelassen sind (ebd.: 80).

Im Werk von Niklas Luhmann (1927-1998) liegt eine umfassende Weiterentwicklung der Parson'schen Theorie vor. Wie Parsons geht Luhmann davon aus, dass die moderne Gesellschaft durch unterschiedliche Funktionsbereiche bzw. Teilsysteme (Wirtschaft, Politik, Erziehung, Recht, Religion, Kunst usw.) gekennzeichnet ist, die je eigene Strukturen und Entwicklungsdynamiken aufweisen. Anders als Parsons verzichtet Luhmann jedoch auf die Annahme einer hierarchischen Ordnung zwischen den Teilsystemen und betont, dass keineswegs von einem harmonischen Ineinandergreifen der Leistungen der Teilsysteme ausgegangen werden kann. Im Unterschied zu Parsons geht Luhmann zudem nicht davon aus, dass der Kultur der Gesellschaft eine zentrale Stellung zukommt, die den Zusammenhalt durch die Rückbindung an gemeinsame Werte und Normen sichert. Entsprechend wird auch nicht angenommen, dass eine Verinnerlichung von Werten und Normen durch die Heranwachsenden eine zentrale Bedingung für die gesellschaftliche Strukturerhaltung ist. Der Zusammenhang von Individuum und Gesellschaft stellt sich Luhmann zufolge vielmehr durch die Notwendigkeit her, sich vorgegebenen Bedingungen der Lebensführung in den gesellschaftlichen Teilsystemen anzupassen. Zudem begreift Luhmann Sozialisation nicht als Vermittlung von Werten und Normen von Erwachsenen an Kinder und Jugendliche, sondern als „Selbstsozialisation", d.h. als aktives Sich-Einstellen auf soziale Erwartungen (Luhmann 1987; vgl. Scherr 2004a).

Die Weiterentwicklung der soziologischen Systemtheorie durch Niklas Luhmann hat bislang nicht zu einer eigenständigen Neubestimmung des Jugendbegriffs geführt. Die dort vorgelegte Analyse der modernen Gesellschaft legt es jedoch *erstens* nahe, die Vorstellung einer in sich homogenen Lebensphase Jugend in Frage zu stellen. Dem entspricht die von Thomas Olk (Olk 1985: 291) entwickelte These, dass die Idee einer einheitlichen Lebenslage Jugend nicht mehr tragfähig sei; stattdessen sei davon auszugehen, dass „jeder Heranwachsende ... sich in den verschiedenen Teilbereichen seines Lebenszusammenhangs mit verschieden konturierten jugendspezifischen Lebenslagen konfrontiert sieht, deren spezifische Verhaltenstypik und Anforderungsstruktur nur teilsystemische Verbindlichkeit für sich beanspruchen kann". An Jugendliche in Familien, im Bildungssystem und in der Arbeitswelt sowie im Freizeit- und Konsumbereich gerichtete Erwartungen sind demnach uneinheitlich und widersprüchlich.

Zweitens fordert Luhmanns Theorie dazu auf, die Bedeutung und Verwendung der Unterscheidung von Kindern, Jugendlichen und Erwachsenen in unterschiedlichen Teilbereichen der Gesellschaft zu untersuchen (s. Scherr 2003). In seinem Aufsatz „Das Kind als Medium der Erziehung" (1995) entwickelt er die Überlegung, dass es sich bei der Unterscheidung von Kindern und Erwachsenen und den damit einhergehenden Annahmen über die Bedürfnisse und Eigenschaften von Kindern um eine „Erfindung" (ebd.: 210) handelt, die es der Pädagogik ermöglicht, Heranwachsende zu erziehen. D.h.: Erziehung hat bestimmte Vorstellungen darüber zur Voraussetzung, warum es möglich und notwendig ist, Kinder nicht einfach wie kleine Erwachsene zu betrachten, sondern gezielte Anstrengungen zu unternehmen, um auf ihre Entwicklung Einfluss zu nehmen. Dies war keineswegs immer selbstverständlich, wie Untersuchungen zur Geschichte der Kindheit gezeigt haben (s. als klassische Grundlegung Ariès 1978).

Luhmann verweist zur Begründung auf die weitreichenden historischen Veränderungen der gesellschaftlich jeweils einflussreichen Vorstellungen über Kinder und argumentiert, dass erst mit der Herausbildung eigenständiger Erziehungseinrichtungen das moderne Verständnis der Erziehungsbedürftigkeit des Kindes entstanden sei. Dass diese Überlegung auch als Anregung für eine Soziologie von Jugendsemantiken und der gesellschaftlichen Bedingungen ihrer Entstehung verstanden werden kann, ist offenkundig.

Drittens sind Luhmanns erziehungssoziologische Analysen auch für die Jugendsoziologie von Interesse. Er geht davon aus (Luhmann 1987: 178ff.), dass mit wachsender gesellschaftlicher Komplexität die „Ausdifferenzierung eines Erziehungssystems" erforderlich wird, „das die Individuen auf ein Leben außerhalb des Erziehungssystems" vorbereiten soll. Dies verbindet sich mit der Problematik, dass damit eigenständige „Ablehnungsmotive" hervorgebracht werden, da für Erziehung die Absicht der Beeinflussung grundlegend ist:

„Der Adressat kann die Kommunikation nicht nur deshalb ablehnen, weil er die Information für unzutreffend oder die Anweisung für unakzeptabel hält; er kann sie auch deshalb ablehnen, weil sie seine Erziehung bezweckt und er sich nicht in die Rolle desjenigen begeben will, der dies nötig hat." (ebd.: 178)

Vor diesem Hintergrund kann eine strukturelle Widersprüchlichkeit von Jugend in der Gegenwartsgesellschaft darin gesehen werden, dass von Jugendlichen erwartet wird, keine Kinder mehr zu sein, sie aber zugleich in pädagogischen Institutionen – ebenso wie Kinder – als zu Erziehende betrachtet werden. Die Zurückweisung von erzieherischen Einwirkungen ist so betrachtet eine sozial naheliegende Form, Distanz zur Kindheit einzunehmen. Anders formuliert: Heranwachsende werden dadurch zu Jugendlichen, dass sie Erwachsenen auf die Grenzen ihres Rechts und ihrer Möglichkeiten hinweisen, sie noch zu erziehen.

3.3.4 Eisenstadts Bestimmung der Funktion von Gleichaltrigengruppen

Auf der Basis der Parsons'schen Theorie entwickelte Shmuel N. Eisenstadt (geb. 1923) seine klassische und trotz der Kritik des Strukturfunktionalismus keineswegs völlig überholte jugendsoziologische Theorie in der oben bereits erwähnten Studie „Von Generation zu Generation" (1956/66).

Von zentraler Bedeutung ist dabei eine von Parsons entwickelte Unterscheidung grundlegender Verhaltensorientierungen, der sog. Mustervariablen (s. dazu Bauman 2000: 130ff.):

- In *persönlichen* Beziehungen basieren die wechselseitigen Erwartungen auf den besonderen Eigenschaften und der besonderen Beziehung zwischen konkreten Individuen; in *unpersönlichen* Beziehungen sind nicht individuelle Eigenschaften, sondern das gezeigte Verhalten entscheidend, von den Eigenschaften der Individuen wird weitgehend abgesehen.
- In *diffusen* Sozialbeziehungen kann prinzipiell über alles geredet werden und mit einem umfassenden Interesse der Beteiligten füreinander gerechnet werden; in *spezifischen* Sozialbeziehungen sind Handeln und Kommunikation auf bestimmte Fragestellungen und Themen begrenzt.
- Unterschieden wird weiter zwischen *affektiven* und *affektiv-neutralen* Verhaltensorientierungen; im ersten Fall sind Gefühle zugelassen oder werden geradezu erwartet, im zweiten Fall dürfen Gefühle nicht oder nur unter bestimmten Bedingungen gezeigt und geäußert werden.
- Eine *universalistische* Orientierung fordert Begründungen für Entscheidungen ein, die immer und überall gelten sollen; *partikularistische* Orientierungen lassen Handlungen und Entscheidungen zu, die so nur im Umgang mit bestimmten Personen erfolgen.

In der Logik der strukturell-funktionalen Theorie wird von Eisenstadt angenommen, dass Gesellschaften darauf angewiesen sind, die Einflussnahmen auf Kinder und Jugendliche (Erziehung und Sozialisation) so zu gestalten, dass zur gegebenen sozialen Ordnung passende Persönlichkeitsstrukturen entstehen und dass die sozialen Rollen, auch die dem jeweiligen Alter entsprechenden Alters- und Geschlechtsrollen, nach dieser „Vorgabe" ausgeprägt sein müssen.

Eisenstadt weist auf Initiationsriten in Stammeskulturen hin, um die soziale Bedeutung von institutionalisierten Erwartungen an Altersgruppen und die mit dem Wechsel der Altersgruppe einhergehenden weitreichenden Veränderungen der Verhaltenserwartungen hervorzuheben.

Eisenstadt argumentiert, dass in modernen, komplexen Gesellschaften diese Form der Einpassung in die Altersgruppenordnung und der Tradierung entsprechenden Verhaltens jedoch nicht mehr ausreicht, um den kulturellen Bestand und die Strukturerhaltung zu sichern. *Altershomogene Gruppen* (Gleichaltrigengruppen, Peers) seien erforderlich, damit Heranwachsende darauf vorbereitet werden, gesellschaftliche Verhaltensanforderungen zu bewältigen, die sich von denen in Familien und Verwandtschaftsbeziehungen prinzipiell unterscheiden: Familien und Verwandtschaftsbeziehungen sind seines Erachtens durch persönliche, diffuse, affektive und partikularistische Verhaltensorientierungen gekennzeichnet; in gesellschaftlichen Beziehungen seien dagegen unpersönliche, spezifische, affektiv-neutrale und universalistische Prinzipien vorherrschend. In der Familie werden zudem soziale Positionen zugewiesen, in anderen gesellschaftlichen Bereichen müssen sie durch Leistungen erworben werden.

Angenommen wird, dass in Gleichaltrigengruppen einerseits solidarische Gruppenbeziehungen auf der Grundlage ähnlicher Erfahrungen und Bedürfnisse entstehen und damit emotionale Bindungen, die eine Ablösung von der Herkunftsfamilie erleichtern. Andererseits stellen sie Jugendliche vor die Aufgabe, Beziehungen zu bislang unbekannten Personen einzugehen und in Zusammenhängen zu handeln, in denen nicht, wie in der Familie, wenig differenzierte persönliche Beziehungen, sondern funktional spezifische Rollenerwartungen bedeutsam sind und von persönlichen Besonderheiten weitgehend abgesehen wird. Eisenstadt geht deshalb davon aus, dass die Peers* eine „interlinking sphere" zwischen primärem (familialem) und sekundärem (außerfamilialem) Sozialisationsbereich bilden.

Diese Grundannahme von Eisenstadt ist u.a. dahingehend kritisiert worden, dass die Annahme einer strikten Differenz zwischen Familie und übriger Gesellschaft problematisch ist und nicht erst Jugendliche, sondern bereits Kinder Erfahrungen in außerfamilialen Bezügen erwerben (zusammenfassend Griese 1987: 118ff.). Sie hat ihren bleibenden Wert jedoch darin, dass mit dem Verweis auf Unterschiede zwischen familialen und außerfamilialen Kommunikations- und Interaktionsprozessen eine der gesellschaftsstrukturellen Bedingungen benannt wird, die für Jugend als Übergangsphase bedeutsam sind und die Entstehung von Jugendgruppen und -kulturen befördert. In einer seiner späteren Arbeiten argumentiert Eisenstadt (2006: 578f.), dass in Folge der „wachsende(n) Spezialisierung in unterschiedlichen institutionellen Bereichen – etwa im Beruf, in der Wirtschaft und im Bildungssystem" und der „abnehmende(n) Bedeutung der Familien in Bezug auf die Arbeitsrollen" und die formale Bildung weiterhin Bedingungen gegeben sind, die zur Entstehung einer „differenzierten(n) und vielfältige(n) Struktur von Peer Groups, Jugendkulturen und Subkulturen" geführt haben. Im Rückblick auf seine klassische Studie aus dem Jahr 1956 weist er aber darauf hin, dass der Jugendbegriff „heute immer mehr … seine Trennschärfe" verliere (ebd.: 580).

Obwohl Gleichaltrigengruppen in seiner Perspektive nahezu unverzichtbar für das Heranwachsen sind, sind diese für Eisenstadt keineswegs zwangsläufig das Medium der Integration Jugendlicher in eine bestehende gesellschaftliche Ordnung; zu berücksichtigen seien auch „desintegrative Altersgruppen" (1966: 318ff.). In ihnen „besteht eine völlige Diskrepanz zwischen den Erwartungen und Bestrebungen der Jugendgruppe und ihren Mitgliedern einerseits und den Erwartungen, die an sie von Erwachsenen gerichtet werden andererseits." Auch bei den desintegrativen Altersgruppen versucht Eisenstadt nachzuweisen, dass es „unterschiedliche strukturelle Bedingungen (sind), die unterschiedliche Typen und Strukturen der Abweichung erklären können" (1966: 333) (s. dazu auch die Ausführungen in Kapitel 10).

Die grundsätzliche Schwierigkeit des strukturell-funktionalen Ansatzes Parsons'scher Prägung sozialen Wandel zu erklären, betrifft auch Eisenstadts Analyse der „desintegrativen Altersgruppen": Abweichungen Jugendlicher von den gesellschaftlich vorherrschenden Normen, Werten und Handlungsmustern werden nicht als ein innovatives Element des sozialen Wandels begriffen, sondern primär als störende und bedrohliche Ausdrucksformen misslingender Integration.

3.3.5 Macht- und herrschaftssoziologische Ansätze in der Jugendsoziologie

Die Untersuchung sozialer Beziehungen als Macht- und Herrschaftsverhältnisse zwischen Individuen, Gruppen und sozialen Klassen stellt eine für die Soziologie seit ihren Anfängen grundlegende Perspektive dar. Als ein Ausgangspunkt hierfür eignet sich Max Webers (1864-1920) klassische Unterscheidung von Macht, Herrschaft und Disziplin (Weber 1922/1972: 28): Macht besteht demnach in der Durchsetzung des eigenen Willens in einer sozialen Beziehung. Während Macht auch durch unmittelbaren Zwang, etwa Gewalt bzw. Gewaltausübung, ausgeübt werden kann, beruht Herrschaft auf der Herstellung von Gehorsamsbereitschaft bzw. auf der Anerkennung der Macht (Autorität). Als Disziplin bezeichnet Weber ein durch „prompten, automatischen und schematischen Gehorsam" gekennzeichnetes Verhalten (ebd.). Bereits bei Max Weber wird darauf hingewiesen, dass Macht nicht allein als ein Verhältnis zwischen Personen verstanden werden kann, sondern mit strukturellen Bedingungen in den unterschiedlichen gesellschaftlichen Teilbereichen in Zusammenhang steht, etwa „mit der Verfügung über wirtschaftliche Güter", die „häufig eine planvoll gewollte Folge von Macht als auch eines ihrer wichtigsten Mittel" sei (ebd.: 541). In neueren Ideologie- und Diskurstheorien, so nicht zuletzt bei Michel Foucault (1926-1989), wird akzentuiert, dass Einwirkungen auf die Wahrnehmungen, das Wissen und das Denken eine zentrale Form der Herrschaftsausübung darstellen (s. Foucault 1974). Machtausübung besteht demnach zentral darin, zu beeinflussen, was andere für denkbar oder undenkbar, erlaubt oder verboten, rational oder verrückt halten; Machtausübung erfolgt nach Foucault zudem nicht allein über Einschränkungen und Verbote, sondern auch über die Hervorbringung bestimmter Wünsche und Bedürfnisse (s. dazu Foucault 1979).

Die Bedeutung einer machtsoziologischen Perspektive für die Jugendsoziologie wird exemplarisch in folgender Formulierung Pierre Bourdieus (1930-2002) deutlich:

> „In der ideologischen Vorstellung von der Aufteilung in jung und alt werden den Jungen bestimmte Dinge gewährt, für die sie im Gegenzug eine Menge lassen müssen. (…) Diese Struktur, die sich auch an anderen Stellen wiederfindet (zum Beispiel im Geschlechterverhältnis) erinnert daran, dass es bei der … Aufteilung zwischen Jugend und Alter um Macht geht … . Klassifizierungen nach dem Alter (aber auch nach dem Geschlecht und natürlich nach der Klasse) laufen immer darauf hinaus, Grenzen zu setzen und eine Ordnung zu produzieren, an die jeder sich zu halten hat, in der jeder seinen Platz zu behalten hat." (Bourdieu 1983a: 137)

Für die Machtbeziehungen zwischen Jugendlichen und Erwachsenen in der industriegesellschaftlichen Moderne waren u.a. folgende Konfliktlinien von zentraler Bedeutung:

- die Auseinandersetzung um die Zwänge, denen Jugendliche als Schüler, Lehrlinge, Arbeiter oder Studierende in Schulen, Hochschulen und Betrieben unterliegen;
- die Durchsetzung und Infragestellung der elterlichen Erziehungsgewalt in Familien, nicht zuletzt auch in Hinblick auf die Kontrolle der jugendlichen Sexualität sowie des Alkohol- und Drogengebrauchs, und im Zusammenhang damit die Versuche, jugendliche Freiräume von erwachsener Bevormundung durchzusetzen bzw. zu verhindern;
- die Verpflichtung der (männlichen) Heranwachsenden zum Wehr- und Kriegsdienst und die Widerstände dagegen;
- die politische Entmündigung Jugendlicher und ihre Forderungen nach politischer Mitsprache.

In einer machttheoretischen Perspektive, die an Theorien der Sozialdisziplinierung bei Norbert Elias (1897-1990) und Michel Foucault anschließt, hat Trutz von Trotha die These entwickelt, dass die Entstehung und Etablierung von Jugend in der industriegesellschaftlichen Moderne grundlegend als Folge eines „Transformationsprozess(es) der sozialen Kontrolle" (von Trotha 1982a: 258) zu begreifen sei.

Dabei nimmt er an, dass dem gesellschaftlich vorherrschenden „Konzept von Jugend ... das Bild vom höheren Schüler" als Modellfall zu Grunde liegt und sich mit den „besonderen Regeln, Werten, Traditionen und Ansprüchen" derjenigen verbindet, „die den Zugang und die Organisationsform der weiterführenden Schule kontrollieren" (ebd.: 259). Der dabei wirksam werdende Modus von Machtausübung kann in Anlehnung an von Trotha als pädagogisch angeleitete und überwachte Selbstdisziplinierung charakterisiert werden: Davon ausgehend, dass „moralisch verankerte Sperren erfolgreicher und effektiver sind als äußere Kontrolle" (ebd.) wird eine Pädagogik etabliert, die relative Freiräume und den Verzicht auf harte Disziplinarstrafen mit moralischen Appellen an das Verantwortungsbewusstsein der Jugendlichen verknüpft. Dies geschieht unter Bedingungen, in denen es möglich ist, für die Jugend der Mittel- und Oberschichten von Erwachsenen gestaltete Bedingungen des Heranwachsens in Familien und pädagogischen Institutionen zu schaffen. Gleichzeitig entsteht das Gegenbild des triebhaften, potentiell verwahrlosten und potentiell kriminellen Jugendlichen aus der Unterschicht (s. dazu klassisch Aichhorn 1925/ 1951), für dessen Betreuung und Überwachung Institutionen der Sozialarbeit und der Jugendstrafvollzug eingerichtet werden. Jugend als Form sozialer Kontrolle hat also zwei zu unterscheidende Ausprägungen.

Wie im Kapitel 2 bereits skizziert, geht von Trotha davon aus, dass die klassisch-moderne Gestalt von Jugend an ihr Ende gelangt ist; denn die Bedingungen einer pädagogischen Kontrolle der Erfahrungswelt Jugendlicher seien kaum mehr gegeben. Zu einer ähnlichen Einschätzung gelangte Edward Shorter. Er nimmt an, dass die soziale Kontrolle der Aggressivität und der Sexualität männlicher Jugendlicher eine zentrale Herausforderung in unterschiedlichen Gesellschaften darstellt. Für die gegenwärtigen Verhältnisse formuliert er die Einschätzung, dass die „postmoderne Familie" (Shorter 1988: 49) nicht mehr in der Lage sei, diese Kontrolle auszuüben. Der Versuch, die „Verantwortung für die Kontrolle der Adoleszenz auf die etablierte Sozialarbeit" zu verlagern, habe sich jedoch als ineffektiv erwiesen und sei zusammengebrochen (ebd.: 51). Dagegen sei ein wachsender Einfluss der Gleichaltrigengruppen zu beobachten.

Eine anders angelegte machtsoziologische Perspektive liegt bei Norbert Elias und John L. Scotson vor (s. Elias/Scotson 1990, engl. Original 1965). Die Autoren thematisieren die Situation Jugendlicher in einem Kontext, der durch Machtkonflikte zwischen „Etablierten" und „Außenseitern" gekennzeichnet ist. Diese Konflikte sind Auseinandersetzungen um den Zugang zu knappen Ressourcen, aber auch um soziale Chancen zur Bestätigung oder Erhöhung des eigenen Selbstwerts (ebd.: 306ff.). Elias und Scotson argumentieren, dass in „Gesellschaften mit einer verlängerten Schul- und Jugendzeit" bei vielen Heranwachsenden eine labile und verletzliche Selbstachtung zu erwarten ist (ebd.: 201), die Jugendlichen aus der benachteiligten Außenseitergruppe jedoch wenig Möglichkeiten vorfinden, innerhalb der gegebenen sozialen Strukturen ihre Selbstachtung zu stabilisieren. Daraus leiten Elias und Scotson eine Erklärung

74

für die Entstehung von Jugendgruppen sowie sozialen Konflikten zwischen diesen und den Vertretern der „ordentlichen Welt" ab:

> „Ihrer selbst unsicher und gewohnt, von den Exponenten der Staatsmacht und der ordentlichen Welt, aus der sie ausgesperrt waren, mit Verachtung und Argwohn behandelt zu werden, suchten sie Hilfe und Rückhalt in Freundschaftsbündnissen, die sie untereinander schlossen; als Gruppe konnten sie leichter einer Phalanx von feindseligen und argwöhnischen Menschen gegenübertreten, für die sie ihrerseits Feindseligkeit und Argwohn empfanden." (ebd.: 202)

Dramatisierende Darstellungen bedrohlicher Jugendgruppen und damit einhergehende Forderungen nach einer stärkeren pädagogischen und polizeilichen Kontrolle „der Jugend" haben wiederkehrend Konjunktur (s. Breyvogel 1998b; Barz 2000). Sie sind nicht einfach nur eine Reaktion auf tatsächliche Problemlagen, sondern auch als eine mit Projektionen und emotionalen Aufladungen einhergehende Bewältigungsform sozialer Ängste zu analysieren, die in krisenhaften gesellschaftlichen Umbruchsphasen entstehen.

Zudem gibt es gute Gründe für eine Skepsis gegenüber der verbreiteten Annahme, dass Jugendliche heute in einem kontrollarmen Freiraum aufwachsen. In einer historisch-vergleichenden Perspektive stellt Breyvogel (1998b: 97) fest:

> „Die Zahl der Polizisten, der privaten Wachbediensteten, der Fürsorger, Sozialarbeiter, Lehrer und Erzieher hat sich vervielfacht und ein historisch einmaliges Niveau erreicht."

Gegenwartsdiagnostisch sind auch Tendenzen einer Rücknahme von Freiräumen für Jugendliche zu bemerken, z.B. städtische Verordnungen, die zu Aufenthaltsverboten für subkulturelle Jugendszenen in Innenstädten führen.

Macht- und herrschaftssoziologische Ansätze haben in der Jugendforschung in den vergangenen Jahren keine systematische Weiterentwicklung erfahren; sie werden jedoch insbesondere in der wissenschaftlichen Auseinandersetzung mit Jugendgewalt und Jugendkriminalität aufgegriffen (s. dazu Kapitel 10 sowie Dollinger/Schmidt-Semisch 2008).

3.3.6   Sinnverstehende Ansätze in der Jugendforschung

Während die vorstehend skizzierten Theorien eine gesellschaftstheoretische Perspektive einnehmen, sollen nunmehr einige mikrosoziologische Ansätze skizziert werden. Diese gehen davon aus, dass soziale Wirklichkeit nicht nur aus Strukturen und Institutionen besteht, sondern auch aus den absichtsvollen Handlungen, mit denen Individuen ihr Leben aktiv führen. Ihr Interesse richtet sich darauf, die Wahrnehmungen, Deutungen und Praktiken von Individuen und sozialen Gruppen empirisch zu untersuchen. Eine Gemeinsamkeit der Theorien der sog. sinnverstehenden oder „interpretativen Soziologie" (s. als Einführung Giddens 1984 sowie Flick et al. 2005, Kapitel 3) ist die Zielsetzung, „das Soziale", „das Gesellschaftliche" auf subjektiv-sinnhafte, d.h. mit Absichten, Motiven, Zwecksetzungen usw. verbundene Handlungen bzw. Interaktionen zurückzuführen und zugleich die soziale Entstehung und Formung des subjektiven Handlungssinns aufzuzeigen.

Dass einige Aspekte sinnverstehender Soziologie an dieser Stelle skizziert werden, ist darin begründet, dass ein Teil der im Weiteren darzustellenden Theorien gesellschaftstheoretische und sinnverstehende Perspektiven miteinander verbindet.

Ein Ausgangspunkt sinnverstehender Soziologie ist Max Webers Definition, die Soziologie „als Wissenschaft, welche soziales Handeln deutend verstehen und dadurch in seinem Ablauf und seinen Wirkungen ursächlich erklären will" bestimmt (Weber 1922/1972: 1).

Weber unterscheidet Handlungen von bloßem Verhalten dadurch, dass nur dasjenige Verhalten als Handlung gelten kann, mit dem „der oder die Handelnden einen subjektiven Sinn verbinden" (ebd.).

Subjektiver Sinn meint bei Weber aber nicht gänzlich individuelle Motive, Absichten usw., sondern solche, die auf kulturell vorgegebene Sinnordnungen, z.B. religiöse Wertideen, zurückzuführen sind. Weber interessiert sich entsprechend z.B. für die Frage, welche Wertideen die Weltreligionen unterscheiden und welche grundlegenden Orientierungen für die individuelle Lebensführung daraus resultieren.

Im Unterschied dazu rückt der von George Herbert Mead (1863-1931) und Herbert Blumer (1990-1987) begründete *Symbolische Interaktionismus* die Hervorbringung von Bedeutungen im sozialen Handeln in den Blick (s. dazu Denzin 2005). Für den Symbolischen Interaktionismus sind nicht isolierte Einzelhandlungen der Ausgangspunkt, sondern die aufeinander bezogenen Handlungen (Interaktionen*) von zwei oder mehreren Individuen. Leitend ist hier die Vorstellung, dass Gesellschaft und Kultur nicht starre und klare Vorgaben für Interaktionen bereitstellen, sondern dass die miteinander handelnden Individuen darauf verwiesen sind, über die Bedeutung einer sozialen Situation und wechselseitige Erwartungen aktiv Verständigung herbeizuführen. Der symbolische Interaktionismus richtet sich damit gegen die Vorstellung, dass die Bedeutung von Objekten, Personen und Situationen zweifelsfrei gegeben sei. Angenommen wird, dass die soziale Wirklichkeit unterschiedliche Antworten auf die Fragen, was der Fall ist und was zu tun sei, zulässt und erst durch Deutungen eine ‚Definition der Situation' hervorgebracht wird, an der sich weitere Handlungen dann orientieren. Menschen handeln demnach orientiert an einer durch ihre Deutungen selbst hervorgebrachten Wirklichkeit und Kommunikation besteht wesentlich darin, Verständigung über eine gemeinsame Sicht der Wirklichkeit herzustellen, damit gemeinsames Handeln möglich wird.

Eine weitere Richtung sinnverstehender Soziologie, auf die hier knapp einzugehen ist, ist die von Alfred Schütz (1899-1959) begründete *Sozialphänomenologie*. Auch hier wird betont, dass soziales Handeln auf den

Wahrnehmungen und Deutungen beruht, mit denen Individuen die Wirklichkeit hervorbringen, in der sie wahrnehmen, erleben und agieren. Akzentuiert wird jedoch, dass dies vor dem Hintergrund einer immer schon mit anderen geteilten Weltsicht, der „alltäglichen Lebenswelt" (Schütz 1979: 25) geschieht:

> „Unter alltäglicher Lebenswelt soll jener Wirklichkeitsbereich verstanden werden, die der wache und normale Erwachsene in der Einstellung des gesunden Menschenverstandes als schlicht gegeben vorfindet."

Für die alltägliche Lebenswelt wird angenommen, dass „sie von Anfang an nicht meine Privatwelt, sondern intersubjektiv" ist (ebd.: 26). Bestandteil der Lebenswelt ist ein gemeinsamer „Wissensvorrat" und sind „Typisierungen", mit denen Objekte und Personen in Kategorien eingeteilt werden. Die sozialphänomenologische Soziologie eröffnet die Perspektive einer empirischen Beschreibung der Lebenswelten sozialer Gruppen, der für sie jeweils selbstverständlichen Weltsichten.

Symbolischer Interaktionismus und Sozialphänomenologie haben andere Theorieprogramme sinnverstehender Soziologie wie die Ethnomethodologie (s. dazu Weingarten et al. 1976), die Rahmenanalyse (s. Goffman 1977) und die soziologische Biographieforschung sowie die Entwicklung von Methoden der qualitativen Sozialforschung angeregt.

Ihre Grundannahmen sind auch für die soziologische Jugendforschung in mehrerer Hinsicht bedeutsam: Sie fordern dazu auf, sich verstehend auf die subjektive Weltsicht von Jugendgruppen und Jugendkulturen, z.B. auf die Untersuchung der „Lebenswelt von Hauptschülern" (Projektgruppe Jugendbüro 1977), der Biographien straffälliger Jugendlicher (Schumann 2002) oder der Events der Techno-Szene (Hitzler et al. 2000) einzulassen. Sie haben zu einer sinnverstehenden empirischen Jugendforschung geführt, zu ethnographischen Beschreibungen von jugendtypischen Praktiken sowie jugendkulturellen Symbolsystemen (Kleidungsstile, Musikstile, Jugendsprachen usw.) und darauf aufbauenden Interpretationen jeweiliger Ästhetiken, Lebensstile, politischer Orientierungen.

Die klassische, als quantitative Meinungs- und Einstellungsforschung angelegte Jugendforschung wurde damit durch intensive Beobachtungen, Befragungen von Gruppen sowie durch biographisch angelegte Einzelfallstudien ergänzt, die detailliert darüber Aufschluss geben, wie Jugendliche ihre Lebensgeschichte und ihre aktuelle Lebenssituation erleben und bewältigen (s. dazu die Hinweise im folgenden Abschnitt sowie im Kapitel 9 zu Jugendkulturen und Subkulturen).

3.3.7 Ungleichheitstheoretische Ansätze und die Jugendforschung des Centre for Contemporary Cultural Studies (CCCS)

Trotz ihrer höchst problematischen politischen Instrumentalisierung sind Kapitalismustheorien, die die moderne Gesellschaft auf der Grundlage der von Karl Marx (1818-1883) sowie Friedrich Engels (1820-1895) entwickelten Theorie analysieren, von erheblicher Bedeutung auch für die gegenwärtige soziologische Gesellschaftstheorie.

Eine ihrer Kernannahmen lautet, dass die Struktur und Dynamik der Ökonomie weitreichende Auswirkungen auf die Entwicklung der gesamten Gesellschaft hat und dass die kapitalistische Ökonomie soziale Ungleichheiten hervorbringt, deren Kern die Ungleichheit zwischen denjenigen ist, die darauf verwiesen sind, ihre Arbeitskraft als Ware zu verkaufen und denjenigen, die über Kapital verfügen, das sie in Produktionsmittel (Maschinen, Technologien, Gebäude, Arbeitskräfte) investieren. Der Zweck wirtschaftlichen Handels ist im Kapitalismus nicht die Herstellung nützlicher Produkte und auch nicht die Ansammlung des individuellen Reichtums; unter kapitalistischen Bedingungen wird die Vermehrung und erneute Investition des angesammelten Kapitals vielmehr zu einem Selbstzweck, der eine endlose Dynamik wirtschaftlichen Wachstums, „die rastlose Bewegung des Gewinnens" (Marx 1890/1972: 168) in Gang setzt. Max Weber (1920/1981: 45) fasst einen wichtigen Aspekt des Marx'schen Gesellschaftsverständnisses treffend zusammen:

> „Die heutige kapitalistische Wirtschaftsordnung ist ein ungeheurer Kosmos, in den der Einzelne hineingeboren wird und der für ihn, wenigstens als Einzelner, als faktisch unabänderliches Gehäuse gegeben ist, in dem er zu leben hat. Er zwingt dem Einzelnen, soweit er in den Zusammenhang des Marktes verwoben ist, die Normen seines wirtschaftlichen Handelns auf."

Der große Einfluss der Marx'schen Kapitalismustheorie auf die soziologische Gesellschaftstheorie, sowohl durch die Weiterentwicklung Marx'scher Grundannahmen als auch durch die kritische Auseinandersetzung damit, hat aber zunächst nicht zur Entwicklung einer eigenständigen kapitalismustheoretisch fundierten Jugendtheorie geführt.

Indirekt hatte die Marx'sche Gesellschaftstheorie jedoch dadurch einen Einfluss auf die Jugendforschung, dass sie Forschungen zu den Auswirkungen sozialer Ungleichheit auf Jugendliche anregte (s. dazu auch den Abschnitt 2.1.). So wurde schon bei Paul Lazarsfeld (1931) der Frage nach der „Bedeutung der Klassenlage für die seelische Entwicklung bei Jugendlichen" nachgegangen" (zit. nach Vogel 1971: 254), dies u.a. mit dem Ergebnis, dass die frühe Berufswahl eine soziale Überforderung darstellt, da die psychische Entwicklung eine verantwortliche Entscheidung noch nicht zulässt (vgl. Vogel 1971: 253ff.).

Zu Beginn der 1970er Jahre wurde dann jedoch – in kritischer Auseinandersetzung mit dem Strukturfunktionalismus und vor dem zeitgeschichtlichen Hintergrund der Studentenbewegung – in der sog. „Mannheimer Diskussion" dezidiert eine an der Marx'schen Gesellschaftstheorie ausgerichtete Neuorientierung der Jugendforschung eingefordert. In durchaus polemischer Abgrenzung gegen die etablierte Jugendsoziologie wurde für ein klassentheoretisches Verständnis sozialer Konflikte plädiert:

> „Wir fragen nicht, welche Funktion die Jugend für den sozialen Wandel hat. Wir fragen nicht nach der Integration der Jugend in die Gesellschaft. Und wir fragen nicht nach einer Definition des Jugendalters. Wenn wir diese Fragen nicht stellen, so deshalb, weil der Hauptwiderspruch dieser Gesellschaft nicht durch den Widerspruch zwischen den Generationen bezeichnet ist, sondern in dem Widerspruch zwischen Lohnarbeit und Kapital begründet liegt …". (Lessing 1974: 26)

Die Notwendigkeit einer eigenständigen Jugendsoziologie wird hier ausdrücklich bestritten. Gleichwohl geht die Debatte durchaus über eine bloße Kritik hinaus; sie regt Untersuchungen zur spezifischen Situation von Arbeiterjugendlichen und auch einzelne Versuche zu einer marxistischen Fassung des Jugendbegriffs an. So schlägt Ben von Onna (1976: 3) vor, Jugend als „eine lebensgeschichtliche Phase" zu definieren, „die durch die erstmalige Herstellung von Arbeitsvermögen bestimmt ist".

Einen Ausweg aus einer solchen Engführung auf ökonomische Aspekte zeigen dann die einflussreichen Studien des britischen Centre for Contemporary Cultural Studies (CCCS) auf.[1] Auch hier wird gegen die Vorstellung, Jugend sei eine eigenständige soziale Gruppe und es gebe eine autonome Jugendkultur, eingewandt, dass die soziale Lage der Herkunftsfamilie (Arbeitserfahrungen, Wohnverhältnisse, verfügbares Einkommen) und der Jugendlichen selbst (Position im Bildungssystem bzw. auf dem Arbeitsmarkt) von starkem Einfluss auf die Lebenssituation Jugendlicher und ihr Selbstverständnis ist. Jedoch wird der sog. kulturellen Ebene ein eigenständiger und spezifischer Stellenwert zugewiesen:

> „Der Begriff ‚Jugendkultur' verweist auf die kulturellen Aspekte von Jugend. Mit dem Wort ‚Kultur' meinen wir jene Ebene, auf der gesellschaftliche Gruppen selbständige Lebensformen entwickeln und ihren sozialen und materiellen Lebenserfahrungen *Ausdrucksform* verleihen. Kultur ist die Art, die Form, in der Gruppen das Rohmaterial ihrer sozialen und materiellen Existenz bearbeiten. (…) Eine Kultur enthält die ‚Landkarte der Bedeutungen', welche die Dinge für ihre Mitglieder verständlich macht." (Clarke et al. 1979: 40f.)

Dem CCCS zuzurechnende Autoren wie John Clarke, Dick Hebdige und Paul Willis haben in ihren Studien und Analysen nachzuweisen versucht, dass jugendkulturelle Praktiken und Stile durchaus eigenständige Hervorbringungen Jugendlicher darstellen, gleichwohl aber nur vor dem Hintergrund der Position verständlich sind, in der sich Jugendliche als „Arbeiter-"

---

1 Auf jugendsoziologische Ansätze, die an die Ungleichheitssoziologie Pierre Bourdieus anschließen, wurde bereits im Kapitel 2 eingegangen (s.o.).

oder „Mittelklassenjugendliche" befinden. Jugendkulturen werden als Versuche interpretiert, sich im Spannungsverhältnis zwischen klassenspezifischen Erfahrungen und der „Stammkultur", d.h. dem Herkunftsmilieu einerseits, der gesellschaftlich dominanten politischen, medialen und konsumgesellschaftlichen Kultur andererseits zu verorten (s. etwa Clarke et al. 1979; Hebdige 1983). Entsprechend untersuchte Paul Willis in seiner inzwischen klassischen Studie „Learning to labour. How working class kids get working class jobs" (1977, dt. Übersetzung 1982) das Scheitern von Arbeiterkindern in der Schule. Er zeigte, dass dieses Scheitern u.a. darin begründet ist, dass die männlichen Arbeiterjugendlichen sich in einem Spannungsverhältnis zwischen den Werten der Arbeiterkultur und denen der Mittelschichtsinstitution Schule vorfinden; ein Teil der Jugendlichen löst diese Spannung auf, indem sie die Werte der Schule ablehnen, allein körperliche Arbeit als erstrebenswert betrachten und u.a. deshalb die Chance zurückweisen, sich durch schulisches Lernen auf Angestellten- und Büroberufe vorzubereiten.

In direkter Anknüpfung an die Studie von Paul Willis hat Jay MacLeod (1995) analysiert, welche unterschiedlichen Stile und Bildungsstrategien Jugendliche mit einer ähnlichen sozioökonomischen Position entwickeln; dabei erweisen sich die Traditionslinien und die gesellschaftspolitischen Haltungen ihres Herkunftsmilieus als zentrales Unterscheidungsmerkmal.

Subkulturen werden in den Arbeiten des CCCS als „imaginäre" Lösungen betrachtet:

> „Es gibt keine ‚subkulturelle Lösung' für die Arbeitslosigkeit der Arbeiterjugend, ihre Benachteiligung in der Bildung, …, ihre aussichtslosen Jobs, …, die geringe Bezahlung … . Sie ‚lösen', wenn auch ‚imaginär', Probleme, die auf der konkret materiellen Ebene ungelöst bleiben." (Clarke et al. 1979: 94)

Eine solche imaginäre Lösung stellen z.B. die Praktiken der Skinheads dar. John Clarke (1979: 191ff.) analysiert die Entstehung der Skinhead-Subkultur in England vor dem Hintergrund des Strukturwandels der industriellen Produktion als Versuch von Arbeiterjugendlichen, „die traditionelle Arbeiter-Gemeinschaft als Ersatz für ihren tatsächlichen Niedergang wiederzubeleben". Skinheads inszenieren sich als stolze Vertreter der Werte der Arbeiterkultur unter Bedingungen, in denen es ihnen in Folge des Niedergangs der klassischen Arbeiterberufe unmöglich ist, die Traditionen ihrer Herkunftskultur tatsächlich fortzuführen.

Die damit konturierte Perspektive einer Jugendforschung, die die ökonomische Entwicklung, Veränderungen des Arbeitsmarktes und Klassenlagen ins Zentrum stellt, aber zugleich den Eigensinn jugendkultureller Praktiken nicht vernachlässigt, hat vielfältige qualitativ angelegte empirische Studien auch in der deutschsprachigen Soziologie inspiriert (s. dazu auch Kapitel 9, Abschnitt 2).

Cornelia Helfferich (1994) ging der Frage nach, welche unterschiedlichen Umgangsweisen mit Sexualität und Drogen weibliche und männliche

Arbeiter- und Mittelschichtsjugendliche realisieren. Albert Scherr (1995) zeigte, dass sich Auszubildende und Studierende unterschiedliche Konzepte ihrer sozialen Identität zu Eigen machen, die folgenreich u.a. für ihre politische Orientierung sind. Ralf Bohnsack et al. (1995) haben detailliert beschrieben, wie Jugendcliquen die Erfahrung des Übergangs von der Schule zur betrieblichen Ausbildung erleben und in einer Weise verarbeiten, die sie von Gymnasiasten unterscheidet. Roland Eckert, Christa Reis und Thomas A. Wetzstein (2000) haben nachgewiesen, dass Gruppenbildungen und -abgrenzungen bei Jugendlichen nur vor dem Hintergrund der sozialen Ungleichheiten verständlich sind, die gegenwärtige Jugendliche „nicht als Schicksal ihres Standes, sondern als Prozess (erfahren), der sich vor ihren Augen, im ‚Klassenzimmer‘, in Erfolg oder Misserfolg einzelner vollzieht" (ebd.: 15). In einer Untersuchung zu den „Erfahrungen junger Arbeiter im Prozess der Qualifizierungen" kam Martina Panke (2005) zu dem Ergebnis, dass die gesellschaftliche Entwertung körperlicher Arbeit von Auszubildenden in traditionellen Handwerksberufen als „dramatische Entwertung ihres Berufsprestiges" (ebd.: 194) erlebt wird. Christine Riegel (2004) stellt die Praktiken junger Migrantinnen in einer Stadtteilclique dar, die sie als „Kampf um Zugehörigkeit und Anerkennung" charakterisiert.

3.3.8 Geschlechtsdifferenzierende Ansätze

Die Frauenforschung und die feministische Kritik der klassischen Soziologie (vgl. dazu Brück et al. 1992) haben seit den 1980er Jahren zu einer anhaltenden Diskussion der Frage geführt, welche Bedeutung der Kategorie ‚soziales Geschlecht*‘ (Gender*) im Rahmen einer soziologischen Theorie der Gegenwartsgesellschaft zuzuweisen ist. Hintergrund ist die Tatsache, dass sich inzwischen die normative Idee einer anzustrebenden Gleichberechtigung von Frauen und Männern weitgehend durchgesetzt hat, dass es aber nach wie vor erhebliche Ungleichheiten und Unterschiede gibt, die keineswegs als Folge vermeintlich natürlicher geschlechtstypischer Eigenschaften erklärt werden können. Inzwischen stellt die sozialwissenschaftliche Geschlechterforschung ein etabliertes und in sich differenziertes Feld der Forschung und Theoriebildung dar. Sie befasst sich mit der Struktur und Dynamik der gesellschaftlichen Geschlechterverhältnisse und deren Auswirkungen auf die Lebensbedingungen und die Lebenspraxis von Männern und Frauen sowie der geschlechtsspezifischen Sozialisation von Jungen und Mädchen (s. als Überblick Becker/Kortendiek 2004). Grundlegend ist die Annahme, dass die moderne Gesellschaft zwar durch eine „Kultur der Zweigeschlechtlichkeit" gekennzeichnet ist, jedoch keineswegs von einer einheitlichen und umfassenden Geschlechterordnung ausgegangen werden kann. Vielmehr sind komplexe Gemengelagen von heterogenen geschlechtsbezogenen Erwartungen, Typisierungen und Normen, massenmedialen Geschlechterbildern, politischen und rechtlichen Festlegungen sowie vielfältige geschlechtsbezogene Praktiken im Alltag zu berücksichtigen. Seit den 1980er Jahren ist die Geschlechterblindheit der klassischen Jugendforschung und ihre implizite Gleichsetzung von Jugend mit männlicher Jugend wiederholt kritisiert worden. In Hinblick auf die Jugendkulturforschung stellten Angela McRobbie und Jenny Garbner (1979: 217) fest:

> „Die Abwesenheit von Mädchen in der gesamten Literatur, die sich mit diesem Thema befasst, ist recht auffallend und bedarf der Erklärung. Es scheint über die Rolle der Mädchen in den Gruppen der Jugendkultur recht wenig geschrieben worden zu sein. (....) Wenn sie aber auftreten, bestärkt entweder die unkritische Art der Darstellung das mittlerweile so vertraute Stereotyp der Frau, ... oder sie werden nur am Rande erwähnt.“

Das hier angesprochene Problem betrifft nicht allein die Jugendforschung, sondern auch andere Teilbereiche der Sozialwissenschaften. Grundlage war bzw. ist die unbewusste Annahme, dass Jungen/Männer als der Normalfall menschlicher Entwicklung betrachtet werden können, Mädchen/Frauen als durch ihr Geschlecht davon unterschiedener Sonderfall. Dass auch Jungen/Männer durch ihre Position in der Geschlechterordnung beeinflusst sind, wurde erst vergleichsweise spät zum Thema (s. als theoretische Grundlegung der Männlichkeitsforschung Connell 1999).

Diese Kritik hat zunächst zur Etablierung einer eigenständigen Mädchenforschung, dann auch zu einer eigenständigen Jungenforschung geführt (s. als Überblick Keddi 2004; Kelle 2004; Meuser 2004; Winter 2004). Inzwischen ist die Notwendigkeit einer differenzierten Betrachtung von männlichen und weiblichen Jugenden in der jugendsoziologischen und jugendpädagogischen Diskussion prinzipiell anerkannt. Für die Jugendpädagogik sind zudem die politisch-rechtlichen Vorgaben des Gender-Mainstreaming, d.h. der umfassenden Berücksichtung geschlechtsbezogener Unterschiede im Interesse der Herstellung von Geschlechtergerechtigkeit, relevant geworden (Rose 2004).

In ihrer grundlegenden Studie „Sozialisation: Weiblich – männlich?“ hat Carol Hagemann-White nachgewiesen, dass Unterschiede zwischen Jungen und Mädchen vielfach auch in der wissenschaftlichen Forschung überschätzt und Gemeinsamkeiten übersehen werden. Gegen die Idee fundamentaler Geschlechterunterschiede wandte sie ein:

> „Selbst die größten Unterschiede, die zwischen den Geschlechtern berichtet werden, sind ohne Zweifel weit geringer als die Variationen innerhalb eines Geschlechts.“ (Hagemann-White 2000: 13).

Eine theoretisch reflektierte jugendsoziologische Geschlechterforschung ist folglich darauf verwiesen, gesellschaftlich einflussreiche Annahmen über das vermeintlich typisch Männliche und typisch Weibliche selbst zu hinterfragen und zu untersuchen, was diese Annahmen – nicht zuletzt in der familialen Sozialisation sowie der schulischen und außerschulischen Pädagogik – bewirken, wie sie also etwa zu Einschränkungen individueller Entwicklungs-potentiale führen.

Wichtig ist es dabei zudem, soziale Konstruktionsprozesse unterschiedli-cher Formen von Männlichkeit und Weiblichkeit in den Blick zu nehmen, ohne zu unterstellen, dass diese das Selbstverständnis konkreter Jungen und Mädchen bzw. Frauen und Männer einfach determinieren. (s. Connell 1999; auf die hier angesprochenen Aspekte wird im Kapitel 5, Abschnitt 1.6. noch etwas näher eingegangen.)

3.3.9 Jugend in der „Risikogesellschaft" – das Individualisierungstheorem

Gegen Beschreibungen der Gegenwartsgesellschaft auf der Grundlage von klassischen Theorien sozialer Ungleichheit, von Klassen- und Schichtungs-theorien, wird seit Mitte der 1980er Jahre eingewandt, dass sie die Konse-quenzen des sog. „zweiten Individualisierungsschubs" in den post-industriel-len Gesellschaften zu wenig beachten. In seiner programmatischen und ein-flussreichen Veröffentlichung „Risikogesellschaft. Auf dem Weg in eine an-dere Moderne" hat Ulrich Beck (1986) argumentiert, dass soziale Ungleich-heiten zwar keineswegs bedeutungslos werden, die individuelle Lebensfüh-rung sich aber zunehmend weniger an klassenspezifischen Lebenslaufmus-tern ausrichten kann. Denn in „der individualisierten Gesellschaft" sei jeder Einzelne gezwungen, „bei Strafe seiner permanenten Benachteiligung (zu) lernen, sich als Handlungszentrum, als Planungsbüro in Bezug auf seinen ei-genen Lebenslauf, seine Fähigkeiten, Orientierungen, Partnerschaften usw. zu begreifen" (Beck 1986: 217).

Hintergrund ist die Überzeugung, dass die Zunahme an wirtschaftlichem Wohlstand in der zweiten Hälfte des 20. Jahrhunderts, der umfassende tech-nisch-ökonomische Wandel sowie Prozesse der kulturellen Liberalisierung dazu geführt haben, dass tradierte Normen obsolet wurden, tradierte Muster der Lebensführung keineswegs mehr alternativlos sind sowie an bestimmte Berufszweige und Industrie gebundene Berufsorientierungen und Lebens-entwürfe nicht mehr realisiert werden können.

Das Individualisierungstheorem lässt sich in folgende Teilthesen unter-gliedern (vgl. Scherr 1994):

- Die strukturtheoretische These: Wohlstandssteigerung und der Bedeu-tungsverlust der klassischen Industrien führen dazu, dass das „übergrei-fende Erfahrungs- und Kontrollband eines klassenkulturell geprägten So-zialmilieus vielfältig gebrochen" ist (ebd.: 129);
- die subjekttheoretische These: Handeln und Erleben des Einzelnen sind immer weniger durch kollektive Vorgaben (Klassen, Schichten, Nach-barschaften etc.) bestimmt;

- die kulturtheoretische These: Unter gegenwärtigen Bedingungen wird es zunehmend schwieriger, kollektive Deutungsmuster zu entwickeln, die eine sozial verbindliche Vorgabe für die Sinnstiftung bereitstellen.

Seit Mitte der 1980er Jahre ist eine breite Diskussion zum sog. Individualisierungstheorem in der Jugendforschung entstanden. Dort wurde die These formuliert, dass die Lebenssituation gegenwärtiger Jugendlicher nicht mehr angemessen allein mit ungleichheitstheoretischen Begriffen beschrieben werden kann (s. etwa Heitmeyer/Olk 1990; Eccarius 1996). Vielmehr sei es erforderlich, theoretisch und empirisch einen Prozess „der Diversifizierung von Lebenslagen und der Pluralisierung von Lebensstilen" zu berücksichtigen, der „das Hierarchiemodell der sozialen Klassen" in Frage stellt. Weiter sei davon auszugehen, „dass die Individuen sich selbst (...) zum Zentrum ihrer eigenen Lebensplanung und Lebensführung machen müssen" (Arbeitsgruppe Bielefelder Jugendforschung 1990: 11). In der Folge sei für gegenwärtige Jugendliche die ,riskante Chance' charakteristisch, biographisch bedeutsame Entscheidungen eigenverantwortlich treffen zu können und zu müssen. Auch für Jugendszenen* und Jugendkulturen wird angenommen, dass sie keineswegs mehr eindeutige klassenspezifische Merkmale und Zuordnungen aufweisen.

Bereits im Abschnitt zum Strukturwandel der Jugendphase wurde auf die Problematik dieser Sichtweise hingewiesen. Zwar gibt es Individualisierungstendenzen bei Jugendlichen, diese sind jedoch keineswegs „jenseits von Klasse und Schicht" (Beck 1986) angesiedelt. Denn welche Entscheidungsmöglichkeiten und Entscheidungszwänge für bestimmte Jugendliche bedeutsam sind, ist auch gegenwärtig noch abhängig von ihrer sozialen Herkunft sowie ihrer Position im Bildungssystem. Empirische Untersuchungen, etwa zu Bildungslaufbahnen, zur Schichtabhängigkeit und Geschlechtsspezifik in der Berufswahl begründen entsprechend erhebliche Zweifel daran, ob der Begriff „Individualisierung" angemessen ist. So weist Hans Bertram (1991: 639) in seiner Kritik der Individualisierungsthese darauf hin, dass die „Determinationskraft der elterlichen Bildungsabschlüsse für die Bildungsabschlüsse der Kinder ... ungebrochen" ist sowie dass Partnerwahl und Heiratszeitpunkt in einem engen Zusammenhang mit dem formalen Bildungsniveau stehen.

Die tatsächlichen Zusammenhänge zwischen gesellschaftlichen Strukturumbrüchen und individuellen Bewältigungsformen sind, auch für das Jugendalter, mit dem Begriff Individualisierung nicht zureichend bestimmt. Angemessener ist es, von einer komplexen und sozial ungleichen Überlagerung klassen- und milieugebundener Traditionslinien mit Individualisierungstendenzen auszugehen, deren Reichweite und Begrenzungen zu bestimmen sind (s. dazu Scherr 1994, 1995 und 1998).

Individualisierungsprozesse sind, so Bertram (1991: 649), Ergebnis bestimmter Formen der Lebensführung in bestimmten sozialen Milieus und „nicht Ergebnis einer Lockerung der Bedeutung sozio-kultureller Milieus für die Lebensführung in unserer Gesellschaft".

3.3.10 Neuere Entwicklungen: Analysen kulturellen Wandels und sozialer Ausgrenzung im postmodernen High-Tech-Kapitalismus

Unter dem Stichwort ‚Strukturwandel der Jugendphase' wurde im Kapitel 2 bereits knapp auf Analysen hingewiesen, die von einer grundlegenden Infragestellung des Jugendkonzeptes, das in der industriegesellschaftlichen Moderne vorherrschend war, ausgehen: Jugend als Phase der Vorbereitung auf eine anstrebenswerte Zukunft als erwerbstätiger Erwachsener ist demnach durch Massenarbeitslosigkeit und Zukunftsunsicherheit ebenso in Frage gestellt wie Jugend als eine Phase des zugemuteten Verzichts auf klassische Erwachsenenprivilegien; und an die Stelle eines pädagogisch gestalteten Schonraums sei eine Situation getreten, in der Familien und pädagogische Institutionen nicht mehr in der Lage sind, die Erfahrungswelt der Heranwachsenden zu kontrollieren.

In der neueren Jugendforschung werden solche Überlegungen vor dem Hintergrund von Gesellschaftsanalysen fortgeführt, die unter den Leitbegriffen ‚Postmoderne' sowie ‚Sozialer Ausschluss' und ‚Exklusion' grundlegende gesellschaftliche Wandlungstendenzen diskutieren.

Der Begriff Postmoderne akzentuiert dabei einen weitreichenden kulturellen Wandel (s. dazu Bauman 1999): Das moderne Projekt, eine rationale Gesellschaftsordnung zu errichten, die zu einer zukunftsoffenen Verbesserung der Lebenssituation aller Individuen führen wird, gilt Theoretikern der Postmoderne als gescheitert.

Hingewiesen wird u.a. auf die ökologischen Folgen des wissenschaftlich-technischen Fortschritts, auf die Diskriminierung, Vertreibung und Vernichtung von Minderheiten, für die in der Ordnung der modernen Staaten kein Platz vorgesehen war sowie auf die Krise der Kerninstitutionen der klassischen Moderne, so der Familie und des Nationalstaates.

Auch die Idee, dass es eine staatlich-politisch umfassend geordnete Gesellschaft mit einer einheitlichen Kultur geben könnte, gilt Theoretikern der Postmoderne weder als anstrebenswert, noch als realisierbar. Betrachtungen zur Jugendsituation in der Postmoderne rechnen in der Folge damit, dass Heranwachsende darauf verwiesen sind, sich in Bedingungen zurechtzufinden, in denen überlieferte Gewissheiten in Frage gestellt und tradierte Modelle der berufs- und familienzentrierten Lebensführung nicht mehr tragfähig sind. Eine „Pluralität von Lebensstil-Angeboten" führt so betrachtet zur „Erweiterung der Möglichkeiten für Lebensentwürfe" (Ziehe 1991: 120f.; vgl. Ferchhoff 2007a). Kennzeichnend für postmoderne Jugend sei nicht die mehr die Auseinandersetzung mit den Vorgaben einer selbstgewissen und eindeutigen Mehrheitskultur, die Jugendlichen Einordnung abverlangt, sondern seien individuelle und kollektive „Suchbewegungen" unter Bedingungen von Unsicherheit und Uneindeutigkeit.

Es kann nun jedoch keineswegs davon ausgegangen werden, dass die Diagnose einer solchen postmodernen Verunsicherung die Mentalität aller Jugendlichen zutreffend charakterisiert. Neuere Jugendstudien deuten vielmehr darauf hin, dass mit solchen Überlegungen nur ein Aspekt einer in sich widersprüchlichen Situation beschrieben ist, zu der auch gesellschaftspolitische Versuche gehören, an tradierten Werten und Ordnungsmodellen festzuhalten und ihre Infragestellung abzuwehren. Jürgen Zinnecker (2005: 176f.) formuliert auf der Grundlage von Daten der Einstellungsforschung die Einschätzung, dass sich „die Mentalität der Jugend … in Richtung der bürgerlichen Mitte verschoben" hat und „alte Werte in der neuen Jugendgeneration sehr geschätzt" werden:

> „Sie setzen mehrheitlich auf Leistung, sind auf gute Bildungsabschlüsse bedacht. ‚Karriere machen‘ oder ‚Treue‘ stehen ganz oben auf der Skala der Werte, die von heutigen Jugendlichen als in bezeichnet werden."

In ihrer Studie ‚Im Aus der Vorstädte‘ haben Francois Dubert und Didier Lapeyronnie (1994) eine andere Akzentuierung vorgenommen. Sie untersuchen die Situation benachteiligter Jugendlicher in einer theoretischen Perspektive, die davon ausgeht, dass gesellschaftliche Zugehörigkeit unter Bedingungen von Massenarbeitslosigkeit keineswegs mehr selbstverständlich gewährleistet ist: Zudem habe die Tradition einer gewerkschaftlich und sozialdemokratisch bzw. sozialistisch geprägten Industriearbeiterkultur an Bindungskraft verloren. Ein Teil der Jugendlichen sieht sich miteiner Situation konfrontiert, in der sie als künftige Arbeitskräfte nicht mehr benötigt werden und in der für sie keine Zukunftsperspektive sichtbar ist. Zugleich finden sich die Jugendlichen in benachteiligten Wohngebieten mit einem hohen Anteil von Arbeitslosen und einer schlechten Infrastruktur vor und sie erleben sich als Personen, denen ihre gesellschaftliche Randständigkeit deutlich mitgeteilt wird:

> „Das Leben in den Siedlungen ist für die dortigen Bewohner nicht nur haltlos und unberechenbar; es wird vor allem von dem Gefühl belastet, dass man ausgegrenzt ist, was vor allem in Gesprächen über den Ruf der eigenen Siedlung und die verächtlichen Blicke von Außenstehenden zum Ausdruck kommt. (…) Die Schande, in einer verrufenen Siedlung zu wohnen, wird ebenso wie Schulversagen als Ergebnis persönlichen Scheiterns erlebt, und Arbeitslosigkeit vom Gefühl begleitet, zu nichts Nutze zu sein. (…) Nach einigen Monaten … geben viele Jugendliche sich und die Suche nach einem Ausbildungs- oder Arbeitsplatz auf." (Dubert/Lapeyronnie 1994: 106ff.).

Soziale Ausgrenzung bzw. Exklusion hat demnach eine objektive und eine kommunikative Dimension: Es geht einerseits um den faktischen Ausschluss von Arbeit, Bildung, politischer Teilhabe usw.; andererseits um Mitteilungen von Nicht-Zugehörigkeit und Minderwertigkeit. Neckel/Sutterlüty betonen die Bedeutung „negativer Klassifikationen" sozialer Gruppen, aufgrund deren „bestimmte Akteure als unterlegen betrachtet, abgewertet oder symbolisch aus dem Kreis anerkannter Gesellschaftsmitglieder ausgeschlossen werden" (Neckel/Sutterlüty 2005: 414). Der Begriff der sozialen Ausgrenzung, zu dem sich inzwischen eine umfangreiche Diskussion entwickelt hat (s. u.a. Anhorn et al. 2008; Bommes/ Scherr 2000: 157ff.; Bude/Willisch 2008; Heitmeyer/Imbusch 2005), geht also über ein Ungleichheitsverständnis hinaus, das die Verteilung von knappen Ressourcen (Geld, Bildung, Prestige) in den Blick nimmt: Thematisch werden ökonomische, rechtliche, politische, institutionelle und symbolische Grenzziehungen, mit denen soziale Zugehörigkeit und Chancen der Anerkennung reguliert werden.

Dubert und Lapeyronie (2004: 122) spitzen ihre Überlegungen zu der These zu, dass unter Bedingungen sozialer Ausgrenzung Subjektivität im Sinne einer selbstgestalteten Lebensführung und der „Möglichkeit, jenseits erfahrener Zwänge ‚Ich' sagen zu können", bedroht sei.

Daran anschließend untersucht Kevin McDonald (1999) die Versuche Jugendlicher, „ihre Erfahrungen zusammenzuhalten" (ebd.: 11). Er geht dabei von der gesellschaftstheoretischen Annahme aus, dass die gegenwärtige Situation eine unsichere Übergangsperiode darstellt, in der traditionelle Institutionen wie die Schule und die Familie nicht mehr in der Lage sind, die soziale Integration Jugendlicher zu gewährleisten und ihnen tragfähige Orientierungen zu vermitteln; krisenhafte soziale Umbrüche und hohe Arbeitslosigkeit führen dazu, dass sich zahlreiche Jugendliche nicht mehr erfolgreich an Werten und Normen der industriellen Arbeitsgesellschaft orientieren können. Ein „Modell der Würde auf der Grundlage einer Ethik der Arbeit" (ebd.: 203) ist für sie zwar attraktiv, aber nicht erreichbar.

Kennzeichnend für die gegenwärtige Situation Jugendlicher seien vor diesem Hintergrund Formen der jugendkulturellen Gemeinschaftsbildung sowie „Kämpfe um Subjektwerdung" (ebd.: 210), d.h. Bemühungen, heterogene Erfahrungen und Aspekte der eigenen Individualität zu integrieren und die Kontrolle über das eigene Leben nicht zu verlieren (vgl. Scherr 1997: 45ff.).

3.4 Ausblick

Die jugendsoziologische Theoriebildung hat bislang nicht zur Formulierung einer umfassenden und integrativen Theorie geführt; gleichwohl werden in den verfügbaren Theorien und Theoremen Grundlagen für eine Sichtweise deutlich, welche die gesellschaftlichen Bedingungen und Strukturierungen jener Phase des Heranwachsens in den Blick nimmt, die in der industriegesellschaftlichen Moderne als Jugend institutionalisiert wurde.

Damit stellen jugendsoziologische Theorien einen Gegenpol zu einem Alltagsdenken dar, das Probleme von und mit Jugendlichen auf die vermeintlich primär biologisch bedingten Wirrungen der Pubertät zurückführt.

In den weiteren Kapiteln wird zwar noch deutlich werden, dass Jugendsoziologie in Beziehung zu setzen ist zu den Ergebnissen der historischen, psychologischen und pädagogischen Jugendforschung. Dabei kann jedoch die Grundeinsicht jugendsoziologischer Theorien nicht preisgegeben werden, dass Jugendforschung immer die gesellschaftliche Situierung jeweiliger Jugenden als grundlegenden Zusammenhang in den Blick nehmen und sich der Gefahr falscher Verallgemeinerungen ebenso bewusst sein muss wie der Problematik eines Alltagsdenkens, das eine unzureichende Analyse sozialer Bedingungen und ihrer Auswirkungen durch Spekulationen über vermeintlich alterstypische Persönlichkeitseigenschaften oder die Effekte hormoneller Prozesse ersetzt.

Solche Spekulationen sind auch deshalb höchst fragwürdig, weil sie gewöhnlich auf einem naturalistischen Fehlschluss beruhen: Mit dem Verweis auf Eigenschaften, von denen angenommen wird, dass sie allen Jugendlichen eigentümlich sind, kann nicht zureichend erklärt werden, warum bestimmte Teilgruppen zu bestimmten Zeiten und an bestimmten Orten bestimmte Handlungsweisen realisieren, während andere Jugendliche dies nicht tun. Entwicklungspsychologische und biologische Theorien können also zwar Dispositionen und Potentiale beschreiben, nicht aber die konkreten sozialen Bedingungen, unter denen diese wirksam und bedeutsam werden oder nicht.

4   Sozialgeschichte der Jugend

Auf grundlegende Aspekte der gesellschaftsgeschichtlichen Entstehung und Institutionalisierung von Jugend wurde knapp in ersten Kapitel eingegangen. In diesem Kapitel werden ergänzend einige ausgewählte sozial- und ideengeschichtliche Aspekte dargelegt, die zum Verständnis der Vorgeschichte moderner Jugend und der Jugendgeschichte im 20. Jahrhundert beitragen. Dabei sind hier folgende Aspekte bedeutsam:

- In historischen Betrachtungen wird deutlich – und vor allem deshalb sind sie für die Soziologie unverzichtbar – dass sowohl die realen Bedingungen des Heranwachsens als auch die Vorstellungen darüber, was Kindheit und Jugend kennzeichnet, einem umfassenden Wandel unterliegen. Es wird sichtbar, dass Jugend eben keine natürlich gegebene Lebensphase, sondern eine gesellschaftliche Institution ist, die unter bestimmten Bedingungen für beschreibbare Teilgruppen entsteht; die Vorstellung, dass Jugend ein durch grundlegende Gemeinsamkeiten aller (männlichen) Heranwachsenden gekennzeichnetes Entwicklungsstadium sei, setzt sich erst im 20. Jhdt. durch und sie basiert auf der Verallgemeinerung des Jugendkonzepts der bürgerlichen Schichten.
- Der historische Wandel betrifft die realen Bedingungen des Heranwachsens, aber auch die für den Umgang mit Kindern und Jugendlichen bedeutsamen Annahmen über Stadien der menschlichen Entwicklung sowie diesen angemessene Formen der Pflege und Erziehung und der Zuweisung gesellschaftlicher Aufgaben. Zwischen beiden Dimensionen sind vielfältige Wechselwirkungen in Rechnung zu stellen. Zudem ist bei historischen Beschreibungen zu berücksichtigen, dass sich auch die Wortbedeutung von ‚Jugend' verändert. Eine Gleichsetzung von Jugend mit einer bestimmten Altersgruppe und eine Verbindung von Jugend und Pubertät kann nicht als Hintergrundsannahme vorausgesetzt werden. Auch die biologische Reifung stellt keine außergesellschaftliche Konstante dar; so lag der Beginn der Menstruation noch Mitte des 19. Jahrhunderts ca. 4 Jahre später als heute.
- Eine Geschichte der Jugend kann nicht angemessen als Entstehungsgeschichte des modernen bürgerlichen (und zunächst vor allem männlichen) Jugendkonzepts geschrieben werden, sondern hat in Rechnung zu stellen, dass es höchst unterschiedliche Formen von Jugenden gab und

gibt, die übersehen werden, wenn die Geschichtsschreibung und die Soziologie dem Anspruch des bürgerlichen Jugendkonzepts unkritisch folgen, das natürliche bzw. allgemeingültige Verständnis von Jugend zu repräsentieren. Die Geschichte der bäuerlichen Jugenden, der Arbeiterjugenden sowie der Jugenden in den historischen und gegenwärtigen außereuropäischen Gesellschaften ist immer noch weniger umfassend beschrieben, was deshalb problematisch ist, weil auch gegenwärtig die Mehrzahl der weltweit Heranwachsenden nicht in den industrialisierten bzw. postindustriellen Gesellschaften Westeuropas und Nordamerikas lebt.

Für die Jugendsoziologie sind historische Kenntnisse auch deshalb bedeutsam, weil sich in den Vorstellungen über Jugend, aber auch in jugendpolitischen Orientierungen und jugendkulturellen Praktiken Traditionslinien abzeichnen, die für das Verständnis gegenwärtiger Jugend hilfreich sind.

Die knappen Ausführungen dieses Kapitels können die Lektüre einschlägiger Grundlagenwerke zur Geschichte der Jugend nicht ersetzen. Hinzuweisen ist insbesondere auf folgende Studien:

John R. Gillis, Geschichte der Jugend. Weinheim/Basel 1984
Michael Mitterauer, Sozialgeschichte der Jugend. Frankfurt/M. 1986
Helmut Fend, Sozialgeschichte des Aufwachsens. Bedingungen des Aufwachsens und Jugendgestalten im zwanzigsten Jahrhundert. Frankfurt/M. 1998

Auf eine Darstellung von Jugenden in außereuropäischen Stammesgesellschaften wird hier verzichtet, weil eine Aufarbeitung des aktuellen Standes der ethnologischen Forschung nicht möglich war (s. als kontrovers diskutierten Ausgangspunkt Mead 1928/1970).

4.1 Vorindustrielle „Jugend"

In den vorindustriellen Gesellschaften Europas findet sich in der überwiegenden Mehrzahl der Fälle keine zeitlich deutlich abgegrenzte und einheitliche Lebensphase, die man als Jugend bezeichnen könnte. Die Übergangsprozesse zwischen Kindheit und Erwachsenenstatus verlaufen in den Ständen (Adel, Bürgertum, Geistliche, Bauern, Handwerker, Dienstboten und Gesinde) sehr unterschiedlich und sind mit gegenwärtiger Jugend keineswegs gleichzusetzen. Bäuerliche Jugend ist im lokalen Kontext situiert und durch Mitarbeit in der elterlichen Familienökonomie oder als Magd bzw. Knecht in einem anderen Haushalt bestimmt. Das ‚Ende der Jugend' ist nicht zeitlich festgelegt, sondern an die Fähigkeit geknüpft, den eigenen Unterhalt zu sichern und damit berechtigt zu sein, zu heiraten (Mitterauer 1986: 26ff.). John R. Gillis (1984: 29f.) stellt diesbezüglich fest:

„Wir wissen, dass Bauernsöhne den ländlichen Besitz selten erbten, ehe sie Ende Zwanzig geworden waren. (…) Die endgültige Hofübernahme umschloss gewöhnlich auch das Bereitstellen einer Mitgift für die Schwestern und einer Jahresrente oder kleinerer Anteile Landes für die jüngeren Brüder. (…) Gewöhnlich nahmen Bauern Knechte in Dienst …. (…) Die meisten dieser Beschäftigten waren Jungen und Mädchen zwischen dreizehn und neunzehn Jahren, die aus ärmeren Haushalten kamen …. Ihre Bezahlung bestand aus Kost und Logis, und sie waren der Autorität des Hausvaters unterstellt, der sie beschäftigte."

Ländliche Burschenschaften stellen eine dieser Situation entsprechende, jedoch durchaus altersheterogene Form von Gruppenbildung der Noch-Nicht-Erwachsenen dar; ihre Funktion liegt nach Mitterauer (1986: 171) vor allem in der „Regelung der Geschlechterbeziehungen in der Jugendphase durch das ritualisierte Werbebrauchtum."

Auch die Lehrlinge im mittelalterlichen Handwerk unterlagen der umfassenden Autorität ihrer jeweiligen Lehrherren. Durch die Institution der Wanderjahre wurde aus Sicht der lokalen Ökonomie eine frühzeitige ökonomische Selbstständigkeit der Gesellen verhindert und wurden die jungen Männer zugleich aus dem Heiratsmarkt ausgeschlossen (Gillis 1984: 37).

Eine deutlich andere Gestalt von Jugend wird im Vergleich dazu in Georges Dubys (1990: 103) Beschreibung von ‚Jugend' in der aristokratischen Gesellschaft deutlich:

„Die (zeitgenössischen, A.S.) Texte lassen keinen Zweifel daran, dass derjenige, der ein ‚Junger' genannt wird, kein Kind mehr ist, dass die Zeit seiner Erziehung hinter ihm liegt, dass er die vorbereitenden Übungen, die ihn zur Kriegsführung ertüchtigen, abgeschlossen hat. (…) Der ‚Junge' ist folglich ein reifer Mann, ein Erwachsener. Seine Aufnahme in die Gruppe der Krieger ist vollzogen; er ist mit Waffen gerüstet, er hat die Schwertleihe empfangen. (…) Der Krieger gilt also in der ritterlichen Welt erst dann nicht mehr als ‚jung', wenn er etabliert, verwurzelt ist, wenn er einen Hausstand gegründet hat und für Nachkommenschaft gesorgt hat. Demzufolge lässt ‚Jugend' sich als Phase des Lebens definieren, die zwischen der Schwertleihe und der ersten Vaterschaft liegt. Unsere Quellen zeigen, dass dieser Lebensabschnitt sehr lange dauern kann. (…) Die aristokratische ‚Jugend' … gleicht einer Meute, die zur Abfuhr ihrer überschüssigen expansiven Kräfte von den Adelshäusern losgelassen wurde, um Jagd auf Ruhm, Gewinn und weibliche Beute zu machen."

Auch eine solche Form von Jugend ist von einem bürgerlichen Verständnis von Jugend als Phase eines pädagogisch angeleiteten Prozesses der Bildung und Persönlichkeitsentwicklung, wie es sich im 18. und 19. Jhdt. herausbildet (s.u.), deutlich unterschieden. Vorformen hiervon finden sich jedoch bereits in den griechischen Stadtstaaten Sparta und Athen (s. Hornstein 1966). Dort wurde von den künftigen Eliten verlangt, dass sie, geschult in Logik und Rhetorik, Führungspositionen einnehmen und verwalten. Dies führte zur Einrichtung von Akademien, Rednerschulen und Gymnasien. Vor diesem Hintergrund formulierte Aristoteles (384-322), dessen Werke im Mittelalter und der frühen Neuzeit eine zentrale Grundlage der zeitgenössischen Philosophie waren, in seiner „Rhetorik" eine Lebensphasenbeschreibung und Charakteristik von Jugend. Dort (Aristoteles 1980: 120f.) finden sich bereits die zentralen Stereotype der auch heute noch einflussreichen kulturkritischen Sicht auf die (männliche) Jugend:

> „Die Lebensalter aber sind Jugend, Mannesalter und Greisenalter (...). Die Jugendlichen sind ihrem Charakter nach zu Begierde disponiert und geneigt, das zu tun, wonach ihre Begierde tendiert. Und sie sind so disponiert, dass sie von den leiblichen Begierden am ehesten der Geschlechtslust anhängen und darin unbeherrscht sind. (...) Aber hinsichtlich ihrer Begierden sind sie leicht wandelbar und zum Überdruss geneigt. Sie begehren heftig, lassen aber schnell nach; denn ihre Wünsche sind heftig aber nicht stark wie das Durst- und Hungergefühl der Kranken (...). Ferner sind sie hitzig und jähzornig und bereit, ihrem Zorn zu folgen. Auch sind sie Sklaven ihres Zorns; denn aufgrund ihres Ehrgeizes können sie es nicht ertragen, gering geachtet zu werden, sondern sie geraten in Empörung, wenn sie sich ungerecht behandelt glauben. (...) Auch sind sie ehrgeizig oder mehr noch siegessüchtig; denn die Jugend trachtet nach Überlegen-Sein; der Sieg aber ist eine Art Überlegen-Sein. Auf dieses beides sind sie mehr aus als auf Geld."

4.2 Formierung moderner Jugend im 18. und 19. Jahrhundert

Der Übergang zur industriegesellschaftlichen Moderne bedeutet eine weitreichende Umwälzung der Lebensverhältnisse; er geht mit der Entstehung von Nationalstaaten, dem Aufstieg des Wirtschafts- und Bildungsbürgertums und der Entstehung des industriellen Proletariats einher und er führt zu einer zunehmenden Verwandlung der ländlichen in städtische Bevölkerung. Im Zuge der Industrialisierung wird die Kinderarbeit eingeschränkt und schließlich verboten und die allgemeine Schulpflicht durchgesetzt. Ideen- und kulturgeschichtlich ist im vorliegenden Zusammenhang zudem bedeutsam, dass damit auch das bürgerliche Familienmodell und bürgerliche Erziehungsideale an Einfluss gewinnen: Kindheit und Jugend werden hier nicht mehr als eine Phase betrachtet, in der die Heranwachsenden sich vor allem durch die alltägliche Teilnahme im Haushalt und an der Arbeit in die soziale Ordnung einpassen. Für die bürgerliche Familie ist räumliche und soziale Trennung von Familienleben und (männlicher) Berufstätigkeit grundlegend; auch in Arbeiterhaushalten werden Arbeit und Familienleben, allerdings unter gänzlich anderen Bedingungen – Erwerbstätigkeit von Männern und Frauen, materielle Armut und räumliche Enge – separiert. Grundlegend für die bürgerliche Familie, wie sie im 18. Jhdt. entstand, ist die „Abschottung nach außen" und die gleichzeitige „Entstehung eines ‚Binnenraums' intensiver Bindungen" (van Dülmen 1997: 118). In der Gestaltung des Familienlebens wird die Erziehung der Kinder und Jugendlichen als eine eigenständige und zentrale Aufgabe begriffen. Kennzeichnend ist weiter eine deutliche Geschlechterdifferenzierung:

„Weil der Vater häufig außer Haus tätig war und die Mutter sich intensiv um die Kinder bemühte, kam es nicht selten zu der klassischen Differenzierung zwischen der Vater- und der Mutterrolle: der strenge Vater und die zärtliche Mutter, die beide den familialen Raum entschieden autoritär strukturierten." (ebd.: 119)

Die Unterscheidung von Kindheit und Jugend gewinnt dabei aufgrund der folgenden, miteinander verknüpften Sachverhalte an Bedeutung:

- Mit der Schulpflicht und der allmählichen Durchsetzung von Jahrgangsklassen werden Alterseinteilungen und altershomogene Gruppen institutionalisiert, die damit im Erfahrungszusammenhang Heranwachsender verankert werden und auch eine Grundlage für die Durchsetzung der Idee altersgemäßer Entwicklungsstufen darstellen.
- Die bürgerlichen Bildungswege (und später auch die Qualifizierungswege anderer sozialer Gruppen) führen zu einer Ausdehnung der zeitlichen Dauer einer Lern- und Entwicklungsphase, in der über grundlegende Sprach- und Handlungsfähigkeit hinausgehendes Wissen erworben wird.
- Schulen und Hochschulen sind die sozialen Orte einer „Exo-Sozialisation" außerhalb der Herkunftsfamilie (s. dazu Kapitel 1) und damit zugleich Institutionen, die soziale Zusammenhänge zwischen Gleichaltrigen und damit eine Entstehungsbedingung von Jugendgruppen und -kulturen herstellen.
- In der vom Christentum stark beeinflussten bürgerlichen Ethik und Moral wird der Sexualität und der Kontrolle der Sexualität ein zentraler Stellenwert zugewiesen (s. dazu Foucault 1979). Für das bürgerliche Ideal des rationalen und autonomen Individuums sind „aktive Selbstbeherrschung" (Weber 1920/1981: 135) und die Disziplinierung in Richtung auf „rastlose Berufsarbeit" (ebd.) von zentraler Bedeutung. Die Sexualität wird in der Folge als ein irrationaler und die Selbstbeherrschung bedrohender Trieb begriffen, den es zu unterdrücken gilt und auf den sich zugleich Wünsche und Phantasien richten, die als „sündig" oder „unmoralisch" gelten.

Die Pubertät wird vor diesem Hintergrund als ein hoch bedeutsamer Einschnitt in die Persönlichkeitsentwicklung wahrgenommen und Erziehung zentral darauf ausgerichtet, im Gewissen der Heranwachsenden die Pflicht zu einer rigiden Beherrschung der eigenen Sexualität zu verankern. Dem korrespondieren Ängste vor einem Kontrollverlust, Bemühungen, proletarische und subproletarische Jugendliche vor vermeintlich drohender „Verwahrlosung" zu schützen (s. Dudek 1990) und eine „bürgerliche Doppelmoral", die zugleich den (männlichen) Jugendlichen und Erwachsenen Hinterbühnen (sexuelle Übergriffe auf Dienstmädchen, Prostitution, Bordelle) anbietet, die das ermöglichen, was „eigentlich" verboten ist.

Ein zentrales und wirkungsgeschichtlich folgenreiches Dokument der Entstehung des bürgerlichen Jugendkonzepts ist Jean-Jacques Rousseaus

1762 erschienenes Werk ‚Emil oder über die Erziehung', auf das hier etwas näher eingegangen werden soll.

4.2.1   Die Entdeckung der Jugend bei Rousseau

Seit Ende des 18. Jahrhunderts kommt es zur Herausbildung eines „modernen", bis in die Gegenwart fortwirkenden bürgerlichen Jünglings- und Jugendideals (s. dazu Hornstein 1965 und 1966). Rousseau ist in diesem Zusammenhang zunächst deshalb bedeutsam, weil er als einer der zentralen Theoretiker der Aufklärung und des bürgerlichen Demokratiekonzepts zugleich die Notwendigkeit und Möglichkeit der Erziehung Jugendlicher proklamiert. Er bezeichnet die Jugend als „zweite Geburt" (Rousseau 1762/ 1978: 211) und formuliert: „In diesem Zeitraum, in dem gewöhnlich die Erziehung abgeschlossen wird, beginnt unsere erst richtig." (ebd.) In der Folge wird (männliche) Jugend bei Rousseau als eine Lebensphase beschrieben, die besonderer pädagogischer Aufmerksamkeit bedarf.

Für Rousseau ist dabei die Annahme grundlegend, dass Erziehung der menschlichen Natur gemäß sein und Kinder und Jugendliche vor schädlichen gesellschaftlichen Einflüssen schützen soll: „Alles ist gut, wie es aus den Händen des Schöpfers kommt; alles entartet unter den Händen des Menschen." (ebd.: 9).

Damit ist auch ein Ausgangspunkt für Kindheits- und Jugendvorstellungen gesetzt, die die vermeintlich natürliche Kindheit als Gegenbild zur Erwachsenenwelt beanspruchen, die Jugend als Trägergruppe sozialen Wandels betrachten und dies mit romantischen Idealisierungen des Jugendlebens verbinden (vgl. Hornstein 1965: 102-207). Bei Rousseau selbst findet sich jedoch kein Verständnis von Kindheit und Jugend als Stadien der Nicht-Entfremdung des Menschen, das ihm vielfach zugeschrieben wurde, sondern der Versuch, ein Erziehungskonzept zu entwerfen, dass Kindern und Jugendlichen einen Schonraum bieten soll, in dem sie sich in Distanz zur Gesellschaft auf ein Leben in der Gesellschaft vorbereiten:

> „Wollt ihr im Herzen eines jungen Mannes die ersten Regungen eines erwachenden Gefühls wecken und nähren und seinen Charakter auf Wohltätigkeit und Güte ausrichten, dann lasst weder Stolz, Eitelkeit noch Neid durch das trügerische Bild menschlichen Glücks in ihm entstehen. Führt ihn nicht in die großen Zirkel und glänzenden Versammlungen. (...) Ihm die Große Welt zu zeigen, ehe er die Menschen kennt, heißt nicht ihn bilden, sondern ihn verderben ... " (ebd.: 223)

> „Die Jugend wird weder durch das Temperament noch durch die Sinne verdorben, sondern von der herrschenden Meinung." (ebd.: 355)

Rousseau charakterisiert die Jugendzeit als einen „kritischen Zustand" (ebd.: 214), der durch die „Geburt der Leidenschaften" (ebd.: 211) – d.h. insbesondere der Sexualität des männlichen Jugendlichen – in Gang kommt.

Denn bei Rousseau ist eine Jugend für die Mädchen nicht vorgesehen, die Unterscheidung von Kindheit und Jugend ist für seine Mädchenpädagogik ohne wesentliche Bedeutung (vgl. dazu mit anderer Akzentuierung Andresen 2005: 23ff.).

> „Bis zum Heiratsalter haben die Kinder beiderlei Geschlechts nichts, was sie unterscheidet: Die Mädchen sind Kinder, die Knaben sind Kinder; ein Name genügt für ein so ähnliches Wesen. Knaben, bei denen man die Weiterentwicklung des Geschlechts verhindert, behalten diese Gleichheit ihr ganzes Leben hindurch. (...) Die Frauen, die diese Gleichheit nie verlieren, scheinen in vieler Hinsicht nie etwas anderes zu sein. Der Mann ist aber nicht geschaffen, um in der Kindheit stehenzubleiben." (ebd.: 210)

Rousseau geht davon aus, dass die Leidenschaften, insbesondere die „Selbstliebe" (ebd.: 212), natürlich und angeboren sind, aber durch soziale Einflüsse in unangemessener Weise gesteigert und verformt sind. Die „natürlichen Leidenschaften" sind seines Erachtens „sehr beschränkt", aber „tausend fremde Zuflüsse haben sie vergrößert" (ebd.: 211). Die Aufgabe der Jugendpädagogik wird entsprechend darin gesehen, solche Einflüsse möglichst zurückzudrängen:

> „Wenn das kritische Alter naht, dann bietet den jungen Leuten Unterhaltungen, die sie zurückhalten, und nicht Unterhaltungen, die sie erregen. Lenkt die erwachende Phantasie durch Dinge ab, die die Tätigkeit der Sinne eindämmen, statt sie zu entflammen. Haltet sie fern von den großen Städten, wo der Putz und die Zuchtlosigkeit der Frauen die Lehren der Natur beschleunigen und ihnen zuvorkommen ... ." (ebd.: 233)

Diese Überlegungen münden in die Vision einer umfassenden Überwachung; der junge Mann soll Tag und Nacht beobachtet und dafür gesorgt werden, dass er sich „vom Schlaf überwältigt ... zu Bett" legt und unmittelbar aufsteht, sobald er aufwacht (ebd.: 359).

Das Ende der Jugend wird bei Rousseau durch die Suche nach einer Ehefrau eingeleitet, deren Bestimmung er darin sieht, dem Mann „zu gefallen und sich zu unterwerfen" (ebd.: 386).

In Rousseaus Buch ‚Emil' findet sich die detailliert entfaltete Konzeption einer Pädagogik, die die Realisierung einer bürgerlichen Jugend ermöglichen soll. Grundlegend sind die Differenzsetzungen zur asexuell gedachten Kindheit, die Unterscheidung zwischen einer männlich-sexuellen Jugend und dem asexuell vorgestellten Heranwachsen der Mädchen sowie die Vorstellung, dass anstrebenswerte Jugend Schutz vor den Einwirkungen der Gesellschaft benötigt. Fundierend für Rousseaus Jugend- und Erziehungskonzeption ist seine Kritik der höfisch-absolutistischen Gesellschaft, der er das Konstrukt eines idealen Naturzustandes sowie den Entwurf einer bürgerlich-demokratischen Verfassung entgegenstellt (s. Vogel 1974: 71ff.).

4.3 Jugendbewegungen

4.3.1 Studenten und Burschenschaften im frühen 19. Jahrhundert

Teile der studentischen Jugend waren für den sich entwickelnden nationalen und demokratischen Staat ein wichtiger „Bündnispartner", vor allem für das aufstrebende nationalliberale Bürgertum. Das gilt insbesondere für die Zeit der Kriege gegen die napoleonische Besatzung (1806-1815) wie für die sog. „heroische" Zeit der deutschen Burschenschaften in der Phase der Restauration und Reaktion nach 1815 (Wiener Kongress, Karlsbader Beschlüsse etc.): In den Kämpfen gegen Zensur und Bespitzelung, Polizeikontrollen und Polizeieinsätzen bildete sich unter der studentischen Jugend jenes intellektuelle und politische Klima heraus, in dem sich liberale und demokratische Ideen ausbreiteten. Auch die nach der Juli-Revolution 1830 überall in Europa entstehenden Vereinigungen junger Dichter und Schriftsteller, des „Jungen Deutschland", „Jungen Italien" usw. gehören in diesen Zusammenhang.

Das Jahr 1848 brachte eine entscheidende Wende: Mit dem Scheitern bzw. der Niederschlagung der bürgerlich-demokratischen Revolution zerfiel das Bündnis von liberalem Bürgertum, fortschrittlichen Intellektuellen und selbstbewusster werdenden Arbeitern sowie der politisch aktiven Jugend mit den bürgerlichen Demokratiebewegungen. Nach 1848 vollzogen die meisten Burschenschaften einen nationalistischen, christlich-romantisierenden und deutschtümelnden Schwenk. Damit ist eine Traditionslinie benannt, die sich in den nationalistischen Teilen der heutigen Burschenschaften, von denen einige auch eine Nähe zum Rechtsextremismus aufweisen, fortsetzt.

4.3.2 Die bürgerliche Jugendbewegung

Nach dem Ende des deutsch-französischen Kriegs 1871 kam in Deutschland eine rasche industrielle Entwicklung in Gang. Der Anteil der in der Landwirtschaft Tätigen verringerte sich von 50% (1870) auf ca. 30% (1920), was mit einer Zunahme der städtischen Bevölkerung einherging. Der mit diesen Zahlen angedeutete Umbruch führte einerseits zur Herausbildung der Arbeiterbewegung; andererseits wurde er vom Bürgertum und den alten Mittelschichten als eine Verunsicherung erlebt, die in der Form einer Kulturkritik artikuliert wurde.

Diese hat ihren Fokus in der Vorstellung, dass die dichten Bindungen der alten ‚Gemeinschaften', etwa des dörflichen Lebens, der handwerklichen Zünfte und der Familienhaushalte, durch die Herausbildung einer auf sachlich-nüchternen Vergesellschaftungszusammenhängen beruhenden städtischen Industriegesellschaft zerstört würden. Die als Beschwörung der alten Werte der vorindustriellen und vordemokratischen Gesellschaft angelegte Kulturkritik war ein Hintergrund der zu Beginn des 20. Jhdts. entstehenden bürgerlichen Jugendbewegung, die zugleich auch eine Reaktion auf die Erstarrungen, Einengungen und Konventionen der bürgerlichen Gesellschaft in ihrer wilhelminischen, preußisch-deutschen und vom Militär mitgeprägten Spielart darstellte. Die sich herausbildende und schnell verbreitende Jugendbewegung steht zudem in einem Zusammenhang mit den lebens- und kulturreformerischen Bewegungen der Jahrhundertwende (s. dazu Giesecke 1981; Laqueur 1978; Linse 1983).

Die bürgerliche Jugendbewegung ist nicht nur als ein zeitgeschichtliches Phänomen relevant, denn sie hat bis ca. Ende der 1970er Jahre erhebliche Auswirkungen auf das Selbstverständnis der Jugendverbände und informeller Jugendgruppen, auf die Jugend(musik)kultur sowie die Jugendpädagogik: Ihre Idee eines eigenständigen Jugendlebens und einer Jugendkultur, die den erstarrten Verhältnissen der Erwachsenenwelt überlegen sind, stellt eine folgenreiche Impulssetzung dar.

Die Jugendbewegung war ein zentraler Bezugspunkt auch für die psychologischen und pädagogischen Jugendtheorien des frühen 20. Jhdts., in denen die Vorstellung einer eigenständigen Lebensphase Jugend entwickelt und kanonisiert wurde:

> „Pubertät als sozio-kulturelle Tatsache entsteht ... hier erst und sie wird nachträglich pädagogisch gedeutet (z.b. durch Sprangers ,Psychologie des Jugendalters' oder durch Eriksons Konzept des ,psychosozialen Moratoriums'). Es gab vor der Jugendbewegung praktisch keine Jugendkunde und Jugendforschung, diese setzte sich erst danach und wesentlich von ihr beeinflusst durch." (Giesecke 1981: 34)

Von erheblicher Bedeutung ist die Jugendbewegung zudem für die Entwicklung der sog. Geisteswissenschaftlichen Pädagogik, etwa für Hermann Nohls (1879-1960) einflussreiche Theorie der pädagogischen Beziehung (Nohl 1935).

Die Organisationsformen, Praktiken und pädagogischen Konzepte der Jugendbewegungen waren auch ein Ausgangspunkt für die Entstehung der außerschulischen Jugendarbeit von Erwachsenenorganisationen, etwa der Kirchen, Parteien und Gewerkschaften (s. Krafeld 1984).

Die Charakterisierung als ,bürgerliche' Jugendbewegung ist nicht zuletzt in ihrer sozialen Zusammensetzung begründet: Ulrich Aufmuth (1979) hat in seiner Untersuchung der Wandervogelbewegung zeigen können, dass es sich um eine Bewegung der Besitz- und Bildungsbürgerschicht handelte: Ungefähr 40% der „Wandervögel" hatten Väter aus der mittleren und höheren Beamtenschicht, 20% waren selbstständige Gewerbetreibende, 10% freiberufliche Akademiker und 20% stammten aus der Schicht der höheren und mittleren Angestellten.

Als formeller Gründungsakt kann die Bildung des Vereins ,Wandervogel – Ausschuss für Schülerfahrten' im November 1901 gelten. In der Darstellung des Vereinszwecks heißt es:

> „In der Jugend die Wanderlust zu pflegen, ..., den Sinn für die Natur zu wecken, ..., kameradschaftlichen Geist zu wecken, allen Schädigungen des Geistes und der Seele

entgegenzuwirken, die zumal in und um unsere Großstädte die Jugend bedrohen … ."
(Laqueur 1978: 37f.)

Zu den jugendkulturellen Praktiken der Jugendbewegung gehören ein eigener Kleidungsstil, das Singen alter Volkslieder, die Erarbeitung eines eigenen Liedguts und die Übernachtung in Zeltlagern als Teil des Versuchs, Formen eines jugendgemäßen Lebens zu entwickeln.

Das gemeinsame Wandern in den Wäldern und später dann die Fahrten der Jugendbewegten in weit entfernte Regionen, etwa ins nördliche Skandinavien, stellen eine – aus heutiger Sicht in ihrer Bedeutung nur noch schwer nachvollziehbare – doppelte Distanzierung dar: von der Welt der Erwachsenen und ihrer Kontrolle sowie von der Großstadt als Symbol für die als negativ bewerteten Aspekte der modernen Gesellschaft. Sie sind zugleich ein Akt des Ausbruchs aus den strengen Konventionen des Herkunftsmilieus.

Helmut Fend (1998: 193) verdeutlicht dies mit einer Gegenüberstellung, die hier vereinfacht und etwas modifiziert wiedergegeben wird:

Tabelle 16: Jugendbewegung

Jugendbewegung	Erwachsenenwelt
Welt der einfachen Lebensformen	Welt der künstlichen Etikette
Selbstgewählte Führerschaft	Autoritärer Schulkontext
Emotionales Erleben der Natur, romantische Weltsicht	Rationalität als Denkweise und rationale Planung der Lebensführung
Gemeinschaftserleben und gemeinsames Musizieren	Bücherstudium und Drill unter Bedingungen schulischer Disziplin und Leistungskonkurrenz
Selbstständigkeit und Selbstverantwortung	Gehorsam und Unterordnung

Dass die „Erfindung" und Durchsetzung einer eigenständigen Jugendkultur eine grundlegende soziale Innovation darstellt, muss im Rückblick – nach der Etablierung, altersbezogenen Ausweitung und medialen Vereinnahmung von Jugendkulturen seit den 1960er Jahren – betont werden: Zu Beginn des 20. Jhdts. stellte es eine grundlegende Veränderung dar, dass Jugendliche sich bewusst nicht an der etablierten Hochkultur orientierten, die Normen der bürgerlichen Lebensführung ablehnten und unterschiedliche Gegenentwürfe dazu erprobten.

Zu den innovativen Momenten der bürgerlichen Jugendbewegung ist auch die Infragestellung des tradierten Modells einer autoritären Pädagogik zu rechnen:

„In den Gleichaltrigengruppen der Jugendbewegung war dieses Modell nicht mehr zu realisieren. Auch wenn uns heute der charismatische Zug bei der Wahl der Führer befremden mag, so kann doch kein Zweifel daran bestehen, dass damit ein grundsätzliches neues Prinzip in die pädagogische Diskussion eingeführt wurde. (…) Autorität war auf Zustimmung angewiesen." (Giesecke 1981: 34)

Die bekannteste Zusammenkunft und Manifestation der Jugendbewegung fand unmittelbar vor dem Ersten Weltkrieg im Oktober 1913 auf dem Hohen Meißner statt, im Erinnerungsjahr an die sog. Völkerschlacht bei Leipzig 1813 und als demonstrative Gegenveranstaltung zu den offiziellen Feiern (s. Mogge/Reulecke 1988). In immer wieder zitierten Sätzen aus dem „Manifest" heißt es unter anderem:

> „Die Jugend, bisher nur ein Anhängsel der alten Generation, aus dem öffentlichen Leben ausgeschaltet, angewiesen auf eine passive Rolle des Lernens, auf eine spielerisch nichtige Geselligkeit, beginnt sich auf sich selber zu besinnen (...) Sie strebt nach einer Lebensführung, die jugendlichem Wesen entspricht (...)."

Das „Jugendgemäße" soll in einem Freiraum von erwachsener Bevormundung zur Geltung kommen. Anders als bei der Studentenbewegung der 1960er Jahre ist das Ideal der Jugendbewegung nicht eine grundlegende Reform der Gesellschaft und ihrer Institutionen in einer radikal-demokratischen oder sozialistischen Perspektive, sondern eine neue Lebensanschauung, ein naturverbundenes Körperbewusstsein, ein neuer Geist der Gemeinschaft und des „Bundes" (vgl. Seidelmann 1955). Laqueur (1978: 53ff.) sieht in der naiven Politikdistanz der Jugendbewegung eine zentrale Voraussetzung für ihre spätere politische Vereinnahmung durch nationalistische, militaristische und rechtsextreme politische Strömungen. Diese Entwicklung zeichnete sich nach dem Ersten Weltkrieg ab.

> „Aus dem ‚Wandervogel' wurden die ‚Bündischen', die die Kriegserfahrung durch eine Steigerung des Nationalismus, durch festere und dem Führerprinzip verpflichtete Organisation und durch eine aus dem Jugendmythos entwickelte diffuse Sendungsideologie verarbeiteten." (Peukert 1987: 96)

Laqueur weist aber auch auf die innere Heterogenität hin (zu den einzelnen Gruppierungen/Richtungen s. auch Krafeld 1984: 23ff. und 59ff.): Innerhalb der bürgerlichen Jugendbewegung gab es auch nationalismuskritische und pazifistische Strömungen, die durch Gustav Wyneken (1875-1964) repräsentiert wurden, der später als anhaltend umstrittener Pädagoge und Wissenschaftler zu den linken Strömungen der Reformpädagogik zu rechnen ist. In seiner Rede bei der erwähnten Manifestation wendete er sich explizit gegen die Kriegspropaganda und forderte Distanz „zum Vaterland und zum gedankenlosen Patriotismus, in welchen wir erzogen wurden" (zit. nach Laqueur 1978: 55).

Die linken Strömungen in der Jugendbewegung übten nicht nur eine erhebliche Faszination auf zeitgenössische Intellektuelle aus. Sie waren auch ein wichtiger Bezugspunkt für die Wiederbelebung der Jugendbewegung nach 1945. Deutlich wird dies z.B. daran, dass die Schriften des sich an Karl Marx und Sigmund Freud orientierenden Pädagogen Siegfried Bernfeld (1892-1953) aus den 1920er Jahren, die sich explizit auch auf die Jugendbewegung beziehen, im Jahr 1970 dann in einem der Studentenbewegung nahestehenden Verlag unter dem Titel „Antiautoritäre Erziehung und Psychoanalyse" veröffentlicht wurden.

4.3.3 Die Arbeiterjugendbewegung und wilde Cliquen

Weitgehend unabhängig von der bürgerlichen Jugendbewegung entwickelte sich die Arbeiterjugendbewegung, vor allem in Auseinandersetzung mit Lehrlingen und Jungarbeitern zugemuteten betrieblichen Ausbeutungs- und Zwangsverhältnissen. Ein zentraler Anstoß war der Selbstmord eines Lehrlings in Berlin 1904 als Reaktion auf die Misshandlung durch seinen Meister (Laqueur 1978: 80).

Die Bedeutung der Arbeiterjugendbewegung liegt Giesecke (1981: 50) zufolge v.a. darin, dass „die Arbeiterjugend als Generationengruppe eigene politische Interessen zu formulieren begann, die nicht mehr unbedingt identisch waren mit den Interessen erwachsener Arbeiter". Entsprechend war die Gründung eigenständiger Jugendorganisationen in den Gewerkschaften und den Parteien der Arbeiterbewegung umstritten.

Die dokumentierten Mitgliederzahlen der Arbeiterjugendbewegung liegen weit über denen der bürgerlichen Jugendbewegung (Peukert 1987: 96). Ihr Einfluss auf die Jugendforschung und Pädagogik blieb aber zunächst eher gering; Anknüpfungen an ihre Symbolik, Organisationsformen und Konzepte der politischen Bildung erfolgten in Westdeutschland dann in den sozialdemokratischen sozialistischen Jugendverbänden und der gewerkschaftlichen Jugendarbeit (s. Krafeld 1984: 130ff.).

Neben der politischen Arbeiterjugendbewegung bildeten sich – in deutlicher Abgrenzung zum Wandervogel und zur bündischen Jugend, aber auch zu den kommunistischen und sozialistischen Jugendverbänden – die sog. wilden Cliquen. Sie praktizierten eine andere Form autonomer Jugendkultur, zu der Alkoholkonsum und Rauchen ebenso gehörten wie die Begeisterung für Arbeitersportarten wie Boxen, Ringkampf und Fußball. Wilfried Ferchhoff (2007b: 30) weist in einer zusammenfassenden Charakterisierung weiter darauf hin, dass in den 1930er Jahren dann auch „offene Feindschaft ... gegen die Nationalsozialisten" für die wilden Cliquen kennzeichnend ist.

4.4 Staatsjugend und Jugendwiderstand im Nationalsozialismus

Im Nationalsozialismus war die Durchsetzung einheitlicher staatlicher Jugendorganisationen (Hitler-Jugend und Bund Deutscher Mädchen) genuiner Bestandteil einer Politik, die die Erziehung Jugendlicher als ein Mittel verstand, um rassistische, antisemitische, völkisch-nationalistische, antikommunistische, antidemokratische und militaristische Ideologie in den Überzeugungen der nachwachsenden Generation zu verankern (s. dazu Klönne 1990). Dies ging mit der Zerschlagung der sozialistischen und kommunistischen Jugendverbände und dem weitgehend erfolgreichen Versuch einher, die bündische Jugend zu vereinnahmen (s.u.).

Dabei war auch die Absicht leitend, den Einfluss der Familien auf die heranwachsende Generation zu schwächen; Kinder und Jugendliche sollten zum Glauben an „Führer und Vaterland" vor allem in den Organisationen des NS-Staates erzogen werden (s. auch Keim 1995: 1ff.).

Arno Klönne (1990: 7) formuliert zusammenfassend:

> „Für etliche Millionen Jungen und Mädchen in Deutschland zwischen 1933 und 1945 war die Hitler-Jugend neben Familie und Schule die entscheidende Sozialisationsinstanz; für den nationalsozialistischen Staat galt diese Jugendorganisation als ‚Garant der Zukunft', das heißt der Herrschaftserhaltung. Der Dienst in der Hitler-Jugend sollte die nachwachsende Generation ... an die Leitbilder des NS-Systems binden. Anziehungskraft jugendverbandlicher Aktivitäten einerseits, Druck- und Zwangsmittel des NS-Staates andererseits brachten es zuwege, dass in der Tat die große Mehrheit der Zehn- bis Achtzehnjährigen von der HJ-Erziehung erfasst werden konnte."

Im Zuge der Etablierung der Hitler-Jugend wurden die Bünde und die Jugendverbände der Weimarer Republik auf Anordnung hin aufgelöst und anschließend in die Hitler-Jugend eingegliedert. Dass dagegen von der Mehrheit kaum Widerstand geleistet wurde – dies gilt auch für die kirchlichen, insbesondere die evangelischen Jugendverbände (s. Klönne 1990: 163ff.) –, hat zu einer Diskussion über die Frage nach der Kontinuität und Diskontinuität zwischen der Jugendbewegung und den nationalsozialistischen Jugendorganisationen geführt, insbesondere zur oben bereits erwähnten Kritik ihrer apolitischen Ausrichtung. Diese hat jedoch auch eine andere Seite: Der NS-Staat zielte auf eine umfassende politische Mobilisierung, Politikdistanz war entsprechend unerwünscht (s. dazu auch in autobiographischer Perspektive Brückner 1980).

In einer Erklärung des von Hitler ernannten Reichjugendführers Baldur von Schirach (1907-1974) im März 1933 wurde entsprechend Distanz zur Jugendbewegungstradition deklariert:

> „Die Hitler-Jugend knüpft an die graue Armee des Weltkriegs an. Ihr Vorläufer ist kein noch so sympathischer Wandervogel-Führer von einst, sondern ihr Vorläufer ist derselbe Gefreite des Weltkrieges, der heute ihr und des ganzen deutschen Volkes Führer ist." (zit. nach Keim 1995: 126)

Festzustellen ist gleichwohl, dass die Hitlerjugend an Stilelemente der Jugendbewegung, ihren Jugendkult und ihre Gemeinschaftsideologie anknüpfen konnte. Zudem waren völkische und auch antisemitische Strömungen in der bürgerlichen Jugendbewegung vorhanden (s. Giesecke 1981: 25f.), ebenso wie männerbündische Motive, die in der „Soldatenkultur" des Nationalsozialismus staatstragend wurden (Reulecke 1985). Der geringe Widerstand gegen die Vereinnahmung durch die Hitler-Jugend ist zweifellos auch eine Folge solcher Kontinuitäten.

Zu erwähnen ist zudem „der Terror der HJ" gegen Mitglieder der „sozialistischen und kommunistischen Jugendverbände (...), gegen deren Misshandlung niemand einen Finger rührte." (ebd.: 185)

Aber auch Teile des Jugendwiderstands gegen den Nationalsozialismus stehen in der Tradition der Jugendbewegung. Denn es leisteten nicht nur einzelne Studentengruppen Widerstand, wie die bekannte Münchener Gruppe „Weiße Rose", deren Mitglieder am 18. Februar 1943 verhaftet und hingerichtet wurden. Unterschiedliche Formen des Widerstandes gingen auch von verbotenen Gruppen der bündischen Jugend, jüdischen Jugendorganisationen, der kommunistischen und sozialistischen Arbeiterjugend sowie der katholischen Jugend aus (s. Breyvogel 1991; Klönne 1990: 143ff.; vgl. hierzu Bd. 14/1982 des „Archivs der deutschen Jugendbewegung", der dieser Thematik gewidmet ist). Diese Formen des Jugendwiderstands wurden in der offiziellen Geschichtsschreibung der Bundesrepublik lange nicht zur Kenntnis genommen und sind bis heute öffentlich nahezu unbekannt.

Dass es auch Formen eines Widerstands jüdischer Jugendlicher gegen den Nationalsozialismus gab, ist deshalb zu betonen, weil dies dem gängigen problematischen Bild der Juden als passive Opfer der Verfolgung widerspricht (s. dazu Angress 1985; Schwersenz/Wolff 1969).

Einen instruktiven Einblick gibt der 1946 veröffentlichte Bericht des Soziologen Howard Becker, der als Angehöriger der us-amerikanischen Besatzungstruppen eine Recherche durchführte. Dieser Bericht bezieht sich auf eine unter dem Namen ‚Edelweißpiraten' bekannte informelle Gruppierung jugendlicher Cliquen, die vor allem im Rheinland und im Ruhrgebiet, aber auch im Frankfurter Raum aktiv war. In ihrer Symbolik und ihrem Selbstverständnis orientierte diese sich an der Jugendbewegung, versuchte, sich dem Wehrdienst zu entziehen und organisierte Wanderungen und Fahrten oppositioneller Jugendlicher.

> „Die Edelweißanhänger taten viel, um die Kriegsanstrengungen der Nazis zu hemmen. Ihr Leben als Auflehnung gegen die Bestimmungen der Staatsjugend erzeugte nicht nur ständigen Ungehorsam …, sondern hielt auch die Überwachungsorgane und die Gestapo von Aufgaben fern, die den Kriegsaktivitäten zugute kommen sollten. Hitlerjugendführer, die ihren Zwangsdienst unbesucht fanden, erlebten viele unangenehme Überraschungen. (…) Diese jugendlichen Ketzer waren verantwortlich für die Verteilung von Flugblättern umstürzlerischen Inhalts, für das Anmalen antifaschistischer Parolen." (Becker 1946, zit. nach Klönne 1990: 256)

4.5 Von der „Skeptischen Generation" zum Schüler-, Lehrlings- und Studentenprotest

Als dominante Reaktion auf die Erfahrung von Krieg und Nationalsozialismus hat der Soziologe Helmut Schelsky (1913-1984) die Herausbildung einer „skeptischen Generation" diagnostiziert (1957/1963). Für diese sei eine „Entpolitisierung und Entideologisierung des jugendlichen Bewusstseins" charakteristisch. Geringe politische Beteiligung ging aber auch mit einer verbreiteten Ablehnung der Wiederbewaffnung einher; in Befragungen in den 1950er Jahren äußerten zudem über 70% der 16- bis 30-Jährigen, dass sie nicht Soldat werden möchten (s. Chaussy 1983: 50). In den Nachkriegsjahren standen für die Mehrzahl aller Jugendlichen Fragen der alltäglichen Existenzsicherung im Vordergrund. Von den ca. 15 Millionen Kindern und Jugendlichen hatten 1,25 Millionen ihre Väter im Krieg verloren, 250 Tsd. waren Vollwaisen, 730 Tsd. waren als Heimatvertriebe in Lagern und Notunterkünften untergebracht, fast 500 Tsd. waren im Jahr 1950 arbeitslos gemeldet (ebd.: 35 und 37). Erst ab Mitte der 1950er Jahre kam es mit der als „Wirtschaftswunder" bezeichneten Wachstumsphase auch zu einer deutlichen Verbesserung der Situation Jugendlicher.

Die sich neu formierenden Jugendkulturen haben ihren Fokus zunächst in alltagskultureller Opposition gegen die konservativ erstarrte „Adenauer-Republik" und deren rigide Moralvorstellungen, die z.B. in den sog. Halbstarken-Krawallen der 1950er Jahre und im Rock'n'Roll zum Ausdruck kam (s. dazu Siepmann 1986). Der starken Anlehnung an die us-amerikanische Jugendkultur entspricht auch eine zunächst deutliche politische Faszination durch die USA. Deutlich wurde dies u.a. in von studentischen Gruppen organisierten Solidaritätskundgebungen nach der Ermordung des Präsidenten John F. Kennedy im Jahr 1962 (Thränhardt 1996: 176).

4.5.1 „1968": Die Schüler- und Studentenbewegung

Die Entstehung einer internationalen, vor allem von Studenten, Schülern und Lehrlingen getragenen politischen und kulturellen Protestbewegung, die mit einer grundlegenden Infragestellung der Werte und Normen der bürgerlichen Kultur, der kapitalistischen Ökonomie und der kriegerischen Hegemonialpolitik der USA einherging, war von niemandem vorhergesehen worden. Sie führte zu einer erheblichen Verunsicherung von Regierungen und Parteien sowie insgesamt der Öffentlichkeit. In den Jahren 1968 und 1969 schien es sowohl den Repräsentanten der Jugendbewegung wie auch manchen Sozialwissenschaftlern und Journalisten nicht ausgeschlossen, dass eine grundlegende gesellschaftliche Umwälzung möglich sei.

Zu den Hintergründen dieser Entwicklung können hier nur einige knappe Anmerkungen skizziert werden (s. dazu u.a. Brückner 1976; Glaser 1989; Frei 2008):

▪ Seit Anfang der 1960er Jahre gewannen von Jugendlichen mit getragene Formen einer außerparlamentarischen Politik an Bedeutung, so in den USA die Bürgerrechtsbewegung, die sich gegen die Rassentrennung richtete, in Deutschland die Ostermärsche als Proteste gegen die atomare Aufrüstung und gegen Militarismus; bereits 1961 kam es zu einer Abspaltung des Sozialistischen Deutschen Studentenbundes (SDS) von der SPD, der später zur zentralen Organisation der Studentenbewegung wurde. Die 68er-Bewegung hat also eine Vorgeschichte, sie war kein plötzliches Ereignis.

- Mit der allmählichen Durchsetzung eines konsumgesellschaftlichen Kapitalismus geriet eine in den Nachkriegsjahren vorherrschende Ethik des Verzichts unter Druck; Forderungen nach Verzicht auf Genuss und die Tabuisierung von Sexualität verloren ihre Überzeugungskraft, auch in Folge der Faszination durch die neue Musikkultur des Rock'n'Roll, die ein anderes Lebensgefühl jenseits der kleinbürgerlichen Enge zugänglich machte.

Götz Eisenberg (1982: 60) beschreibt dies im Rückblick wie folgt:

„Unsere Eltern und erst recht unsere Großeltern sind unter Bedingungen aufgewachsen, die durch enorme Entbehrungen und Mängel gekennzeichnet waren, die durch Kriege und Zerstörungen noch vertieft wurden. Äußerste Sparsamkeit war für das Gros eine schlichte Überlebensnotwendigkeit. (…) Denen so viel Unglück zugestoßen war – was heißt zugestoßen, sie haben es ja auch mitproduziert – schien Abwesenheit von Unglück, d.h. von Hunger, Wohnungsnot und Krieg, schon identisch mit Glück. Kritisch wurde es, als sie sich anschickten, ihr Mangelleben zum Programm für ihre Kinder zu machen, die all diese Entbehrungen nur noch vom Hören-Sagen kannten."

- Durch die mit den Auschwitz-Prozessen begonnene Aufarbeitung des Nationalsozialismus war das Verschweigen und Verdrängen der Vergangenheit und damit auch die Glaubwürdigkeit der Elterngeneration der 1968er-Jugendlichen in Frage gestellt. Dies führte zu einer grundlegenden Infragestellung des politischen Selbstverständnisses der Bundesrepublik, auch im Zusammenhang damit, dass die NS-Vergangenheit einflussreicher politischer Repräsentanten aufgedeckt wurde.
- Die Unterstützung von Diktaturen und Folterregimen, so der persischen Schah-Regierung, und der Kriegsführung des Bündnispartners und Vorbilds USA in Vietnam und Kambodscha verstärkten Zweifel am Selbstanspruch Deutschlands, die moralischen Lehren aus der Vergangenheit gezogen zu haben:

In der Perspektive eines Zeitgenossen schrieb Peter Brückner (1976: 126):

„Die Verwendung von Napalm gegen die Bevölkerung … war nur ein Moment umfassender Grausamkeit, des Verbrechens. (…) Wir sahen in unseren Zeitungen Bilder von Erschießungen auf offener Straße. Wir lasen von US-Soldaten, die einen Gefangenen in 300m Höhe aus dem Hubschrauber stießen. (…) Die Bundesregierung und viele Führungsspitzen des politischen Systems ließen sich in ihrer Zustimmung zur Politik der USA nicht beirren."

- Die harten politischen Reaktionen auf die studentischen Proteste, Demonstrationsverbote, der Einsatz von Gummiknüppeln und Wasserwerfern gegen Studierende sowie die Ermordung des Studenten Benno Ohnesorg in Berlin, von Che Guevera im Oktober 1967, Martin Luther King im April 1968, das Attentat auf Rudi Dutschke im gleichen Monat waren ebenso Teil der Dynamik, die die Protestformen veränderte, wie die Ermordung von vier protestierenden Studenten durch die National-garde an der us-amerikansichen Kent State University im Mai 1970.

Politische Aktionen von Studierenden, insbesondere im Umfeld des SDS (Sozialistischer Deutscher Studentenbund) entwickelten sich bereits Anfang der 1960er Jahre, Initialdatum für den massenhaften Protest war in Deutsch-land der 2. Juni 1967, als – nach Protesten gegen den Schah von Persien vor der Berliner Oper – der Student Benno Ohnesorg von einem Polizisten er-schossen wurde.

So genannte Sit-Ins und Teach-Ins in überfüllten Auditorien gehörten seit Juni 1967 zum Alltag vieler Universitäten, ebenso deren zeitweise Schlie-ßung. „Gewalt gegen Sachen", gegen Kaufhäuser als Symbol des „Konsum-terrors", gegen Erzeugnisse und Einrichtungen des Springer-Konzerns (v.a. wegen der Berichterstattung über die Protestbewegung in dessen „Bild"-Zeitung), gegen Straßenbahnen bei Fahrpreiserhöhungen (Bremen) sowie Hausbesetzungen (Frankfurt, Berlin etc.) leiteten eine weitere Phase der Aus-einandersetzungen ein. Proteste gegen den Vietnamkrieg brachten in vielen Städten der Bundesrepublik jeweils mehrere tausend Studenten und Schüler auf die Beine. Das ikonengleiche Bild von Che Guevara, der im Oktober 1967 vom bolivianischen Militär bei seinem Versuch, die kubanische Revo-lution über Bolivien nach ganz Südamerika zu bringen, erschossen wurde, war – wie das von Ho Chi Minh (Führer der im Krieg mit den USA befindli-chen nordvietnamesischen Regierung) – Teil der Protestmärsche; es fand sich auch in vielen Zimmern von Studierenden und Oberschülern.

Die Höhepunkte der Protestaktion fallen in das Jahr 1968, in dem u.a. die heftig kritisierten Notstandsgesetze vom Deutschen Bundestag am 30. Mai verabschiedet wurden (s. Kraushaar 1998: 171) und landesweite Proteste hervorriefen.

Die größten gesellschaftlichen Erschütterungen durch die Studenten- und Jugendproteste erlebte Frankreich. Dort solidarisierten sich, anders als in Deutschland, streikende Arbeiter mit den Studierenden. Der Regierungsprä-sident de Gaulle sah sich zwischenzeitlich veranlasst, Frankreich zu verlas-sen.

Der allmähliche Zerfall der Studentenbewegung Anfang der 1970er Jah-re resultiert aus einer Mischung von Teilerfolgen und dem Scheitern der weitreichenden revolutionären Ambitionen einerseits, einer Zersplitterung in einander bekämpfende und z.T. hoch ideologisierte Gruppen andererseits. Der Versuch, Arbeiter für die Teilnahme an der Bewegung zu gewinnen und dadurch eine „Massenbasis" aufzubauen, war nicht erfolgreich. Stärkere Sympathien erhielten die aktiven Studierenden bei Akademikern und Schrift-stellern.

Obwohl die Studentenbewegung ihre selbstgesetzten Ziele nicht erreicht hat, sind ihre Wirkungen weitreichend. Sie hat zu einer Demokratisierung in

Schulen und Hochschulen und zu einer weitreichenden Infragestellung autoritärer Erziehungskonzepte beigetragen, zur Öffnung von Schulen, Hochschulen, Gewerkschaften, Parteien und Massenmedien auch für gesellschaftskritische Positionen beigetragen; sie hat nicht zuletzt auch eine Auseinandersetzung mit dem Nationalsozialismus in Gang gesetzt. Die Normalisierung außerparlamentarischer politischer Protestformen (Demonstrationen, Besetzungen) ist zu einem erheblichen Teil ein Verdienst der 68er-Bewegung. Vielfältige soziokulturelle Veränderungen, etwa das Aufbrechen der patriarchalischen Geschlechterordnung oder die Verbreiterung antimilitaristischer Haltungen, sind zentral durch die Protestbewegungen seit 1968 angestoßen worden.

4.5.2 Politischer Protest und neue Jugendkultur

Gleichzeitig mit den Studentenunruhen entwickelten sich vielfältige neue Jugendkulturen (s. bereits Hornstein 1966). Ein verbindendes Element unterschiedlicher Strömungen (Gammler, Hippies) war die Ablehnung der bürgerlichen Arbeitsethik und die Infragestellung der Konsumkultur in Verbindung mit einem auf Sexualität, Drogengebrauch, Musik und Reisen bezogenen Hedonismus. Den Fahrten der bürgerlichen Jugendbewegung des frühen 20. Jhdts. entsprechen das Trampen in südeuropäische Länder und die Reisen der Hippies, insbesondere nach Asien.

Das Jahr 1969 wurde zum Höhepunkt in der Entwicklung der neuen Jugendkultur und anti-bürgerlichen Protestbewegung: Im Juli versammelten sich im Londoner Hyde-Park 200 Tsd. Jugendliche zu einem Konzert der Rolling Stones; im August fand das berühmt gewordene Konzert in Woodstock mit ca. 500 Tsd. Teilnehmern statt. Rock und Pop sowie Folkmusik und Protestsongs wurden zur zentralen Ausdrucksform jugendkultureller Opposition (Baacke 1970). In Deutschland gab es nach 1968 zahlreiche Veranstaltungen mit einigen zehntausend Jugendlichen. In der Jugendzentrumsbewegung wurden selbstverwaltete Jugendräume durchgesetzt. Eine Flut neuer Zeitschriften, hochschulpolitischer Aktivitäten, neuer anti-familialer Lebensgemeinschaften (die sogenannten „Kommunen") erweiterten zusammen mit der APO (Außerparlamentarische Opposition) das Spektrum des Protestes und der jugendlichen Gegenkultur.

Die Mentalitätsveränderung, die damit im Verhältnis zur Untertanenmentalität des Kaiserreichs und zum Nationalsozialismus vollzogen wurde, beschreibt Peter Brückner (1983: 48) wie folgt:

> „Der provokative Widerstand gegen Uniformierte, gegen Polizisten, Eltern und Lehrer; die Besetzung von Konferenzräumen und Rektoraten, die Zerstörung oder Beschmutzung autoritärer Insignien .... . Dieses Verhalten signalisiert öffentlich, dass Individuen Angst vor Sanktionen bewältigen und Sozialgewohnheiten empfindlich stören können. In den Jahren vor dem Zweiten Weltkrieg empfand der ‚deutsche Junge' Herzklopfen, wenn ein Polizist an ihm vorüberging. Dass Jungen und Mädchen

jetzt ihre Hand gegen Uniformierte zu heben und in der Lage sind, stellt einen ersten Schritt in Richtung auf bürgerliche Emanzipation dar."

In der Bundesrepublik zeigten sich weitere Nachwirkungen der Protestbewegungen in den 1970er Jahren:

- Zum einen die Herausbildung eines in den Terrorismus abgleitenden „harten Kerns" der Studentenbewegung („Rote Armee Fraktion RAF"; „Bewegung 2. Juni"; s. dazu als kritische Analyse, die versucht, die Motive nachvollziehbar zu machen Brückner 1976). Die Morde der RAF sowie die politischen und die medialen Reaktionen auf den Terrorismus der RAF führten zu einem abrupten Ende der 1968 eingeleiteten Aufbruchsstimmung. Die Frage nach Zustimmung oder Ablehnung zur RAF wurde in zahlreichen oppositionellen Gruppen zu einer Bekenntnisfrage.

- Die Praxis der Berufsverbote gegen Mitglieder einiger linker Organisationen und die politische und mediale Verdächtigung zahlreicher Gruppierungen und Personen als „Sympathisanten der Baader-Meinhof-Bande" erzeugten eine eine bedrohliche und resignative Stimmungslage, die im Filmtitel „Die bleierne Zeit" (Margarethe von Trotha, 1981) treffend zum Ausdruck kommt.

- In den 1970er Jahren entstand zudem die sog. Alternativbewegung. An Stelle des Versuchs einer politischen Gesellschaftsveränderung treten hier Bemühungen, Lebenszusammenhänge zu gestalten, die nicht den Zwängen der Marktes, der Karriere und Konkurrenz unterworfen sowie ökologisch verträglich sind (vgl. Linse 1983).

4.5.3   Jugend in den 1970er und 1980er Jahren

Die 1970er Jahre sind in Westdeutschland auch in anderer Hinsicht von den Nachwirkungen der 68er-Bewegung beeinflusst. Jugendliche Szenen und Teilkulturen mit einer wie immer auch diffusen gesellschaftskritischen Orientierung bilden sich in vielfältigen Formen aus; die Impulse der Schüler- und Studentenbewegung werden nunmehr auch außerhalb der großstädtischen Zentren aufgegriffen und führen dort u.a. zur Entstehung von Schüler- und Studentengruppen, die sich mit Texten des Marxismus und der Kritischen Gesellschaftstheorie befassen, zur Gründung von politischen Buchläden und selbstverwalteten Jugendzentren sowie zu Versuchen, eine Demokratisierung von Schulen und Hochschulen einzufordern. Die Zahl der Kriegsdienstverweigerer stieg an, Folk- und Rockfestivals wurden zu Treffpunkten der jugendlichen Gegenkultur. Deren Reichweite blieb jedoch begrenzt und Politik, Medien und Pädagogen begannen sich an die Normalität mehr oder weniger irritierender Jugendkulturen zu gewöhnen, auch wenn z.B. das Tragen von Jeans und langen Haaren oder die Lektüre marxistischer Texte für konservative Erwachsene durchaus noch einen Provokationswert hatte.

In den 1970er Jahren setzte zudem eine Entwicklung ein, die dazu führte, dass weite Teile der Jugendkultur den Charakter einer Gegenkultur verloren: Sie wird zu einem zentralen Bestandteil der kommerzialisierten Medienkultur; mit der kulturellen Liberalisierung westlicher Industriegesellschaften und dem gesamtgesellschaftlichen Wertewandel gehen Impulse der Jugendkultur in die Mehrheitskultur ein (vgl. Klages 2001). Voreheliche und nichteheliche Sexualität ist inzwischen z.B. gesellschaftlich ebenso akzeptiert wie das Zusammenleben in Wohngemeinschaften, der private Gebrauch weicher Drogen bleibt straffrei und das Bildnis Che Guevaras ist zur bedeutungslosen Ikone verkommen, dessen Verwendung niemanden mehr irritiert. Aus den Fahrten der Hippies in damals exotische Gegenden sind die Reisewege des Massentourismus geworden.

In der gesellschaftlichen Wahrnehmung von Jugend wurde Anfang der 1970er Jahre die Vorstellung einer entpolitisierten, auf das eigene Wohlergehen fixierten Jugend vorherrschend; dem entspricht in der Jugendforschung die damals einflussreiche These von der Entstehung eines „neuen Sozialisationstypus", der durch Ich-Schwäche und Selbstbezogenheit gekennzeichnet sei (Ziehe 1975). Zudem wurden Jugendarbeitslosigkeit und Lehrstellenmangel in Folge der Wirtschaftskrise 1973/1974 zunehmend zum Thema.

In seiner Kritik stellt Roland Eckert (2003: 43) jedoch rückblickend fest:

> „Gerade als dieser ‚neue Sozialisationstypus' überall zum Gegenstand der ... Dauerreflexion geworden war, erhoben sich die durchaus vitale Protestbewegung der jugendlichen Hausbesetzer von Zürich über Freiburg und Bochum bis Amsterdam ... und bewiesen Jugendliche in der Ökologie- und Friedensbewegung nachhaltige Konfliktfähigkeit für Ziele jenseits ihres privaten Wohlbefindens."

Die angesprochenen Proteste der späten 1970er und 1980er Jahre führten zu konservativen Gegenreaktionen, so zur Formulierung der sog. ‚Thesen Mut zur Erziehung' im Jahr 1978 (s. Kümmel o.J.), und 1980 zur Forderung des späteren Bundeskanzlers Helmut Kohl, eine „geistig-moralische Wende" einzuleiten, in der sog. konservative Tugenden wieder gestärkt werden. Hinzuweisen ist aber auch auf die Einrichtung einer Enquete-Kommission des Deutschen Bundestages, die in ihren auch heute noch lesenswerten Empfehlungen eine deutliche Öffnung der Politik für die Anliegen Jugendlicher einforderte (Deutscher Bundestag 1982).

Seit Mitte der 1980er Jahre verstärkte sich die Problematik der Jugendarbeitslosigkeit und des Lehrstellenmangels, heterogene Jugendkulturen differenzieren sich aus und die Jugendforschung beginnt das Bild einer gesellschaftlich weitgehend angepassten Jugend zu zeichnen (s. Sinus-Institut 1983).

Dass der damalige Jugendprotest nicht einfach als Fortsetzung der 68er-Bewegung verstanden werden kann, wird in der folgenden Kommentierung deutlich:

> „Was die da oben ... am meisten beunruhigt, ist die angebliche Sprachlosigkeit der gegenwärtigen Jugendrevolte. (...) Damals hatte Rudi Dutschke ... präzise und unter Wahrung der gültigen Kommunikations- und Dialogmuster erläutert, worum es der

Apo ging, heute enden immer mehr Dialogversuche im Tumult. Und jetzt bitten sie uns, die Überbleibsel von 68 und danach um Übersetzerdienste. (...) Die Jugendlichen spüren, dass auch unser Blick ein pädagogischer ist, dass wir sie wie Eingeborene behandeln, die es zu erobern, zu besetzen, zu erforschen und zu missionieren gilt." (Eisenberg 1982: 51)

Deutlich wird hier auch, dass die Jugendforscher und Pädagogen der 1980er Jahre zu einem relevanten Teil ehemalige Aktivisten und Sympathisanten der 68er-Bewegung waren. Entsprechend war im jugendsoziologischen und jugendpädagogischen Diskurs eine prinzipiell sympathisierende Haltung mit jugendlicher Dissidenz einflussreich; die Herausbildung einer rechten bzw. rechtsextremen Jugendkultur Ende der 1980er Jahre stellte vor diesem Hintergrund eine erhebliche Irritation dar.

4.6 Jugend in der DDR: Verstaatlichte Jugendarbeit

Die Deutsche Demokratische Republik (DDR) existierte als Staat vom 7. Oktober 1949 bis zum 3. Oktober 1990, als die neu gegründeten Länder der ehemaligen Sowjetischen Besatzungszone (SBZ) und späteren DDR nach Art. 23 GG dem Bundesgebiet beitraten. Der größte Teil der jetzt lebenden Bevölkerung in den neuen Bundesländern hat eine bestimmte Lebensphase in den staatlich gelenkten Kinder- und Jugendorganisationen der SBZ/DDR zugebracht.

Es war der spätere Generalsekretär der SED und Staatsratsvorsitzende der DDR von 1971 bis Ende 1989, Erich Honecker, der seit seiner Wahl zum Vorsitzenden der Freien Deutschen Jugend, FDJ (1946), an vielen Konferenzen in den westlichen Besatzungszonen teilnahm.

Im Westen zeigte sich jedoch sehr deutlich, dass für eine formierte Staatsjugend die Voraussetzungen fehlten. Die „doppelte Staatsgründung" tat ein Übriges, die Gemeinsamkeiten der Nachkriegs-Jugendbewegung zu zersplittern. Die Versuche der SPD, die vor 1933 bestehenden Arbeiterjugendorganisationen wieder zu beleben und zu einem tragenden Element des Neuaufbaus zu machen, schlugen ebenso fehl wie Versuche aus dem Exil zurückgekehrter ehemaliger bekannter Führer der (sozialistischen) bündischen Jugend, die Arbeit dort fortzusetzen, wo man 1933 aufhören musste.

Mit der FDJ wurde in der DDR dagegen der Versuch unternommen, eine staatsnahe Jugendorganisation zu schaffen, die zur Stabilisierung des politischen Systems beiträgt.

Der Organisationsgrad der DDR-Jugend in der FDJ betrug im Jahr 1959 42,2%, stieg bis zum 24.6.1989 auf 76% und sank dann bis Anfang Dezember 1989 auf nur noch 46% (vgl. Zilch 1992). Nach den Befragungen für die Shell-Studie „Jugend '92" gaben 1991 ostdeutsche Jugendliche als Gründe für den Beitritt in die FDJ an (Mehrfachnennungen möglich):

- „weil das für die schulische und berufliche Entwicklung nötig war" (75%);
- „weil ich keinen Ärger wollte" (59,9%);
- „weil ich gern unter Gleichaltrigen war" (44,9%).

1948 wurde als Unterorganisation der *FDJ* der *Pionierverband* der DDR gegründet. Er umfasste die Kinder und Jugendlichen im (damals) schulpflichtigen Alter von 6 bis 14 Jahren. Die Schülerinnen und Schüler des 1.-3. Schuljahres waren bei den „Jungpionieren", die vom 4.-7. Schuljahr bei den „Thälmann-Pionieren" (vgl. Maerker 1969). Der Pionierverband hatte immer einen größeren Organisationsgrad als die FDJ; er lag bei nahezu einhundert Prozent.

Am Ende der „Pionierzeit" stand die *Jugendweihe*. Offiziell wurde sie 1954 eingeführt; sie erfasste, nicht zuletzt wegen des nachlassenden Widerstandes der Kirchen, seit Ende der 60er Jahre fast alle Jugendlichen. Im Mittelpunkt stand ein Gelöbnis, „sich für die große und edle Sache des Sozialismus" zu engagieren.

Auch die Jugendweihe hatte Vorbilder; ursprünglich wurde sie 1859 vom „Bund freireligiöser Gemeinden" eingeführt und u.a. 1905 vom „Deutschen Freidenkerverband" übernommen.

1964 wurde die Jugendweihe in der DDR durch das „Jugendgesetz" sanktioniert (ein Gesetz, das in dieser Form in der Bundesrepublik undenkbar gewesen wäre, weil es die Jugend als Staatsjugend vereinnahmte und verpflichtete). Für die Vorbereitung und Durchführung gab es eine eigene Bürokratie.

Der Widerstand der Kirchen war zunächst sehr groß, da es offenkundig war, dass eine staatlich-atheistische Veranstaltung die Konfirmation bzw. die Firmung ersetzen sollte; er ließ jedoch in dem Maße nach, wie die Kirchen erkannten, dass er zu nichts führte und sich Übereinkünfte für Firmung und Konfirmation finden ließen.

War die Jugendweihe für alle nicht überzeugten Parteikommunisten zunächst eine Zwangsveranstaltung, so wandelte sie sich – nicht zuletzt wegen der wachsenden Gleichgültigkeit gegenüber der christlichen Religion und Kirchlichkeit – mehr und mehr zu einem willkommenen Familienfest, das den Übergang zum Erwachsenenstatus symbolisieren sollte. Da dies nach der Wiedervereinigung und dem Wegfall der staatlich sanktionierten Jugendweihe nicht einfach ersetzt werden kann, ist die Jugendweihe nach wie vor Bestandteil des jugendlichen und familiären Lebens in Ostdeutschland (vgl. Chowanski/Dreier 2000).

4.7 Folgerungen und Ausblick

In der vorstehenden Darstellung ausgewählter Aspekte der Jugendgeschichte wurde versucht, die Herausbildung unterschiedlicher Vorstellungen von Jugend im Kontext der jeweiligen gesellschaftlichen Bedingungen sowie die Bedeutung von Jugendbewegungen aufzuzeigen. Dabei sollte nicht zuletzt deutlich werden, dass Jugend im 19. und 20. Jhdt. höchst unterschiedliche Ausprägungen annimmt, die in weiten Teilen keineswegs mit dem in der Jugendforschung einflussreichen Bild des bildungsbürgerlichen Jugendlichen übereinstimmt, der in Friedenszeiten, unter Bedingungen relativen Wohlstands sowie mit einer erkennbaren Zukunftsperspektive heranwächst und mit der gegebenen gesellschaftlichen und politischen Ordnung weitgehend übereinstimmt.

Die programmatische Feststellung einer vor wenigen Jahren erschienen Jugendstudie, dass die gesellschaftliche Krise nunmehr die Jugend erreicht habe, ist insofern ebenso zutreffend wie irreführend: Gesellschaftliche Krisen – Arbeitslosigkeit und nicht zuletzt Krieg – waren für die Situation Jugendlicher im 20. Jhdt. wiederkehrend folgenreich, ebenso wie Versuche der politischen Indienstnahme.

Im skizzierten Bild des Normaljugendlichen – und dem tradierten Gegenbild des gefährlichen, potentiell kriminellen männlichen Unterklassenjugendlichen – bleibt auch ein erheblicher Teil der politischen und kulturellen Formen von Jugenddissidenz ausgeblendet, die sich problematischen Entwicklungen entgegengesetzt oder bedeutsame Anstöße für gesellschaftliche Veränderungen gegeben hat.

In der gängigen Geschichtserinnerung finden diesbezüglich allein bestimmte Ausprägungen des Jugendwiderstands im Nationalsozialismus und Aspekte der 68er-Bewegung Erwähnung. Die unterschiedlichen Jugendbewegungen, die seit Beginn des 20. Jhdts. zur Infragestellung einer pädagogischen und politischen ,Kultur des Gehorsams' und damit zur Verwandlung von Untertanen in Bürger einer demokratischen Gesellschaft beigetragen haben, finden dagegen eher wenig Beachtung. Enorme Resonanz fand dagegen eine neuere Publikation, die eine Rückkehr zu einem autoritären Verhältnis der Generationen einforderte (s. Bueb 2006). Die konservativen Gegenbewegungen mit dem Ziel einer Wiedererrichtung der alten Vor-68er-Verhältnisse waren bislang jedoch nur begrenzt erfolgreich; eine weitgehende Rücknahme demokratischer Mitbestimmung in Schulen und Hochschulen ist inzwischen jedoch durchgesetzt.

In der historischen Betrachtung wird zugleich deutlich, dass es für eine positive Idealisierung „der Jugend", wie sie sich in den Texten jugendbewegter Pädagogen und Wissenschaftler immer wieder findet, keine hinreichende Grundlage gibt. Jugendliche waren ersichtlich nicht nur Akteure von Emanzipationsbewegungen, sondern auch von antidemokratischen Bewegungen, Kriegsbegeisterung, Nationalismus, Rassismus und Antisemitismus.

5. Psychodynamische und körperliche Entwicklungsprozesse im Jugendalter

Die körperliche, emotionale und kognitive Entwicklung betreffenden Veränderungen des Individuums sind Gegenstand insbesondere der *Entwicklungspsychologie*. Die Entwicklungspsychologie des Jugendalters umfasst unterschiedliche Theorien über die altersspezifische Entwicklungsdynamik sowie eine Fülle empirischer Studien. Im Zentrum stehen dabei – anders als in der Soziologie – die innerpsychischen (emotionalen, kognitiven, motivationalen) Prozesse. Insofern stellt das entwicklungspsychologische Wissen eine notwendige Ergänzung des soziologischen Wissens dar.

Für die Jugendsoziologie sind die z.T. irritierenden Bewältigungsformen des Heranwachsens jedoch primär als Folge der inneren sozialen Widersprüche der Jugendphase, der sozial zugemuteten Offenheit und Unsicherheit des Übergangsprozesses sowie der sozialen Ablösungsdynamik von der Herkunftsfamilie zu erklären, die – wie dargestellt – Jugend in modernen Gesellschaften kennzeichnen. Soziologen gehen entsprechend z.B. davon aus, dass widersprüchliche und unklare Erwartungen sowie soziale Unsicherheit die Grundlage psychischer Unsicherheit ist sowie dass die hoch dramatische oder weitgehend undramatische Weise, in der Jugendliche ihre sexuelle Entwicklung erleben, ebenso von den gesellschaftlichen Vorgaben abhängig ist wie der Verlauf der Ablösungsprozesse vom Elternhaus. Folglich ist die Jugendsoziologie skeptisch gegenüber einer solchen Entwicklungspsychologie, die versucht, die innere Entwicklung der jugendlichen Psyche unter Absehung von sozialen Bedingungen zu beschreiben. Eine diesbezügliche Abgrenzung ist aber gegenüber der modernen Entwicklungspsychologie nicht mehr generell erforderlich. Denn dort sind Strömungen einflussreich, die in einer psychologischen Perspektive betonen, dass Entwicklungspsychologie die sozialen Kontexte als grundlegende berücksichtigen muss und deshalb „auf eine Theorie der Gesellschaft und der in sie eingelassenen Kontexte des Aufwachsens" angewiesen ist (Fend 2000: 130). Auch Phillip G. Zimbardo und Richard J. Gerrig (2004) betonen in ihrem international einflussreichen Lehrbuch der Psychologie, dass Entwicklung als „soziale Entwicklung" (ebd.: 469) zu fassen ist.

Da Helmut Fend (2000, 2003) ein umfassendes Lehrbuch einer solchen Entwicklungspsychologie des Jugendalters vorgelegt hat, kann die Darstellung hier auf einige zentrale Aspekte beschränkt bleiben. Insbesondere wird hier darauf verzichtet, die Stufenmodelle zur kognitiven und moralischen

Entwicklung zu skizzieren, wie sie bei Jean Piaget (1896-1980) und Lawrence Kohlberg (1927-1987) und in ihrer Nachfolge vorgelegt wurden; gleiches gilt für das Stadienmodell der Identitätsentwicklung nach Erik H. Erikson (1902-1994) (s. zu Erikson und seinem Identitätsbegriff auch die Hinweise im Kapitel 6). Denn es kann davon ausgegangen werden, dass diese – im Unterschied zur psychoanalytischen Jugendforschung (s.u.) – regelmäßig Thema in psychologischen und erziehungswissenschaftlichen Lehrbüchern und Lehrveranstaltungen sind (s. etwa Zimbardo/Gerrig 2004: 452ff. und 469ff.).

5.1 Entwicklungspsychologie des Jugendalters

Im Kapitel 4 wurde bereits darauf hingewiesen, dass Anfang des 20. Jhdts. eine psychologische und pädagogische Jugendkunde entsteht, die Beobachtungen und Erwartungen, die sich auf die Heranwachsenden der bürgerlichen Mittelschichten beziehen, zu einem ahistorischen und asoziologischen Verständnis von Jugend verallgemeinert. Grundlegende Arbeiten, die in diesem Zeitraum verfasst werden, sind für den englischen Sprachraum Stanley Halls 1905 erschienene Studie ‚Adolescence', für den deutschen Charlotte Bühlers ‚Seelenleben des Jugendalters' (1921) und Eduard Sprangers ‚Psychologie des Jugendalters' (1924).

Jugend wird dort – und diese Annahme ist für das gängige Verständnis von Jugend seitdem zentral – als eine hoch dynamische und in besonderer Weise schwierige, durch eine Häufung von inneren Krisen und problematischen Verhaltensweisen gekennzeichnete Phase der individuellen Entwicklung verstanden. Mit dem Eintritt der Pubertät, so eine auch durch ältere wissenschaftliche Theorien gestützte These, kommt ein umfassender körperlicher und psychischer Umbruchprozess in Gang, in dem Erotik und Sexualität an Bedeutung gewinnen, sich das eigene Selbstverständnis wandelt, die Identität zum Problem wird und emotional aufgeladene Ablösungsprozesse bzw. -konflikte von der Herkunftsfamilie einsetzen.

Zeitgleich entsteht auch das problematische Gegenbild des von „Verwahrlosung" bedrohten Jugendlichen aus der Arbeiterschicht und den Unterklassen. Bei August Aichhorn (1925/1951: 10ff.) wird vor dem Hintergrund seiner Erfahrungen in der Fürsorgeerziehung formuliert:

> „Jedes Kind beginnt seine Entwicklung als asoziales Wesen. (…) Es ist die Aufgabe der Erziehung, das Kind aus dem Zustand der Asozialität in den der sozialen Anpassung hinüberzuführen … . (…) Unsere Aufgabe als Fürsorgeerzieher setzt ein, wenn ein Erziehungsnotstand vorliegt, das heißt, wenn es der Erziehung nicht gelungen ist, dem Kinde oder Jugendlichen die seiner Altersstufe normal entsprechende Kulturfähigkeit zu vermitteln."

Inzwischen ist nicht nur die Annahme der Asozialität des Kindes durch die Bindungs- und Sozialisationsforschung widerlegt. Kinder sind von Anfang an soziale Wesen, die Kommunikation suchen und sich soziale Normen aktiv aneignen (s. als knappen Überblick Scherr 2006). Entgegen der verbreiteten Sichtweise, die Jugend generell als eine krisenhafte Entwicklungsphase begreift, wurde inzwischen zudem aufgezeigt, dass es sich eher um eine Phase „der konstruktiven Anpassung" an körperliche und seelische Veränderungen einerseits, soziale Veränderungen andererseits handelt, die keineswegs immer als krisenhaft erlebt wird (s. Oerter 1985). Vorliegende empirische Studien fassen Zimbardo und Gerrich (2004: 480) zu der These zusammen, dass nur „wenige Adoleszenten … die innere Aufruhr" erleben und das „unvorhersehbare Verhalten" zeigen, „die ihnen zugeschrieben" werden.

Anders als in gängigen Stufentheorien, die von aufeinander folgenden Entwicklungsschritten im Jugendalter ausgehen, werden in der neueren psychologischen Forschung „Probleme (...) nicht notwendigerweise mit einem bestimmten Alters- bzw. Entwicklungsniveau" identifiziert und wird „die Abfolge der Probleme entlang der Alterszunahme (...) nicht (als) unabänderbar" angesehen (Stiksrud 1994: 91).

Körperliche und psychische Entwicklungsverläufe im Jugendalter sind zudem nicht unabhängig von den sozialen Bedingungen des Heranwachsens verständlich. Entsprechend wird in aktuellen Darstellungen der Entwicklungspsychologie des Jugendalters auch darauf hingewiesen, dass die psychische und körperliche Entwicklung in hohem Maß von den jeweiligen gesellschaftlichen Bedingungen beeinflusst ist.

„Über die unübersehbare Vielgestaltigkeit jugendlichen Verhaltens in verschiedenen Kulturen (...), bis zu der Erkenntnis, wie unterschiedlich sich Menschen in verschiedenen sozialen Schichten verhalten (...) und wie unterschiedlich Kinder in verschiedenen historischen Epochen aufgewachsen sind (...) wurde sichtbar, wie bedeutsam der jeweilige Lebensraum für die Humanentwicklung ist." (Fend 2000: 129)

Für die Jugendsoziologie ist die Entwicklungspsychologie des Jugendalters vor allem aus zwei Gründen relevant:

- Sie rückt Aspekte der Persönlichkeitsentwicklung im Jugendalter in einer Weise in den Blick, die einer ausschließlich soziologischen Betrachtung nicht zugänglich sind.
- Zudem sind entwicklungspsychologische Annahmen sozial folgenreich, da sie durch die Ausbildung für pädagogische Berufe, populärwissenschaftliche Zeitschriften, Ratgeberliteratur und die Massenmedien die gesellschaftlichen Vorstellungen über Jugendliche und den Umgang mit ihnen beeinflussen.

Bisher ist es nicht gelungen, die für Wachstum und Reifung wichtigsten Erkenntnisse der Anthropologie und Medizin, der Psychologie und Soziologie in einer integrierenden interdisziplinären Sozialisations- bzw. Entwicklungs- und Bildungstheorie zu vereinen (s. dazu Geulen/Veith 1993). Ein zentraler

Grund hierfür liegt in den kontroversen Auffassungen innerhalb der beteiligten Wissenschaften sowie in unterschiedlichen Einschätzungen hinsichtlich des Stellenwerts biologischer, innerpsychischer und sozialer Faktoren im Entwicklungs- bzw. Sozialisationsprozess.

5.1.1 Sprangers Psychologie des Jugendalters

Im deutschen Sprachraum war die von Eduard Spranger (1882-1963) 1924 zuerst veröffentlichte, als Lehrbuch angelegte „Psychologie des Jugendalters" (1979 erschien die 29. Auflage) außerordentlich einflussreich (s. Abels 1993: 97ff.). Spranger zielt darauf, eine umfassende „Verstehende Psychologie" des Jugendalters vorzulegen, die auch explizit eine „Entwicklungspsychologie" einschließt (ebd.: 3). Dabei geht er von folgender Prämisse aus:

> „Bei jeder Entwicklung handelt es sich um eine Veränderungsreihe, die ein Subjekt durch das Zusammenwirken von inneren und äußeren Faktoren erfährt, *jedoch so, dass die Richtungsbestimmung vorwiegend auf innere Anlagen oder Tendenzen zurückgeführt wird.*" (ebd.: 17, Hervorhebung A.S.)

Damit nimmt Spranger eine Position ein, die nicht nur aufgrund dieser Gewichtung problematisch ist. Denn es ist auch nicht hilfreich anzunehmen, dass äußere und innere Faktoren voneinander unabhängig sind und als voneinander unabhängige aufeinander einwirken: die „inneren Faktoren" sind keine außersoziale Konstante, sondern von Anfang an sozial mit beeinflusst.

Sprangers Verständnis des Jugendalters war an der gymnasialen Oberschichtjugend gewonnen und hatte die Jugendbewegung, die Entstehung einer eigenständigen Jugendkultur zur Voraussetzung (s. dazu Kapitel 4). In seiner Darstellung verdichtet sich ein Bild des Jugendalters, das Bestandteil des sozial verbreiteten und als gültig betrachteten Alltagswissens über Jugendliche wurde. Dies kann mit einigen seiner zentralen Aussagen verdeutlicht werden:

- „An die Stelle kindlicher Offenheit und Vertraulichkeit tritt selbst den nächsten Menschen gegenüber schweigende Zurückhaltung, scheues Ausweichen, seelische Berührungsfurcht" (Spranger 1924/1979: 17); dieser Einstellungswandel sei begleitet von „trotziger Selbständigkeit".
- Stark wechselnde Stimmungslagen (zwischen Überenergie und „unsäglicher Faulheit", ausgelassenem Frohsinn und tiefer Schwermut, „göttlicher Frechheit und unüberwindlicher Schüchternheit", Kraftgefühl und Melancholie) geben dem Jugendlichen das Gefühl, dass „eigentlich Stoff zu *allem* in der Seele sei" (ebd.: 48).
- Die Entdeckung des Jugendlichen, „dass ein großer Unterschied ist zwischen dem, was die Gesellschaft fordert, und dem, was sie durchschnittlich ist und tut" (ebd.: 159), führt zur Reflexion sittlicher Forderungen und zum Teil zu rigorosen Standpunkten.

116

- Ähnlich verhalte es sich mit der Entwicklung des jugendlichen Rechts-
  bzw. Moralbewusstseins. Spranger nimmt an, dass ein Rechtsfanatismus
  im Sinn von „Gerechtigkeitsfanatismus" jugendtypisch sei (ebd.: 172).

Erst gegen Ende der 1970er Jahre setzt in der psychologischen Jugendforschung eine Kritik ein, die darauf hinweist, dass Jugend keineswegs notwendig eine krisenhafte ‚Sturm- und Drangperiode' ist und die mehrheitlich pro-
duktive und konstruktive Bewältigung der Entwicklungsdynamik betont. In
seiner Theorie der Adoleszenz argumentiert James Coleman (1961; 1978)
mit dem Verweis auf empirische Untersuchungen, dass krisenhaft erlebte
Selbstbildänderungen und ein spannungsgeladener Ablösungskonflikt nur bei
weniger als einem Drittel aller Jugendlichen nachzuweisen sind. Dies führt
zu einer Kritik an Krisen- und Katastrophenmodellen der Adoleszenz sowie
zu einer Forschung, die sich mit den Bedingungen und Ausprägungen unterschiedlicher Formen der aktiven Lebensbewältigung Jugendlicher befasst (s.
dazu als Grundlage Oerter 1985).

5.1.2 Dimensionen der Persönlichkeitsveränderung und Entwicklungsaufgaben

Die Entwicklungspsychologie unterscheidet zwischen der emotionalen bzw.
psychosexuellen Entwicklung, der kognitiven Entwicklung (Denkstrukturen,
Wissenserwerb) und der Entwicklung des Moralbewusstseins bzw. der moralischen Urteilsfähigkeit. Für alle diese Dimensionen werden in entwicklungspsychologischen Theorien grundlegende Veränderungen der Persönlichkeitsstruktur im Jugendalter beschrieben.

Im Anschluss an Fend (2000: 414) können u.a. folgende grundlegende
Veränderungen gegenüber der Kindheit benannt werden:

Tabelle 17: Differenzen von Kindheit und Jugend

	Kindheit	Jugend
Ich-Welt-Bezug	Direkt (naives Vertrauen in die eigene Weltsicht; fraglose Identität)	Reflexiv (bewusste Auseinanderset-zung mit dem eigenen Selbstverständ-nis; Abgleich der eigenen Weltsicht mit konkurrierenden Sichtweisen)
Triebstruktur	Bedürfnis nach körperlicher Nähe und emotionaler Zuwendung; körperliche Nähe zu den Eltern	Hinzutreten sexueller Bedürfnisse; emotionale und körperliche Distan-zierung von den Eltern
Soziale Beziehungen	Sozial vorgegebene Beziehungen zu Eltern, Geschwistern usw.; Einordnung und Unterordnung	Aufbau selbstgewählter Beziehungen; Streben nach Autonomie

Angestoßen werden diese Veränderungen durch „altersphasenspezifische Entwicklungsökologien" (Fend 2000: 221), d.h. typische Konstellationen von körperlichen, seelischen und sozialen Bedingungen.

Erhard Olbrich (1985) weist auf einen weiteren wichtigen Aspekt hin: Die kognitive Entwicklung ermöglicht bei Jugendlichen eine Steigerung der Fähigkeit zur bewussten Selbstwahrnehmung und zur reflektierenden Auseinandersetzung mit sich selbst und der eigenen Lebenssituation. Olbrich charakterisiert Jugendliche als „reflektierende Beobachter" der eigenen Person, die Veränderungen des eigenen Körpers und der hormonellen Verfasstheit sowie ihrer sozialen Situation wahrnehmen und interpretieren (ebd.: 11).

In einer soziologischen Perspektive ist *erstens* anzumerken, dass gesellschaftliche Vorstellungen über Jugendlichkeit, Sexualität, Männlichkeit und Weiblichkeit usw. einen Rahmen darstellen, in dem ein solches Nachdenken Jugendlicher situiert ist; Jugendliche ‚erfinden' sich nicht in einem quasi luftleeren Raum, sondern vor dem Hintergrund von Normalitätsmodellen und Normen, die Eltern, Pädagogen, Medien und Gleichaltrige ihnen mitteilen. *Zweitens* werden Jugendliche, nicht zuletzt in Abhängigkeit von ihrer familialen Herkunft, ihrer Position im Bildungssystem und ihrem Zugang zu Angeboten außerschulischer Jugendbildung, in höchst unterschiedlicher Weise sozial befähigt, sich bewusst mit sich selbst auseinander zu setzen und zwischen unterschiedlichen Möglichkeiten abzuwägen.

Weitere, soziologisch in besonderer Weise interessierende Aspekte des Entwicklungsprozesses werden in der Theorie altersphasenspezifischer *Entwicklungsaufgaben* analysiert. Entwicklungsaufgaben sind sozial veränderliche Anforderungen, deren Bewältigung als Bestandteil eines normalen Entwicklungsverlaufs gilt.

Die für das Jugendalter gegenwärtig zentralen Entwicklungsaufgaben können wie folgt zusammengefasst werden (vgl. Dreher/Dreher 1985; Fend 2000: 205-418).

Tabelle 18: Entwicklungsaufgaben und sozialer Kontext

Entwicklungsaufgaben im Jugendalter	Sozialer Kontext
Verhältnis zu körperlichen Veränderungen finden	geschlechtsdifferente Schönheitsideale und Leistungsnormen
Umgang mit Sexualität lernen	gesellschaftliche Tabus, Sanktionen und Anreize
Identitätssuche	Ablösungsprozesse von der Herkunftsfamilie; schulische und berufliche Laufbahnen; soziale Identitätsmodelle und Identifikationsangebote
Erweiterung und Differenzierung des Selbst- und Weltverständnisses	schulische und außerschulische Bildungsangebote, politische und religiöse Weltbilder bzw. Ideologien, medial verbreitetes Wissen
Umbau der sozialen Beziehungen	Familienstrukturen, jugendliche Gleichaltrigengruppen, Idealvorstellungen über gelingende Liebesbeziehungen usw.
Planung der Ausbildungs- und Berufsbiographie	Strukturen des Arbeitsmarktes und des Bildungssystems: Leitbilder schulischen und beruflichen Erfolgs

Entwicklungsaufgaben können *nicht* als Anforderungen verstanden werden, die sich selbstverständlich in Folge der körperlichen und psychischen Veränderungen ergeben. Es handelt sich vielmehr um sozial definierte Erwartungen in Hinblick darauf, was als alterstypische Entwicklung und als sozial akzeptable Form ihrer Bewältigung gilt. In einer soziologischen Perspektive ist weiter zu berücksichtigen, dass die konkrete Ausprägung dieser Entwicklungsaufgaben nicht unabhängig ist von sozialer Klasse bzw. sozialer Schicht und sozialem Milieu einerseits, dem sozialen Geschlecht andererseits.

5.2 Psychoanalytische Jugendtheorie

Auf der Grundlage der von Sigmund Freud (1856-1939) entwickelten Psychoanalyse wird bei Siegfried Bernfeld bereits in den 1920er Jahren eine psychoanalytische Theorie des Jugendalters vorgelegt. Diese akzentuiert in kritischer Auseinandersetzung mit anderen zeitgenössischen Jugendtheorien (s. Bernfeld 1970: 691ff.) die Bedeutung der Pubertät als psycho*sexueller* Dynamik.

Auch diese Konzeption ist wirkungsgeschichtlich von hoher Bedeutung: Von Jugendbewegungen und Pädagogen formulierte Forderungen nach Anerkennung des Rechts Jugendlicher auf eigene Sexualität beziehen sich zu ihrer Begründung bereits in den 1920er Jahren und erneut in den 1960er Jahren zentral auf die Psychoanalyse.

Bernfeld sieht den zentralen Konflikt der Pubertät darin, dass die sexuellen Bedürfnisse Jugendlicher tabuisiert und verleugnet werden:

> „Auch die Jugenderziehung ist, wie die Kindererziehung, so organisiert, als wären ihre Objekte gänzlich asexuelle Wesen. Wo sich das Thema jedoch nicht gut ganz übersehen lässt, im Problem der Koedukation und der sexuellen Pädagogik, da ist der Weisheit letzter Schluss: Verhindern, dass die Jugend geschlechtlich erregt werde, Erzeugung der Askese." (ebd.: 794)

Bernfeld geht davon aus, dass diese Bemühungen aber notwendig scheitern und die Tabuisierung der Sexualität eine Vorgabe etabliert, die zu psychischen Belastungen sowie zu Versuchen führt, das Tabu zu durchbrechen und in Frage zu stellen:

> „Es ist ein Verdienst der Jugend von 1880-1890, hierin eine Revolution gebracht zu haben. Bis dahin fühlten sich einzelne Jugendliche durch das Sexualmonopol der Erwachsenen bedrängt, verkürzt oder verwirrt und kämpften dagegen: Nun aber fühlten sie sich als Jugend missverstanden und entwertet und begangen das Recht der jugendlichen Sexualität zu fordern." (ebd.)

Deutlich wird hier einerseits, dass die psychoanalytische Jugendforschung von Anfang an gesellschaftlichen Aspekten einen zentralen Stellenwert zuweist. Bernfeld, der sich ausdrücklich auf die Soziologie, insbesondere auf

Karl Marx, bezieht, befasst sich mit unterschiedlichen Verlaufsformen der Pubertät in Abhängigkeit von den Klassenlagen, den sozialen Milieus und den „sozialen Orten" (ebd.: 638) des Heranwachens. Dass z.B. beengte Wohnbedingungen einen Einfluss darauf haben, was Heranwachsende über Sexualität erfahren, ist für ihn selbstverständlich (ebd.: 635).

In seiner pädagogischen Studie ‚Sisyphos oder die Grenzen der Erziehung' merkt er in Kritik von Erziehungskonzepten und ihrer Versprechungen an:

> „Kein Mittel ... gibt es, ..., Volkskultur zu schaffen, solange die Jugend des Proletariats, des Volkes eben, mit zwölf, mit vierzehn Jahren der Straße, der Fabrik, der Zwangsarbeit ausgeliefert wird." (ebd.: 125)

Dass das Seelenleben Jugendlicher davon beeinflusst wird, ob sie in behüteten Verhältnissen aufwachsen oder bereits früh Erfahrungen mit Armut, Kindersterblichkeit und Abtreibungen machen, ist für Bernfeld offenkundig.

Bei Bernfeld finden sich also Ausgangspunkte für eine solche Entwicklungspsychologie des Jugendalters, die eine Abgrenzung psychologischer und soziologischer Fragestellungen hinterfragt und nicht von der Annahme ausgeht, dass soziale Bedingungen nur äußere Kontextbedingungen für eine davon unabhängige psychische Entwicklung seien.

Seine Darstellung des „Pubertätskonfliktes" (ebd.: 774) als Spannung zwischen sexuellen Bedürfnissen und tabuisierter Sexualität ist heutigen Verhältnissen zweifellos nicht mehr angemessen (s.u. den Abschnitt ‚Sexualität im Jugendalter'). Insofern können Versuche einer interdisziplinären Integration soziologischer und psychologischer Jugendforschung nicht mehr direkt an Bernfeld anknüpfen.

Die Tradition der psychoanalytischen Jugendforschung wurde insbesondere von Peter Blos (1962) und Mario Erdheim (1983; 1988) fortgeführt (s. dazu Bohleber 1996). Erdheim (1988: 191ff.) postuliert einen grundlegenden „Konflikt zwischen Familie und Kultur" als Kerndimension der Adoleszenz, wobei er mit Kultur alles Gesellschaftliche bezeichnet. Die jugendliche Sexualität erzwingt Erdheim zufolge eine emotionale und soziale Distanzierung von der Familie, da sexuelle Beziehungen innerhalb der Familie nicht zugelassen sind und auch nicht gewünscht werden dürfen. Vor diesem Hintergrund folgert er:

> „Der Triebdurchbruch der Pubertät lockert die vorher in der Familie gebildeten psychischen Strukturen auf und schafft damit Voraussetzungen für eine nicht mehr auf den familiären Rahmen bezogene Neustrukturierung der Persönlichkeit." (ebd.: 193)

Das in einer solchen Sicht notwendige Aufbegehren gegen die Familie ist Erdheim zufolge auch die emotionale Grundlage des Widerstands Jugendlicher gegen gesellschaftliche Normen (ebd.: 193).

Obwohl die psychoanalytische Jugendtheorie umstritten ist und zumindest bei Erdheim ein allzu direkter Zusammenhang von innerfamilialen und gesellschaftlichen Generationenkonflikten angenommen wird, stellt die psychoanalytische Thematisierung eines nicht auflösbaren Spannungsverhältnisses zwischen subjektiven Bedürfnissen und sozialen Normierungen einen unhintergehbaren Bezugspunkt für die Jugendforschung dar.

5.3 Weitere Aspekte der emotionalen und kognitiven Entwicklung im Jugendalter

Über die bisher genannten Aspekte der psycho-sozialen Entwicklungen im Jugendalter hinausgehend sind einige weitere Merkmale zu nennen, die in der entwicklungspsychologischen und pädagogischen Literatur beschrieben, aber auch kontrovers diskutiert werden:

- Im Jugendalter werden bestimmte „Fähigkeiten" erworben, die das Repertoire erweitern, mit denen die zunehmend sich differenzierenden sozialen Situationen gemeistert werden können. Hierzu rechnen: Distanzierung („Drüberstehen"); Aufschub von Bedürfnissen; Entwicklung von *Frustrationstoleranz** und *Ambiguitätstoleranz*;* Aufnahme und Wechsel von Einstellungen und Verhaltensweisen als Teil des „Probehandelns".
- Im Jugendalter kommt es – wenn günstige Bedingungen gegeben sind – zu bedeutenden Veränderungen des emotionalen Ausdrucksvermögens. Einerseits erfolgt eine erhebliche soziale, häufig geschlechtsspezifisch ausgeprägte Normierung der Empfindungen; andererseits lernen Jugendliche, ihre emotionale Reaktionsfähigkeit zu erweitern und zu differenzieren.
- Die bewusste Auseinandersetzung mit eigenen Bedürfnissen und Interessen sowie Bildungsprozesse, die zur Stärkung der politischen, moralischen und lebenspraktischen Urteilsfähigkeit und Eigenständigkeit führen können, stellen einen weiteren Aspekt der psycho-sozialen Entwicklung im Jugendalter dar (s. Scherr 1997 und 2004a und b).

5.3.1 Sexualität im Jugendalter

Auf die Bedeutung der Sexualität für die körperliche und psychische Entwicklung Jugendlicher sowie die Veränderungen sozialer Beziehungen wurde an verschiedenen Stellen der bisherigen Ausführungen bereits hingewiesen.

Gegenüber der Annahme der älteren Jugendforschung, dass gesellschaftlich eine repressive Einstellung zu den sexuellen Trieben vorherrschend sei, sind seit den 1960er Jahren weitreichende Veränderungen in Rechnung zu stellen: Sexualität ist weitgehend enttabuisiert worden, kein Vorrecht der Erwachsenen mehr sowie von der Bindung an die Ehe und auch an dauerhafte soziale Beziehungen abgelöst worden; sie wird medial als ein zentrales Glücksversprechen inszeniert. Gleichwohl wäre es naiv, schlicht von einer Befreiung der Sexualität aus der Einschränkung durch gesellschaftliche Normen auszugehen (dazu grundlegend Foucault 1983). Was sexuell gewünscht werden darf und soll, welche Formen von Sexualität möglich und anstrebenswert sind und welche nicht, das ist ein Dauerthema der gesellschaftlichen Kommunikation. Dies etabliert auch für Jugendliche ein in sich widersprüchliches Geflecht von Normen und Erwartungen: Die Spannweite reicht von tradierten Modellen einer keuschen Sexualität, die in manchen Milieus einflussreich sind, über die Inszenierung von Sexualität als eher harmloses Freizeitvergnügen bis zu pornographischen Formen, in denen Mädchen und Frauen als willige Objekte männlicher Begierde dargestellt werden, nicht zuletzt im für Jugendliche hoch bedeutsamen Medium Internet.

Zugleich leben und bewegen sich Jugendliche überwiegend in Institutionen, in denen die Thematisierung von Sexualität nur begrenzt möglich bzw. von pädagogischen Vorgaben überlagert ist (Elternhaus, Schulen). Über 50% aller Eltern betrachten es als schwierig, ihren Kindern konkrete Informationen über sexuelle Praktiken weiterzugeben, über 40%, das Thema Selbstbefriedigung anzusprechen (BZgA 2006: 22).

Zu den sexuellen Erfahrungen und Praktiken Jugendlicher mit ihrer Sexualität liegen informative empirische Studien vor, so insbesondere die repräsentative Wiederholungsbefragung der Bundeszentrale für gesundheitliche Aufklärung (BZgA 2006). Die dort erhoben Daten bestätigen die Einschätzung, dass genitale Sexualität inzwischen früher praktiziert wird als noch Anfang der 1980er Jahre. Dabei handelt es sich jedoch nicht um einen sich fortsetzenden Trend in Richtung auf ein „immer früher"; vielmehr stagniert die Entwicklung seit einigen Jahren (ebd.: 74ff.).

Ein bedeutsamer Anteil der Mädchen – und auch ein deutlich kleinerer der Jungen – ist von sexueller Gewalt betroffen: „13% aller Mädchen berichten, in irgendeiner Form bereits Opfer von sexueller Gewalt geworden zu sein." (ebd.: 121). Dies trifft auch auf 4% der Jungen zu (ebd.: 123).

5.3.2 „Doing Gender": Darstellung und Herstellung des sozialen Geschlechts

Im Jugendalter gewinnt die Klärung des eigenen geschlechtsbezogenen Selbstverständnisses aus unterschiedlichen Gründen eine gesteigerte Bedeutung: Mit der Sexualität gewinnt das soziale Geschlecht (s. dazu den Abschnitt über geschlechtsdifferenzierende Jugendtheorien im Kapitel 3) für die Fremd- und Selbstwahrnehmung an Bedeutung, Jugendliche werden von der Werbung und generell in die Medien geschlechtsdifferenzierend angesprochen. In Gleichaltrigengruppen und Freundschaftsbeziehungen finden vielfältige Inszenierungen von Männlichkeit und Weiblichkeit statt; auch Fragen der schulischen und beruflichen Orientierungen sind auf gesellschaftliche Geschlechtermodelle bezogen (s. Becker/Kortendiek 2004; zu den alltäglichen Geschlechterinszenierungen zuletzt Rose/Schulz 2007). Geschlecht wird zu einem zentralen Bezugspunkt des Alltagshandelns, das insofern auch als wiederkehrende Darstellung und Herstellung von Geschlecht zu betrachten ist (vgl. Goffman 1994). Entsprechend ist die Pubertät als „heiße Phase der Produktion von Geschlechtlichkeit" bezeichnet worden (King 2000: 40).

Vor dem Hintergrund der gesellschaftlichen Geschlechterordnung sind Jugendliche veranlasst, sich mit Geschlechternormen und Geschlechteridealen auseinander zu setzen. Dies geschieht unter der Vorgabe, dass eine geschlechtsbezogene Vereindeutigung und eine Festlegung der sexuellen Orientierung erwartet werden. Die den Einzelnen zugestandenen Spielräume für Abweichungen von den vorherrschenden Geschlechtermodellen sind – außerhalb von Sub- und Gegenkulturen – gering: dies gilt trotz der inzwischen, jedenfalls rechtlich, durchgesetzten Anerkennung der Homosexualität als gleichberechtigte Lebensform.

Die sozial hergestellten Festlegungen der Geschlechter werden im Alltagsbewusstsein vielfach immer noch als Ausdruck naturgegebener biologischer Unterschiede missverstanden. Auch in pädagogischen Zusammenhängen wird Heranwachsenden vielfach nach wie vor die Vorstellung eines natürlichen Geschlechts vermittelt. Dies etabliert für Jugendliche einen erheblichen Anpassungsdruck, wenn von den vorherrschenden Formen abweichende Orientierungen und Praktiken damit als Störung oder gar als Krankheit dargestellt werden.

Die gesellschaftliche Geschlechterordnung sowie die geschlechtsbezogenen Normen und Ideale sind im Jugendalter hoch folgenreich: Sie führen vielfach zu Entscheidungen für als männlich oder weiblich geltende Bildungsgänge und Berufe (s.u.) und auch zu einer historisch und aktuell engen Verknüpfung von Männlichkeit und Gewalt (s. dazu Kersten 1997). Die tradierte Vorstellung, das Männer primär für die Erwerbsarbeit und den gewaltgestützten Schutz der Eigengruppe, Frauen primär für den Haushalt und die Kindererziehung zuständig sind, ist auch gegenwärtig noch einflussreich; verändert hat sich jedoch, dass das bürgerliche Ideal der Frau, die nicht arbeiten muss, durch die Vorstellung der Frau ersetzt wurde, die eine berufliche Karriere und die Sorge um die Familie in den eigenen Lebensentwurf integriert (s. Keddi 2004).

Der soziale Normierungsdruck ist auch eine zentrale Bedingung für bestimmte geschlechtsbezogene Krankheitsbilder wie die vorwiegend weibliche Magersucht; er steht zudem in Zusammenhang mit der hohen Selbstmordrate männlicher Jugendlicher und junger Erwachsener. Pro Jahr werden von Jugendlichen ca. 4000 Suizidversuche unternommen, von denen ca. 450 tödlich enden (s. Rübenach 2007).

Für die künftige geschlechtsbezogene Jugendforschung ist es von zentraler Bedeutung, einerseits die Fortschreibung der tradierten Geschlechterordnung in den für Jugendliche bedeutsamen Institutionen und in den Alltagspraktiken Jugendlicher zu untersuchen; anderseits aber auch die Praktiken, mit denen auch Jugendliche tradierte Geschlechterbilder in Frage stellen und überwinden (vgl. Buchen et al. 2004). Die Eroberung des klassischen männlichen Terrains Fußball durch Mädchen und Frauen ist ebenso ein Ausdruck solcher Tendenzen wie die Selbstinszenierungen von weiblichen Jugendlichen als gewaltbereit oder als sexistisch, wie z.B. bei der inzwischen dadurch prominent gewordenen Rapperin ‚Lady Bitch Ray'. Auf institutioneller Ebene werden solche Veränderungen u.a. darin deutlich, dass junge Frauen inzwischen auch Soldatinnen werden können.

6. Identitätsbildung und Orientierung in einer sich wandelnden Gesellschaft

Ähnlich wie der Begriff ‚Jugend' unterliegt auch der Begriff ‚Identität' einem sozialgeschichtlichen Bedeutungswandel, der Veränderungen der gesellschaftlichen Situation zum Ausdruck bringt (s. dazu Kaufmann 2005). Die heutige gängige Vorstellung, dass Menschen eine Identität und ggf. Identitätsprobleme haben, die sie durch Selbstreflexion oder eine Therapie bearbeiten, setzt sich, ebenso wie ein Verständnis von Jugend als Phase der Identitätssuche, erst seit den 1950er Jahren durch (ebd.: 15ff.). In der Jugendforschung kommt dabei dem von Erik H. Erikson entwickelten Jugendmodell eine zentrale Bedeutung zu (Erikson 1959). Er geht davon aus, dass alle Lebensalter durch eine je typische Krise gekennzeichnet sind. Die jugendtypische Krise besteht seines Erachtens darin, dass die eigene Person als in sich brüchig wahrgenommen wird. Als „Kernproblem der Identität" wird dabei die „Fähigkeit des Ichs, angesichts des wechselnden Schicksals Gleichheit und Kontinuität aufrechtzuerhalten" angenommen (ebd.: 87). In der Klärung und Festlegung der eigenen Identität sieht Erikson die Lösung dieser Krise, die zu einem entspannten Erleben der eigenen Person führen soll (vgl. Kaufmann 2005: 28ff.; Zimbardo/Gerrig 2004: 470ff.).

Damit greift Erikson Überlegungen auf, die schon in der entstehenden Jugendpsychologie Anfang des 20. Jhdts. angedeutet wurden, und er setzt sich wie diese dem Einwand aus, auf einen bestimmten Jugendtypus bezogene Überlegungen in unzulässiger Weise zu verallgemeinern. Weiter wird gegen Erikson kritisch eingewandt, dass er ein offenes, innere Widersprüche und Veränderungen des eigenen Selbstverständnisses einschließendes Verständnis von Identität durch ein „geschlossenes und statisches Verständnis" (Kaufmann 2005: 31) ersetzt.

Gegenwärtig kann zudem nicht mehr davon ausgegangen werden, dass Auseinandersetzungen mit der eigenen Identität nach der Jugendphase abgeschlossen sind: Die Frage nach dem eigenen Selbstverständnis stellt sich in Folge sozialer Wandlungsprozesse, brüchiger Beziehungs- und Familienkonstellationen und geforderter beruflicher Flexibilität wiederkehrend auch Erwachsenen.

6.1 Aspekte der Identitätsbildung

In soziologischen Identitätskonzepten wird grundlegend zwischen sozialer und individueller Identität unterschieden (dazu grundlegend G.H. Mead 1934/1968; Goffman 1967). Unter *sozialer Identität* werden an soziale Positionen gebundene Erwartungen in Hinblick auf Eigenschaften, Fähigkeiten, Interessen usw. verstanden, die Individuen kennzeichnen; unter *individueller Identität* die soziale Wahrnehmung des Einzelnen als von anderen unterschiedene Person. Das Selbst, die Persönlichkeit des Individuums entwickelt sich in Auseinandersetzung mit den sozialen Erwartungen, die sich auf seine soziale und seine individuelle Identität beziehen. Mead beschreibt die Entwicklung der Identität als einen „Prozess", dem die „gegenseitige Beeinflussung der Mitglieder" sozialer Gruppen zu Grunde liegt (Mead 1934/1968: 207). Er geht davon aus, dass der Einzelne sich nicht unmittelbar mit sich selbst auseinander setzt, sondern sich „nur indirekt" aus der „Sicht der Mitglieder der gleichen gesellschaftlichen Gruppe oder aus der verallgemeinerten Sicht der gesellschaftlichen Gruppe als Ganzer, zu der er gehört," erfährt (ebd.: 180). Die Identität im engeren Sinne (in der Sprache Meads: das Selbst) besteht in der Auseinandersetzung mit den Vorstellungen, die andere über uns haben.

Dass das eigene Selbstverständnis in der Lebensphase Jugend in modernen Gesellschaften mit hoher Wahrscheinlichkeit zum Thema und ggf. zum Problem wird, ist vor diesem Hintergrund soziologisch und entwicklungspsychologisch gut erklärbar:

- Für Jugend ist die soziale Erwartung von Erwachsenen und Gleichaltrigen bedeutsam, mit der kindlichen Identität zu brechen und ein verändertes Selbstverständnis zu entwickeln;
- damit geht die Anforderung einher, Sexualität und sexualisierte Geschlechterbeziehungen in das eigene Selbstverständnis zu integrieren;
- mit der Veränderung der sozialen Beziehungen, dem Wechsel der Bezugsgruppen und -personen (Ablösung von der Herkunftsfamilie, neue Gleichaltrigengruppen und Freundschaftsbeziehungen) verändert sich die soziale und individuelle Identität;
- im Ablösungsprozess von der Herkunftsfamilie stellt sich die Frage nach der Übereinstimmung des eigenen Selbstverständnisses und Lebensentwurfs mit den Eltern und ihren Erwartungen;
- zudem befinden sich Jugendliche in einer Übergangsphase, die ihnen als solche bewusst ist, und sind damit aufgefordert, ein zukunftsbezogenes Bild ihrer selbst zu entwerfen.

Identitätssuche erfolgt in Auseinandersetzung mit sozialen Vorgaben, Normen und Erwartungen und darauf bezogen als mehr oder weniger geradlinige Übernahme oder aber als Distanzierung und Kritik gegenüber Identifikationsangeboten. Solche Auseinandersetzungen, etwa mit realen oder medialen

Vorbildern, können als gezieltes Nachdenken über das eigene Selbstverständnis erfolgen. Ein normatives Verständnis von Identitätsbildung formuliert Gertrud Nunner-Winkler (1990: 27):

> „Identität gewinnt, wer die Frage nach der eigenen Identität autonom stellt und beantwortet."

Auf der Grundlage einer empirischen Studie über unterschiedliche Verlaufsformen der Adoleszenzkrise haben Döbert und Nunner-Winkler (1975: 138) die These formuliert, dass eine „heftige ...Adoleszenzkrise" eine „notwendige Voraussetzung" dafür sei, dass Jugendliche sich von der Bindung an Konventionen lösen und damit eine politische und moralische Urteilsfähigkeit entsteht, deren Grundlage die Suche nach rationalen Begründungen ist.

Im Unterschied dazu sei festzustellen:

> „Keine oder eine nur schwache Adoleszenzkrise lässt die konventionellen Urteilsstrukturen relativ ungebrochen bestehen." (ebd.)

Demnach ist ein krisenhafter Verlauf der Adoleszenz gerade nicht als Problem oder Störung zu interpretieren, sondern Bedingung dafür, dass Individuen lernen können, identitätsrelevante Fragen in eigenständiger Auseinandersetzung mit den Normen ihrer Familie und von Bezugsgruppen zu beantworten.

Identitätssuche nimmt im Jugendalter jedoch nicht notwendig die Form der bewussten Reflexion an. Bedeutsam sind auch experimentelle Suchbewegungen, das Ausprobieren von Identifikationsangeboten und Modellen, etwa das Nachahmen von Vorbildern, das Sich-Verorten in einer Jugendkultur bzw. wechselnde Jugendkulturen sowie Formen des situativ-spielerischen Inszenierens von Identitäten.

Als anzustrebendes Ziel der Identitätsbildung wird in der Jugend- und Sozialisationsforschung von manchen Autoren das Idealbild des „autonomen, mit sich selbst identischen Individuums" gezeichnet, dem es gelingt, seine vielfältigen lebensgeschichtlichen und aktuellen Erfahrungen zu einem in sich stimmigen Verständnis der eigenen Person zusammenzufügen (vgl. Hurrelmann 2004).

6.1.1 Neuere Identitätstheorien

Neuere Identitätstheorien nehmen eine andere Akzentuierung vor. Obwohl nicht grundsätzlich in Frage gestellt wird, dass Individuen darum bemüht sind, Erlebnisse und Erfahrungen in ein subjektiv kohärentes Selbstverständnis zu integrieren, wird eine umfassende Integration aller Aspekte der Persönlichkeit in eine in sich geschlossene Identität als ein letztlich unerreichbares und durchaus auch problematisches Idealbild verstanden:

- Unter Bedingungen der Gegenwartsgesellschaft sei es eher normal, „dass unsere Identitäten und Lebensentwürfe (...) etwas unheilbar bruchstück-, flickenhaftes oder fragmentarisches haben" (Keupp 2005: 869). Zudem werde Identität auch nicht in einer abschließbaren Phase der Persönlichkeitsentwicklung erworben, sondern sei Gegenstand der auch im Erwachsenenalter auftretenden „alltäglichen Identitätsarbeit" (ebd.). Keupp schlägt vor, an Stelle von Identität von einem „Kohärenzsinn" (ebd: 72) zu sprechen. Kohärenz meint dabei „das Gefühl, dass es einen Zusammenhang und Sinn im Leben gibt, dass das Leben nicht einem unbeeinflussbaren Schicksal unterworfen ist" (ebd.). Als Sozialpsychologe kommt Heiner Keupp zu der Einschätzung, dass Lebensbedingungen, die den Aufbau des Kohärenzsinns beeinträchtigen, eine Ursache psychischer Störungen sind.

- In einer identitätskritischen Perspektive, die insbesondere in der Frauen- und Geschlechterforschung entwickelt wurde, wird darüber hinaus problematisiert, dass die individuelle Identitätsbildung im Kontext sozialer Zuschreibungen und Festlegungen einer normalen (weiblichen oder männlichen) Identität erfolgt, die die Spielräume der individuellen Entwicklung begrenzen (vgl. Butler 1991; zu den Aspekten „Geschlecht als soziale Konstruktion und Dekonstruktion" s. auch Treibel 2004: 101-128).

6.2 Identität, Individualität und Gesellschaftsstruktur

Helmuth Plessner (1892-1985) ging von einer anthropologischen Grundlage der Identitätsbildung aus. Menschen sind Plessner zufolge durch eine „exzentrische Positionalität" charakterisierbar (s. dazu Eßbach 1994). D.h.: Individuen verfügen über die Fähigkeit, sich selbst „gegenüberzutreten" und sich in kritischer Distanz zu sehen.

Identitätssuche bzw. -bildung ist eng mit der gesellschaftlichen Struktur und Dynamik verwoben. Dies wird schon daran deutlich, dass erst in der modernen Gesellschaft Identität zu einem zentralen Thema der Literatur sowie philosophischer, soziologischer, psychologischer und pädagogischer Theorien wird. Die Idee des autonomen und einzigartigen Individuums ist seit der Aufklärungsphilosophie und -pädagogik ein Schlüsselbegriff im Selbstverständnis der Moderne. Identitätsbildung steht somit unter der Vorgabe, eine solche Persönlichkeitsentwicklung zu ermöglichen, die es erlaubt, sowohl soziale Anforderungen und Zwänge zu bewältigen, als auch sich selbst zugleich als ein besonderes, eigenverantwortliches, urteils- und handlungsfähiges Individuum darzustellen und zu begreifen. Niklas Luhmann (1993: 152) formuliert pointiert:

„Das Individuumlernt, sich selbst von sozialen Anforderungen zu unterscheiden. Es doppelt sich ... in personal und social identity."

Ein Charakteristikum der modernen Gesellschaft sieht er darin, dass Individualität nicht mehr nur eingeschränkt wird, etwa durch ständische Normen. Zwar unterliegt die Entfaltung der eigenen Individualität gesellschaftlichen Einschränkungen und Zwängen; gleichzeitig sei die Darstellung des eigenen „Individuum-Seins" aber auch zu einer sozial auferlegten „Pflicht" geworden (ebd.: 251).

Soziologische und sozialphilosophische Theorien haben aufgezeigt, dass und wie Identität und Individualität in der modernen Gesellschaft eine besondere Formung erfahren (s. als Überblick zu den unterschiedlichen Theorien Ritsert 2001). Karl Marx sieht in der kapitalistischen Ökonomie die Grundlage dafür, dass die Einzelnen aus lokalen Gemeinschaften herausgelöst und zu „vereinzelten Einzelnen" werden, die vor der Anforderung stehen, ihre Arbeitskraft zu verkaufen und zu erhalten. Georg Simmel (1858-1918) zeigte, dass modernes Leben einerseits dadurch gekennzeichnet ist, dass Individuen sich in heterogenen sozialen Kontexten bewegen und ihre Identität vor dem Hintergrund vielfältiger Zugehörigkeiten bestimmen; andererseits dadurch, dass soziale Beziehungen in der modernen Gesellschaft durch das „neutrale" Medium Geld vermittelt sind, so dass sich solche Beziehungen entwickeln, für die persönliche Bindungen zwischen denjenigen unbedeutsam sind, die sich begegnen.

Die von der Soziologie zu behandelnden Dimensionen der Persönlichkeits- und Identitätsbildung haben ihren Kern also dort, wo nach den gesellschaftlichen Voraussetzungen bzw. Einflüssen im Hinblick auf den Aufbau der Persönlichkeitsstruktur gefragt wird. Soziologie kann dabei zur Einsicht beitragen, dass Identitätsbildung grundlegend von der Teilnahme an sozialen Beziehungen abhängig ist. Gegen ein gängiges Missverständnis lässt sich so zeigen, dass eigenständige und eigenverantwortliche Individuen nicht trotz sozialer Einflussnahmen und Abhängigkeiten, sondern gerade in sozialen Beziehungen entstehen (s. dazu grundlegend Habermas 1995).

6.3   Probleme der Identitätsbildung

6.3.1   Gesellschaftsstrukturelle Aspekte

Identitätsbildung wird durch gesellschaftliche Bedingungen in spezifischer Weise ermöglicht und beeinflusst, erleichtert bzw. erschwert. Es kann hier kein Überblick über die Theorien gegeben werden, die sich mit dieser Thematik auseinandersetzen (zu den sozialphilosophischen, sozialpsychologischen, soziologischen und gesellschaftspolitischen Aspekten der Thematik vgl. die Studien von Taylor 1994, Keupp 1999, Niethammer 2000 und Castells 2003).

Einige der für die Jugendphase bedeutsamen Schwierigkeiten der Identitäts-bildung lassen sich in Anlehnung an Luckmann/Döring/Zulehner (1981: 9ff.) wie folgt benennen:

- Identität kann sich nicht über eine vorgegebene Einheitlichkeit von Arbeits- und Lebensprozess und eine Geschlossenheit religiöser oder magischer Weltauslegungen herstellen, sondern nur in der Auseinandersetzung mit heterogenen Entwürfen einer guten Gesellschaft und eines gelingenden Lebens.

- Anders als in archaischen oder ständischen Gesellschaften wird in der Gegenwartsgesellschaft nicht mehr umfassend und eindeutig vorgeschrieben, wer man ist oder zu sein hat; erst in einer solchen Gesellschaft wird Identität als typisches Problem der individuellen Entwicklung verstanden.

- In der Familie erworbene Orientierungen bieten deshalb keine ausreichende Grundlage für die Bestimmung des eigenen Selbstverständnisses.

- Dem komplizierten Zusammenspiel relativ autonomer gesellschaftlicher Teilbereiche (Familie und Arbeit, Bürokratie und Kirche, Politik und Freizeit usw.) entspricht auf der individuellen Ebene die Schwierigkeit der Integration von verschiedenen Verhaltens- und *Rollen**-Anforderungen.

- Jugendliche und Erwachsene sind in der Gegenwartsgesellschaft mit vielfältigen und heterogenen Sinnstiftungs- und Identitätsangeboten konfrontiert, die medial inszeniert werden und einen Schwerpunkt der einschlägigen Sendeformate des Fernsehens sowie in den Zeitschriften bilden, die sich an Jungen und Mädchen richten.

In unterschiedlichen soziologischen Analysen werden Entwicklungen in den Blick genommen, die darauf hindeuten, dass eine mit autonomer lebenspraktischer, politischer und moralischer Urteilsfähigkeit verbundene Identitätsbildung in Frage gestellt ist: David Riesman (1909-2002), amerikanischer Soziologe, hat den Verhaltenstyp des „außengeleiteten Menschen" beschrieben (1950/1964); dieser ist darauf eingestellt, sich äußeren Erwartungen bereitwillig anzupassen. Luckmann et al. (1981) sprachen von der Möglichkeit der Entstehung einer „anpassungsfähigen, zumindest oberflächlich gut ‚funktionierenden' persönlichen Identität". Angesichts von Entwicklungstendenzen, die es erschweren, langfristige Bindungen an Kollegen, Nachbarn, Orte und Tätigkeiten einzugehen, warf Richard Sennett (1998: 31) die Frage auf: „Wie kann ein Mensch in einer Gesellschaft, die aus Episoden und Fragmenten besteht, seine Identität und Lebensgeschichte zu einer Erzählung bündeln?"

6.3.2 Identitätsbildung unter den Bedingungen von ‚Sinnmangel' und Individualisierung

In einem vor dem Hintergrund der zeitgenössischen Jugendbewegungen verfassten Essay entwickelten Thomas Ziehe und Herbert Stubenrauch (1982: 258) die These, dass die Jugendlichen mit einem fundamentalen „Sinn-Mangel konfrontiert" seien, was veränderte Vorgaben für die Identitätsbildung etabliert.

> „Die alten Werte wie Sauberkeit, Ordnung, Gehorsam, Fleiß, Blut und Boden, Heimat, Treue, wurden von der Eltern- und Großelterngeneration so verhunzt und mit Blut besudelt, dass sie so nicht mehr traditionswürdig erscheinen. Die Bedürfnisse jedoch, die auf sie verwiesen sind, bleiben bestehen. Jeder möchte Struktur, Sicherheit und Verwurzelung gewinnen … ." (ebd.: 258)

Der daraus resultierende Mangel an grundlegenden Orientierungsangeboten führen Ziehe und Stubenrauch zufolge zu individuellen und gemeinschaftlichen Suchbewegungen. Diese finden jedoch nicht in einem Freiraum statt, sondern vor dem Hintergrund einer „aufdringlichen" Präsenz medial vermittelter Sinnstiftungsangebote (ebd.: 156).

Ein grundlegender sozialer und kultureller Umbruch wird auch in der von Ulrich Beck (1986) formulierten Individualisierungsthese behauptet, die auch in der Pädagogik vielfach aufgegriffen und mancherorts trivialisiert und popularisiert wurde. Individualisierung meint dabei, wie im Kapital 3 dargelegt, u.a. einen Verbindlichkeits- und Bedeutungsverlust von Normen und Vorgaben, an denen sich Individuen in ihrer Lebensführung orientieren können bzw. müssen.

In Hinblick auf die Individualisierungsthese wurde in Kapitel 3 kritisch angemerkt, dass es sich um Entwicklungstendenzen mit begrenzter Reichweite handelt. Hier ist darüber hinaus darauf hinzuweisen, dass es hoch problematisch ist, aus solchen Entwicklungstendenzen direkte und verallgemeinerte Folgerungen hinsichtlich der Veränderungen von Individualität und Identität abzuleiten. Denn für die Entwicklung von Individualität und Identität sind die lebensweltlichen Zusammenhänge von Familien, Freundschafts- und Paarbeziehungen und Gleichaltrigengruppen hoch bedeutsam, die zwar nicht unabhängig sind von gesellschaftlichen Strukturen und Dynamiken, diese aber auch nicht direkt in den Erfahrungszusammenhang der Individuen übersetzen.

Heiner Keupp (1998 19ff.) argumentiert, dass „ein offenes Identitätsprojekt, in dem neue Lebensentwürfe erprobt und eigener Lebenssinn entwickelt werden", materielle, soziale und psychische Ressourcen benötigt, nicht zuletzt den Zugang zu ausreichend bezahlter und als sinnvoll erlebter Arbeit, soziale Unterstützungsnetzwerke und ein lebensgeschichtlich erworbenes Vertrauen in die eigenen Fähigkeiten. So betrachtet ist auch die Möglichkeit, kulturelle Liberalisierungs- und Individualisierungstendenzen als eine Chance zu begreifen, nicht unabhängig von Strukturen sozialer Ungleichheit.

6.3.3 Alternative Sinnsuche und Jugendsekten

Seit den 1970er Jahren waren und sind vielfältige Versuche einflussreich, Sinnstiftungsangebote zu entwickeln und zu etablieren. Diese umfassen ein breites Spektrum von „Sinnanbietern mit begrenzter Reichweite und Haftung", so eine Formulierung des Jugendsoziologen Ronald Hitzler:

- Die traditionellen Kirchen und Religionen (Christentum und Islam)
- neue religiöse Bewegungen, die sich auf Elemente der Weltreligionen (insbesondere den Buddhismus) beziehen und diese aus ihrem Entstehungskontext herauslösen;
- unterschiedliche Spielarten esoterischer Weltsichten, in einem Spektrum, das von der Waldorfpädagogik bis zur Faszination für vermeintliche Gurus reicht;
- einen expandierenden Markt von Lebensberatungskonzepten und Therapien;
- politische Bewegungen, die den Anspruch erheben, nicht nur Interessenvertretung zu betreiben, sondern Weltanschauungen zu repräsentieren;
- konservative Versuche, die dazu auffordern, zu den vermeintlich grundlegenden traditionellen Werten und Normen zurückzukehren.

In diesem Zusammenhang ist auch auf Jugendsekten hinzuweisen. Ihrem Selbstverständnis nach sind sie ursprünglicher, gemeinschaftsbezogener, aktiver, opferbereiter usw. als die etablierten Kirchen. Sie setzen auf Eindeutigkeit der Lehre, klare Handlungsanweisungen, strenge Forderungen an das Ich, Halt und Rückhalt in der Gruppe und ein Ziel, für das der volle Einsatz lohnt. Als gesellschaftlich relevantes Phänomen traten Jugendsekten Anfang der 1970er Jahre in Erscheinung. Als spezifische Problematik von Sekten wurde der Realitätsverlust und soziale und psychische Abhängigkeit von der religiösen Gruppe diskutiert (s. Baacke 1999).

Solche Sinnstiftungsangebote stellen eine Reaktion auf neuere Tendenzen dar, die in der Soziologie unter den Stichworten ‚Individualisierung‘, ‚Postmoderne‘ und ‚Sinnmangel‘ diskutiert werden (s. dazu auch Kapitel 3). Max Weber hatte zudem bereits in den 1920er Jahren darauf hingewiesen, dass mit der Vorherrschaft einer wissenschaftlich-rationalen Weltsicht – und damit mit dem systematischen Zweifel an Glaubensgewissheiten – verlässliche Antworten auf Sinnfragen der individuellen und kollektiven Lebensführung knapp werden. Er empfahl seinen Zeitgenossen, dieses Schicksal „männlich" zu „ertragen" oder in die „weit und erbarmend geöffneten Arme der alten Kirchen" zurückzukehren (Weber 1919/1973: 338).

Zu den Entstehungsbedingungen der neuen Sinnstiftungsversuche sind inzwischen auch wachsende Zweifel an der Tragfähigkeit einer wissenschaftlich begründeten Weltanschauung zu rechnen, und auch an die für die Bundesrepublik in den 1970er und 1980er Jahren hoch bedeutsame Versprechung, dass Familie, Karriere und Konsum ein erfülltes Leben gewährleisten.

7. Jugendliche in gesellschaftlichen Teilbereichen und Teilsystemen

Moderne Gesellschaften sind, im Unterschied zu Stammesgesellschaften, in sich vielfältig untergliederte Gebilde. Die soziologische Systemtheorie bezeichnet diese als ausdifferenzierte Teil- bzw. Funktionssysteme (s. Luhmann 2005: 35ff.), die phänomenologische Soziologie als unterschiedliche „Sinnwelten" (Berger/Luckmann 1977: 98ff.). Damit wird darauf hingewiesen, dass „die Gesellschaft" keine kompakte Einheit ist, in der überall die gleichen Regeln, Normen, Gewissheiten usw. gelten. Vielmehr führt die Untergliederung der Gesellschaft in heterogene Teilbereiche dazu, dass in diesen je eigene Bedingungen und Möglichkeiten gegeben sind.

Für die Lebensführung Jugendlicher und für Sozialisationsprozesse im Jugendalter sind die folgenden Teilbereiche von zentraler Bedeutung:

- Die Familie, zumeist die Herkunftsfamilie; bei Heranwachsenden und jungen Erwachsenen auch die Eigenfamilie, Partnerschaften und Wohngemeinschaften,
- das Bildungssystem, die Schulen (inkl. Hochschulen und Universitäten), das sog. Übergangssystem (s.u.) und die Einrichtungen der beruflichen Bildung,
- die Massenmedien,
- Gleichaltrigengruppen.

Für einen erheblichen Teil der Jugendlichen auch

- Jugendeinrichtungen und organisierte Jugendgruppen, insbesondere im Kontext der Jugendarbeit und der Sportverbände,
- die Kirchen und religiös gebundene Institutionen,
- die Erwerbsarbeit in der Form von Vollzeitarbeit, Teilzeitjobs oder aber von Arbeitslosigkeit.

Ein eigenständiges Kapitel zur Situation Jugendlicher in der Erwerbsarbeit und zur Situation arbeitsloser Jugendlicher muss einer der folgenden Auflagen dieses Buches vorbehalten bleiben; die weitgehende Vernachlässigung der unqualifiziert arbeitenden und der arbeitslosen Jugendlichen in der gegenwärtigen Jugendforschung stellt ein Forschungsdefizit dar, das beim Verfassen dieser Arbeit nicht behoben werden konnte (s. als ältere Studien Alheit/Glaß 1986; Heinz/Krüger 1987; Baethge et al. 1997).

7.1 Familie als Bezugsgruppe Jugendlicher

Bezugsgruppen sind dadurch charakterisiert, dass sie einen zentralen Bezugspunkt für Handelungsmuster, Motive und Einstellungen, Urteile und Vorurteile darstellen (vgl. Gukenbiehl 1999). Für Jugendliche stellt die Familie (neben den Gleichaltrigengruppen) in der Regel die bedeutsamste Bezugsgruppe dar. Sie ist bis zu dem einsetzenden Ablösungsprozess in der Pubertät der soziale Zusammenhang, in dem prinzipiell alle wichtigen Aspekte der Lebensführung Gegenstand von Kommunikation und Entscheidungen sind.

In Familien erwerben Kinder und Jugendliche zentrale Fähigkeiten (z.B. Sprachentwicklung), sie erfahren dort eine bestimmte Ordnung des Zusammenlebens zwischen den Altersgruppen und Geschlechtern. Familien sind auch ein Ort der moralischen und politischen Sozialisation Jugendlicher: Die Überzeugungen ihrer Eltern stellen für Heranwachsende eine bedeutsame Grundlage für ihre eigene Sicht der Dinge dar, indirekt auch dann, wenn Jugendliche sich gegen diese abgrenzen und ihre eigenen Orientierungen durch die Unterscheidung von ihren Eltern bestimmen.

Mit der Zugehörigkeit zu einer Familie ist Kindern und Jugendlichen auch eine soziale Position im Gefüge der sozialen Ungleichheiten von Klassen, Schichten und Milieus zugewiesen. Jugendliche erwerben in der Familie in der Folge ein Wissen über die eigene gesellschaftliche Stellung; sie erleben sich als Angehörige einer privilegierten oder aber einer benachteiligten und ggf. sozial verachteten Familie. In Familien werden Jugendliche weiter in ungleicher Weise mit ökonomischen (Geld) und kulturellen (Wissen) Ressourcen ausgestattet und ihre Familienzugehörigkeit eröffnet oder verschließt den Zugang zu bestimmten sozialen Beziehungsnetzwerken (s. dazu die grundlegende Unterscheidung von ökonomischem, kulturellem und sozialem Kapital bei Bourdieu 1983b).

7.1.1 Determinanten elterlichen Einflusses

In der soziologischen Forschung zum Einfluss des Elternhauses auf die Persönlichkeitsentwicklung Jugendlicher sind insbesondere folgende Aspekte hervorgehoben worden (s. Hopf 2005):

- Die sozioökonomischen Bedingungen der familialen Lebensführung und der familialen Sozialisation (Wohnsituation, Einkommens- und Vermögensverhältnisse),
- die soziale Zusammensetzung und Struktur der Familie (Autoritätsverhältnisse; vollständige und unvollständige Familien, Zahl der Geschwister; Geschlechterbeziehungen),

- die im Elternhaus vorherrschende Sprache (herkunfts- und milieubedingte Unterschiede), das Bildungsniveau sowie kulturelle Interesen und Praktiken,
- die Erziehungspraktiken, die Einstellung der Eltern zueinander, zu Kindern und zur jungen Generation und das familiale Konfliktverhalten,
- die Einstellung der Eltern zu Kultur und Gesellschaft, Politik und Religion sowie
- die „Ressourcen" der Eltern an Zeit, an ökonomischen Mitteln für Bildung, Förderung, Hobbies.

Damit sind gesellschaftlich und individuell folgenreiche Aspekte benannt. Es gelingt nur einem Teil der Jugendlichen, ein deutlich höheres Bildungsniveau als das der Eltern (s. Abschnitt 2) und einen höheren sozialen Status zu erreichen; die Erziehung und Sozialisation in der Familie hat eine hohe Bedeutung für die Entwicklung zentraler Persönlichkeitseigenschaften usw.

Gleichwohl kann nicht davon ausgegangen werden, dass Jugendliche in der Herkunftsfamilie lebenslang stabile „Prägungen" erfahren (s. dazu Abschnitt 3.2. im Kapitel 3).

In Hinblick auf die Bedeutung der Familie für Jugendliche sind neben den besonderen Merkmalen der Herkunftsfamilie u.a. folgende Sachverhalte und Tendenzen zu berücksichtigen (s. zum Strukturwandel der Familie Peuckert 2004):

- Die Veränderungen der Geschlechterverhältnisse im Sinne einer Infragestellung patriarchalischer Muster männlicher Dominanz,
- die geringe Wahrscheinlichkeit der Vererbung elterlicher Berufspositionen und damit eines bestimmten „Standes" und einer vorgegebenen Tradition,
- die Infragestellung des klassischen Autoritarismus (elterliche Erziehungsmaßnahmen unterliegen stärker als früher einem Rechtfertigungsdruck und einer diskursiven Begründungsverpflichtung),
- die – nicht zuletzt in Folge der neuen Medien (Internet) – kaum mehr gegebene Möglichkeit, dass Eltern Kontrolle darüber ausüben, welches Wissen und welche Wirklichkeitsbereiche ihren Kindern zugänglich sind;
- die Pluralisierung von Formen des familialen Zusammenlebens (z.B. Alleinerziehende und Patchwork-Familien, s.u.),
- der Anstieg des Anteils der von Einkommensarmut betroffenen Familien.

Abbildung 4:   Aus Sicht der Eltern wichtige Erziehungsziele

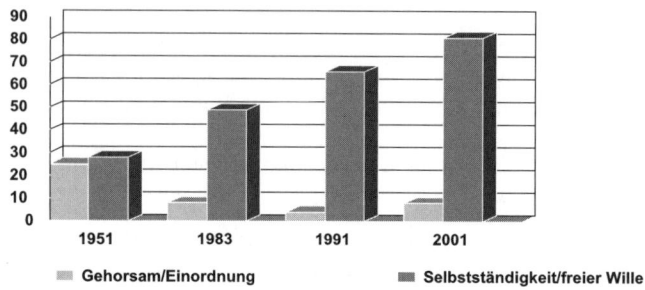

Quelle: Berechnung und Graphik auf Grundlage der Shell-Jugendstudien von Richard Münchmeier (Vortragspräsentation)

7.1.2   Integrationsleistung der Familie

Familien stehen vor der Anforderung, unterschiedliche Individuen, Altersgruppen und Geschlechter, Lebens- und Tagesverläufe zu integrieren. So bei traditionellen „vollständigen" Familien den berufstätigen und zumeist tagsüber abwesenden Vater, die nicht oder nur halbtags berufstätige Mutter, die sich am intensivsten auf die Tagesverläufe der übrigen Familienmitglieder einstellen muss; die Kinder und Jugendlichen im unterschiedlichen Alter und mit ihren verschiedenen Verpflichtungen wie Kindergarten, Schule, Ausbildung, Beruf und Vereine.

Auf die innere Komplexität des familialen Zusammenlebens weist Klaus Schneewind hin; in einem Handbuchartikel zur Familiensozialisation schlägt er die Differenzierung in ein Eltern-Subsystem, ein Eltern-Kind-Subsystem, ein Geschwister-Subsystem und ein Gesamtfamiliensystem vor (Schneewind 2008: 259).

Jugendliche sind folglich darauf verwiesen, ihre Eigeninteressen mit einem komplexen Interessengefüge abzustimmen.

Familien verfügen über sehr unterschiedliche Möglichkeiten, sich auf die Situation des Jugendlichen als Schüler oder Auszubildender einzustellen. Familiale Belange und die von Schule und Ausbildung, aber auch von Freizeitinteressen des Jugendlichen herrührenden Aktivitäten, Erfordernisse und Wünsche sind oft schwer miteinander vereinbar. Das gilt etwa dann, wenn Vater oder/und Mutter im Schichtdienst arbeiten müssen und im Fall erwerbstätiger Alleinerziehender.

Familien stellen in einer jugendsoziologischen Perspektive zudem soziale Gebilde mit einer inneren, potentiell konflikthaften Auflösungsdynamik dar: Von Jugendlichen wird erwartet, dass sie sich von der Familie schrittweise ablösen; zugleich aber werden die Ablösungsprozesse Jugendlicher von Eltern und ggf. Geschwistern vielfach auch als bedrohliche Infragestellung des gewachsenen Familienzusammenhangs erlebt und in der Folge problematisiert oder eingeschränkt.

Vorliegende Befragungsergebnisse der Shell-Jugendstudien deuten darauf hin, dass die Mehrzahl der Jugendlichen mit dem Erziehungsstil ihrer Eltern übereinstimmt. Allerdings werden auch diesbezüglich erhebliche schichtbezogene Unterschiede deutlich, die darauf hinweisen, dass soziale Benachteiligung mit erhöhten Belastungen für das familiale Zusammenleben einhergeht. Denn die diesbezüglichen Daten lassen keinen direkten Rückschluss auf die elterlichen Erziehungsstile zu. In die Antworten geht indirekt auch das gesamte Erleben der Familiensituation ein.

Tabelle 19: Anteil der Jugendlichen, die ihre Kinder genauso oder ähnlich erziehen wollen, wie sie selbst erzogen worden sind (2006)

Oberschicht	79%
Mittelschichten	72-74%
Unterschicht	46%

Quelle: Hurrelmann/Albert (2006: 57)

7.1.3 Vorherrschender Familientyp und neue Familienformen

Der in der Bundesrepublik vorherrschende Familientyp lässt sich charakterisieren als vom weiteren Verwandtschaftssystem deutlich abgegrenzte *Kernfamilie,* in der Eltern mit ihren erziehungs- und unterhaltsabhängigen Kindern zusammenleben.

Kennzeichnend für die moderne Kleinfamilie und auch neuere Familienformen ist die zeitliche und räumliche Abgrenzung des Familienlebens von der Erwerbsarbeit und der Schule. Neben lebenspraktischen Formen der gegenseitigen Hilfe wird die Familie damit zu einem sozialen Ort, der auf dichte emotionale Beziehungen fokussiert ist. Dies stellt eine ambivalente Situation dar: Kehrseite des in der Familie gewöhnlich erwartbaren Interesses am wechselseitigen Wohlergehen ist die Überlastung der Familie mit den wechselseitigen Ansprüchen. Hierin liegt eine zentrale Ursache der Gewalt in Familien (s. dazu grundlegend Wahl 1989).

Seit den 1970er Jahren haben die folgenden Familientypen an Bedeutung gewonnen: die Ein-Eltern-Familie; die Pendler-Familie (Commuter-Familie); die binukleare Familie („living apart together") und Patchwork-Familien (Familien mit Kindern aus vorausgegangen Ehen der neuen Eltern (s. Peuckert 2004).

Seit der Wende vom 19. zum 20. Jahrhundert ist ein eindeutiger Rückgang der Kinderzahl pro Familie feststellbar. Betrug 1900 die durchschnittliche Zahl der lebendgeborenen Kinder pro Ehe noch 4,1 Kinder, so waren es 1910 3,0,

1930 2,2 und 1960 2,1 Kinder. Im Jahre 1991 betrug die durchschnittliche Kinderzahl in Familien mit Kindern unter 18 Jahren 1,42 (alte Bundesländer), 1996 lag der Schnitt in Deutschland bei 1,65 und 2003 bei 1,63.

Tabelle 20: Zahl der Familien mit Kindern unter 18 Jahren (2005)

Familie mit ... Kindern	in Tausend	in Prozent aller Familien
1 Kind	4.681	51,8
2 Kinder	3.250	36,4
3 Kinder	789	8,8
4 Kinder u.m.	197	2,2

Quelle: Statistisches Jahrbuch 2007: 46

Die deutliche Mehrzahl aller Kinder wächst also mit beiden Eltern und zumindest einem Bruder bzw. einer Schwester auf, bei einem inzwischen allerdings erheblichen Teil von 1-Kind-Familien.

Hinzu kommt, dass der Anteil der „vollständigen" Familien an allen Haushalten in den letzten drei Jahrzehnten abgenommen hat.

Tabelle 21: Kinder und Jugendliche in Familienformen

	Ehepaare	Nicht-eheliche Lebensgemeinschaften	Alleinerziehende
1996	81,4%	4,8%	13,8%
2007	73,8%	7,9%	18,3%

Quelle: Statistisches Jahrbuch 2007: 49

Die klassische Familie ist also, statistisch betrachtet, zwar immer noch die Lebensform der Bevölkerungsmehrheit, aber keineswegs mehr der selbstverständliche „Normalfall" des Zusammenlebens. In der Bundesrepublik ist die Zahl der Einpersonenhaushalte fast so hoch wie die der Haushalte mit Kindern.

Auch viele andere Indikatoren, wie die gestiegene Anzahl der nicht-ehelichen Lebensgemeinschaften mit Kindern und die gestiegene Scheidungsquote deuten darauf hin, dass die traditionelle Ehe und Familie zwar fortbestehen, aber ihr Monopol verloren haben.

Für die Mehrzahl aller Jugendlichen ist die Familie mit eigenen Kinder gleichwohl nach wie vor die angestrebte Lebensform (s. Hurrelmann/Albert 2006: 49ff.).

7.1.4 Unterschiedliche Formen des Ablösungsprozesses vom Elternhaus

Der zeitliche Verlauf, die Formen und die mehr oder weniger starke Konflikthaftigkeit des Ablösungsprozesses Jugendlicher sind von zahlreichen Faktoren abhängig. U.a. ermöglichen und erzwingen unterschiedliche Bildungswege räumliche Distanzierung oder legen ein Verbleiben in räumlicher Nähe nahe. Studierende werden in der Regel später ökonomisch unabhängig als Auszubildende und der Zeitpunkt der eigenen Familiengründung liegt bei ihnen später. Für ein Verständnis der Konflikthaftigkeit ist ein Modell hilfreich, das Helm Stierlin (1980) entwickelt hat. Er unterscheidet *idealtypisch** die Beziehungsmodi des Bindens, Delegierens und des Ausstoßens.

Der *Bindungsmodus*: Eltern versuchen, die Ablösung möglichst hinauszuzögern bzw. zu verhindern. Die Eltern verhalten sich so, als ob die Befriedigung aller wesentlichen Bedürfnisse innerhalb der Familie liegt. Es wird versucht, die elterliche Definition von Bedürfnissen und Empfindungen der Kinder und Jugendlichen diesen aufzuzwingen. Ein höchst konfliktreicher, sich dramatisch zuspitzender Ablösungsvorgang kann die Folge sein. Versuche Jugendlicher, sich abzulösen, sind ggf. mit Schuldgefühlen behaftet.

Der *Delegationsmodus*: Stierlin unterscheidet Delegierte „im Dienste" des Es, des Ich und des Über-Ich. Ein Jugendlicher als Delegierter im Dienste des Es müsse die unbefriedigten, frustrierten Es-Anteile eines Elternteils „versorgen", er muss „den Eltern Erfahrungen beschaffen, die sie versäumten, als sie selbst noch Jugendliche waren. Er muss nun die unfertig gebliebene und frustrierte Jugendentwicklung seiner Eltern nachträglich ausgleichen" (ebd.: 70f.).

Der *Ausstoßungsmodus*: Hier wird der Jugendliche als Behinderung der Eltern oder eines Elternteils bei dem Versuch, eigene Konflikte zu bewältigen, wahrgenommen. Die Eltern versuchen, den Ablösungsprozess zu beschleunigen. Ist dieser Modus dominant, so kann dies mit einer Vernachlässigung von Kindern und Jugendlichen einhergehen.

In der geschlechterdifferenzierten Jugendforschung ist darauf hingewiesen worden, dass bei der Betrachtung des Ablösungsprozesses grundlegende Unterschiede zwischen männlicher und weiblicher Adoleszenz zu berücksichtigen sind (s. Flaake/King 1992). Es ist diesbezüglich bereits angemerkt worden, dass eine Phase der Individuierung in Distanz zur Herkunftsfamilie im klassisch-bürgerlichen Jugendkonzept nur für männliche Heranwachsende vorgesehen war. Auch nach der gesellschaftlichen Etablierung weiblicher Jugend war demnach aber für Mädchen keine emotionale Distanzierung, sondern die Aufrechterhaltung einer starken emotionalen Bindung an die Familie und die Übernahme von Verantwortlichkeit für die Haushaltsführung sowie ggf. jüngere Geschwister vorgesehen. Neuere Analysen weisen demgegenüber Tendenzen zur Angleichung weiblicher und männlicher Adoleszenz nach (s. King 2000).

7.2 Jugendliche im Bildungssystem

Für die Mehrzahl der Jugendlichen in der Altersgruppe der 12- bis etwa 18/20-Jährigen ist die Schule neben der Familie und den Gleichaltrigengruppen die für ihre alltägliche Lebensführung zentral bedeutsame Institution. Die hier geltenden Zwänge, Regeln, Normen und Werte unterscheiden sich z.t. erheblich von denjenigen, die in den beiden anderen genannten Teilbereichen gelten. Sie sind keineswegs eine zwingende Folge des Auftrags der Schule, Wissen zu vermitteln und zu erziehen. Bildungssoziologische und sozialhistorische Studien haben z.b. aufgezeigt, dass schulische Zeitstrukturen aus der Adaption der Zeitordnung der Industriearbeit entstanden sind, und dass in der schulischen Gestaltung der Autoritätsbeziehungen und Geschlechterbeziehungen das gesellschaftlich vorherrschende Verständnis des Generationenverhältnisses und der Geschlechterordnung zum Ausdruck kommt. Schulischer Wirklichkeit liegen auch Zwänge zu Grunde, die daraus resultieren, dass Schulen Organisationen sind, die das Handeln einer großen Zahl von Personen aufeinander abstimmen müssen. Die Koppelung schulischen Lernens an die Logik der individuellen Leistungskonkurrenz steht in einem Zusammenhang mit der Verankerung von Leistungskonkurrenz in der Arbeitswelt. Schulische Erziehungsziele und Unterrichtsinhalte sind von gesellschaftlich vorherrschenden Sichtweisen und Ideologien beeinflusst. Die Gestaltung des Bildungssystems und von Schule war und ist zudem Gegenstand politischer Kontroversen (s. zu diesen Gesichtspunkten etwa Hurrelmann 1974; von Friedeburg 1989; Fend 2006).

Das Bildungssystem und die Schulen tragen auch, wie im Weiteren noch deutlich werden wird, erheblich zur Aufrechterhaltung und Rechtfertigung sozialer Ungleichheit bei. Soziologische Studien haben zudem nachgewiesen, dass Schulen auch sog. ‚Schulversager' sowie schuloppositionelle Subkulturen hervorbringen (s. dazu als modernen Klassiker der Jugend- und Schulforschung Willis 1979).

In einer soziologischen Perspektive sind Schulen also keineswegs soziale Orte, die den Entwicklungsprozess Heranwachsender optimal unterstützende Bedingungen bieten. Es ist insofern wenig verwunderlich, dass Schulen von einem Teil der Jugendlichen als eine belastende soziale Zumutung erlebt werden, deren Sinn nur begrenzt einsichtig ist. Und das Leiden an Versagenserlebnissen in der Schule ist eine nicht vernachlässigbare Ursache problematischer Verhaltensweisen Jugendlicher.

Für die individuelle Entwicklung ist die Schule auch deshalb eine zentrale Institution, weil schulische Sozialisation Kinder und Jugendliche zu einer Überschreitung der Kommunikations- und Interaktionsformen anregt und ermöglicht, die in Familien und Gleichaltrigengruppen vorherrschend sind: In der Schule werden sachlich zentrierte Beziehungen zu LehrerInnen eingeübt, die prinzipiell austauschbare Akteure der Lehrerrolle sind. MitschülerInnen sind nicht einfach nur Gleichaltrige, sondern soziale Akteure, die auf

Grundlage der Vorgaben der Schülerrolle handeln. Entsprechend kann bzw. muss etwa gelernt werden, emotionale Distanz auszuhalten und sich unter Bedingungen der Leistungskonkurrenz zu behaupten (zur schulischen Sozialisation s. den Übersichtsartikel von Ulich 2002).

7.2.1 Funktionsbestimmungen des Bildungssystems und der Schule

In der Bildungssoziologie wurden vor allem folgende Funktionen des Bildungssystems und der Schule aufgezeigt (vgl. etwa Fend 2006: 49ff.) (unter Funktionen sind dabei Leistungen zu verstehen, die ein gesellschaftliches Teilsystem für andere Teilsysteme bzw. die Gesamtgesellschaft erbringt):

- *Qualifikationsfunktion:* Mit der Schule schafft sich die moderne Gesellschaft eine Institution, in der grundlegende, für die Ökonomie und die Politik wichtige Kenntnisse und Qualifikationen von allen Heranwachsenden erworben werden sollen.
- *Aufbewahrungsfunktion*: In Schulen verbringen Kinder – unabhängig davon, was sie dort lernen oder nicht – erhebliche Zeit unter erwachsener Aufsicht, was ihre Eltern von Betreuungspflichten entlastet.
- *Sozialisationsfunktion*: In Schulen erfolgt eine Einübung in gesellschaftlich erwünschte Verhaltensweisen, werden soziale Normen vermittelt und wird die Persönlichkeitsentwicklung beeinflusst.
- *Selektionsfunktion*: Schüler werden mit ungleichwertigen Abschlüssen und damit mit ungleichen Chancen für ihre weitere Bildungs- und Berufslaufbahn ausgestattet.
- *Legitimationsfunktion*: Schulen tragen dazu bei, dass soziale Ungleichheiten und geschlechtsbezogene Unterschiede als gerechtfertigt oder unvermeidlich erlebt werden; sie vermitteln den Glauben daran, dass diese ihre Grundlage in unterschiedlichen Begabungen bzw. unterschiedlicher Leistungsbereitschaft haben.
- *Normalisierungsfunktion*; Schulen repräsentieren Vorstellungen darüber, was und wer in einer Gesellschaft als normal (im Unterschied etwa zu ‚verhaltensauffällig' und ‚lernbehindert') gilt; sie sanktionieren Abweichungen von der Normalität und grenzen Schüler aus, die solchen Normalitätsvorstellungen nicht entsprechen, z.B. durch die Verweisung auf sog. Sonder- oder Förderschulen.

Zudem war bzw. ist Schule ein Instrument nationalstaatlicher Erziehung: Schulische Curricula sind darauf ausgerichtet, eine gemeinsame nationale Verkehrsprache und ein Selbstverständnis als Staatsbürger zu vermitteln (s. dazu Gellner 1995).

Aufgrund dieser Funktionen ist die Schule eine in modernen Gesellschaften unverzichtbare und in allen modernen Gesellschaften existierende Institution. Eine genauere Betrachtung muss berücksichtigen, dass diese (und andere) Funktionen von Schule in höchst unterschiedlicher Weise konkretisiert werden und dass es immer wieder umstritten war und ist, was die zentralen gesellschaftlichen Aufgaben der Schulen sind und sein sollen.

7.2.2 Bildungsexpansion und Ausdehnung des Jugendalters

Die im Kapitel I angesprochene zeitliche Ausdehnung des Jugendalters ist auf die sog. Bildungsexpansion zurückzuführen. Mit diesem Begriff wird auf die zunehmende Bedeutung formaler Bildung in den entwickelten (post-)industriellen Gesellschaften sowie darauf hingewiesen, dass die durchschnittliche Lebenszeit, die Individuen in Bildungsinstitutionen verbringen und die Zahl derjenigen, die höhere Bildungsabschlüsse erwerben, ansteigt. In der Bundesrepublik wurde durch die Bildungsreform der späten 1960er Jahre ein Expansionsprozess eingeleitet; für diesen war nicht zuletzt die Absicht leitend, Chancengleichheit zwischen den sozialen Klassen und den Geschlechtern herzustellen (s. von Friedeburg 1989: 403ff.). Diese Entwicklung wurde Mitte der 1980er Jahre unterbrochen. Seit einigen Jahren wird jedoch politisch erneut ein Veränderungsbedarf und – vor allem unter ökonomischen Gesichtspunkten – die weiter wachsende Bedeutung von Bildung betont. Dies führt bislang aber nicht zu einer Fortsetzung der Bildungsexpansion. Zwar wurden Ganztagsschulen ausgebaut, aber auch das 12-jährige Gymnasium und Kurzzeitstudiengänge (BA-Studiengänge) eingeführt. Am Fall der deutschen Bildungspolitik wird nicht nur an diesem Beispiel deutlich, dass Politik nicht als rationale Gesellschaftsgestaltung begriffen werden kann, sondern dass politische Entscheidungen das Resultat komplexer Interessenskonstellationen sind.

Zur Verdeutlichung der Entwicklung einige Zahlen: 1960 waren 11,1% der 14-Jährigen auf der Realschule, 2003 waren es 25,4%. Im gleichen Zeitraum erhöhte sich bei den 14-Jährigen der Anteil der Gymnasiasten von 14% auf 33,1% (Datenreport 2004: 66). 1960 waren von den 16-Jährigen zwei Drittel auf der Berufsschule, 2003 nur noch knapp ein Fünftel. 2003 besuchten 14,9% der Schüler die Hauptschule, 13,1% die Realschule und 23,4% das Gymnasium. (Zu den aktuellen Daten s. Kapitel 2.3.2)

Eine der bedeutendsten Folgen der Bildungsreform ist die steigende Bildungsbeteiligung von Mädchen. Zwischen 1967 und 2002 erhöhte sich der Anteil der weiblichen Schulabgänger mit allgemeiner Hochschulreife an den Schulabgängern mit diesem Abschluss insgesamt von 36,5% auf 56,7% (Statistisches Jahrbuch 2004: 125). 1960 waren 27% aller Studienanfänger weiblich, im Wintersemester 2004/2005 waren es 48,8%.

7.2.3 Bildungschancen und Sozialschicht

Die Verteilung der Schüler auf ungleichwertige Bildungslaufbahnen ist nach wie vor von der sozialen Herkunft abhängig. Je höher die soziale Position der Eltern (v.a. Einkommen, Bildungsniveau), desto größer ist die Wahrscheinlichkeit, dass die Kinder einen höheren Bildungsabschluss erwerben. Dies wurde in den vergangenen Jahren in zahlreichen Studien nachgewiesen, insbesondere in den sog. PISA-Studien (s. Deutsches PISA-Konsortium 2002; als Überblick dazu Geißler 2005a).

Im Datenreport des Statistischen Bundesamts 2004 wird festgestellt:

> „Kinder aus der oberen Dienstklasse haben eine rund 9-mal bessere Chance, auf das Gymnasium zu gehen als Arbeiterkinder, und alle Jugendlichen aus anderen Sozialschichten haben eine 4-mal größere Chance für eine Gymnasialbildung als die Arbeiterkinder." (Datenreport 2004: 491)

Auf die besondere Situation von Jugendlichen mit Migrationshintergrund im Bildungssystem wurde bereits im Kapitel 2 hingewiesen.

Bildungssoziologische Studien haben diesen Zusammenhang, die herkunftsabhängige und dem Prinzip der Chancengleichheit widersprechende Zuweisung von Bildungschancen, immer wieder nachgewiesen. So ergab z.B. eine repräsentative Untersuchung in den alten Bundesländern Anfang der 1990er Jahre, dass Jugendliche bzw. junge Erwachsene, die die Hauptschule besuch(t)en, zu 82% Väter und zu 83% Mütter haben, deren höchster Schulabschluss die Hauptschule war. Umgekehrt verfügen nur 6% der Väter und 2% der Mütter, deren Kinder auf der Hauptschule sind, über die Hochschulreife (Apel 1992: 355).

Bei der Untersuchung der Ursachen dieser Situation sind u.a. die folgenden Gesichtspunkte hervorgehoben worden (s. zu den folgenden und weiteren Aspekten die Beiträge in Georg 2006):

- Zunächst ein einfacher, aber immer wieder übersehener Gesichtspunkt: Schulen bewerten Fähigkeiten, die nicht in der Schule, sondern vor und außerhalb der Schule erworben werden, insbesondere die sprachlichen Fertigkeiten, aber auch die Allgemeinbildung von Schülern. Damit bevorzugen Schulen diejenigen, die außerhalb der Schule Bildungsanregungen erhalten und benachteiligen die sog. ‚bildungsfernen Schichten'. In manchen konservativen Kreisen werden diese sozial erworbenen Fähigkeiten immer noch als angeborene Begabung missverstanden.
- Die Gymnasien sind eine durch das Bildungsbürgertum und die obere Mittelschicht geprägte Institution; Sprachgebrauch und Verhaltensnormen lehnen sich den Gewohnheiten dieses Milieus an und stellen, wie Basil Bernstein betont hat, Kinder und Jugendliche aus den unteren Schichten vor die Alternative, sich von ihrer Herkunft zu distanzieren, oder aber die Schule als eine ihnen fremde Institution zu erleben, was Scheitern wahrscheinlicher macht (s. dazu insbesondere den nach wie

vor sehr wichtigen Aufsatz ‚Der Unfug mit der kompensatorischen Erziehung‘, den Bernstein 1971 veröffentlicht hat).

- In der älteren Bildungsforschung wurde darauf hingewiesen, dass die Erfahrungen der benachteiligten sozialen Schichten zu niedrigen Bildungsaspirationen führen, also dazu, dass diese höhere Bildungsabschlüsse für nicht erreichbar oder nicht anstrebenswert halten. Neuere Daten deuten aber darauf hin, dass inzwischen auch ein erheblicher Teil der Benachteiligten die Bedeutung von Bildung anerkennt und entsprechende Abschlüsse anstrebt (s. Bauer/Bittlingmayer 2007).

- Hinzu kommt das Problem, dass ökonomisch benachteiligte Eltern mit geringem Bildungsniveau Jugendlichen kaum Unterstützung bei schulischen Lernprozessen geben können, und auch die finanziellen Sorgen wegen der langen Schul- und ggf. Studienzeit wirken wie eine Bildungsbarriere. Die Kosten für Gymnasium und Studium sind erheblich. Die Einführung von Studiengebühren trägt entsprechend nicht zur Herstellung von Chancengleichheit bei.

- Zu erwähnen ist auch, dass die Vorgaben des gegliederten Bildungssystems es LehrerInnen, SchülerInnen und Eltern als normal und selbstverständlich erscheinen lassen, dass es drei bzw. vier Niveaustufen und diesen entsprechende Schüler gibt und es erforderlich ist, den jeweiligen Schultypen eine hinreichende Zahl von Schülern zuzuweisen.

Für die Jugendsoziologie ist eine Konsequenz dieser Situation von besonderer Bedeutung: Die Gesamtheit der Jugendlichen wird im Bildungssystem in ungleichwertige Teilgruppen unterteilt. Abgrenzungen und Konflikte zwischen Jugendgruppen im Freizeitbereich haben in darin begründeten Über- und Unterlegenheitsvorstellungen eine Grundlage. Zudem werden Jugendliche damit in eine Gesellschaft eingeübt, in der soziale Ungleichheit als normal gilt.

Dass das Bild einer Gesellschaft, die in eine Ober-, Mittel- und Unterschicht aufgeteilt ist, so selbstverständlich scheint, ist vor dem Erfahrungshintergrund eines dreigliedrigen Schulsystems wenig erstaunlich: Die institutionelle Dreigliederung übersetzt sich in ein entsprechendes Denkmodell.

7.2.4 Schule im Erfahrungszusammenhang von Jugendlichen: Vergemeinschaftungen und Trennungen

Schulen und Schulklassen unterteilen Heranwachsende in altersgleiche Gruppen, die sich erwachsenen LehrerInnen gegenübersehen. Die Erfahrungen in der Schule sind folglich eine soziale Grundlage, die es nahelegt, dass gleichaltrige Heranwachsende sich als einander ähnlich und von Erwachsenen unterschieden erfahren. Insofern liegt es nahe zu formulieren: Nicht zuletzt die Schule führt dazu, dass Heranwachsende sich als von Erwachsenen unterschiedene Jugendliche erleben.

Zugleich führen Schulen auch zu Trennungen, nicht allein zwischen den Schulformen; auch innerhalb von Schulklassen entsteht regelmäßig eine Aufspaltung in schulkonforme und schuloppositionelle Jugendliche, in „Streber" und „Versager", „Anpasser" und „Rebellen", die sich zusammenschließen und gegeneinander abgrenzen (s. dazu klassisch Willis 1979).

Aus jugendsoziologischer Sicht besteht ein Kernproblem darin, dass Schulen notwendig einen Bruch – oder jedenfalls eine Differenzsetzung – im Verhältnis zur Alltagskommunikation Jugendlicher und zur Jugendkultur vornehmen müssen: Kernauftrag der Schule ist die Vorbereitung auf die Erwachsenengesellschaft durch Wissensvermittlung, Sozialisation und Erziehung. Über das, was Jugendliche in dynamischen und ggf. krisenhaften Phasen der Adoleszenz beschäftigt, kann in der Schule nur begrenzt geredet werden. Dies führt bei einem relevanten Teil Jugendlicher aber dazu, dass sie Schule als einen sozialen Ort erleben, an dem ihre Fragestellungen und Interessen nicht aufgegriffen werden.

Daraus ggf. resultierende Ablehnungen der Schule und Formen der Schulverweigerung sind in einer jugendsoziologischen Perspektive verständlich. Da schulische Misserfolge, insbesondere schlechte Abschlussnoten, aber nur schwer korrigierbar sind, ist dies folgenreich. Eine jugendsoziologische Schulforschung kann deshalb nicht davon absehen, dass die Institution Schule dazu tendiert, faktisch solche Schüler spezifisch zu sanktionieren, die aus von ihnen nicht zu verantwortenden Gründen eine besonders dynamische und ggf. krisenhafte Adoleszenz durchlaufen.

Auch die Erfahrung, dass gerade solche Schüler nach der Überwindung der Adoleszenzdynamik ggf. wieder gute Schüler oder gute Studierende werden, ist sozialwissenschaftlich erklärbar: Wie bereits angesprochen, gibt es Hinweise darauf, dass die Bewältigung einer heftigeren Adoleszenzkrise die individuelle Autonomie stärkt.

In einer jugendsoziologischen Perspektive ist die Bindung von Schulkarrieren an einen strikten und nicht unterbrechbaren Ablauf folglich problematisch.

7.3 Laufbahnen nach der allgemeinbildenden Schule

Für den Verlauf der Jugendbiographie nach dem Abschluss der allgemeinbildenden Schule sind unterschiedliche soziale Laufbahnen zu unterscheiden (s. dazu die Zahlen in Kapitel 1, Abschnitt 3):

- der Beginn eines Studiums an Hochschulen;
- eine berufliche Ausbildung im sog. Dualen System der beruflichen Bildung (betriebliche Ausbildung und Berufsschule), in Berufsfachschulen und Berufsakademien;
- die Aufnahme einer Erwerbstätigkeit, die keine berufliche Qualifikation voraussetzt bzw. die Arbeitslosigkeit;

- die Einmündung in das sog. Übergangssystem, d.h. in schulische und außerschulische Maßnahmen für diejenigen, die keine Lehrstelle finden bzw. als noch nicht ausbildungsreif gelten. Zu nennen sind hier das Berufsvorbereitungsjahr und das Berufsgrundbildungsjahr sowie die vielfältigen berufsvorbereitenden Maßnahmen der Bundesagentur für Arbeit, aber auch Praktika.

Bei der Verteilung der Schulabgänger kann nicht mehr von der klassischen Vorstellung ausgegangen werden, dass Abiturienten ein Studium aufnehmen, Haupt- und Realschüler eine berufliche Ausbildung. Denn

- ein erheblicher Teil der Auszubildenden hat Abitur (s.u.);
- ein hoher Teil der Haupt- und Realschüler findet keinen oder keinen direkten Einstieg in eine Berufsausbildung (s.u.).

In besonderer Weise problematisch ist die Situation der ca. 8% jedes Altersjahrgangs, die die Schule ohne einen qualifizierten Abschluss verlassen und deren berufliche Zukunftsperspektive damit sehr prekär ist.

7.3.1 Funktion des Übergangsystems

Das Übergangsystem, d.h. die Angebote für Jugendliche, die nach der Schule keinen Zugang zu einem Ausbildungs- oder Arbeitsplatz finden, ist keineswegs nur für eine kleine Minderheit bedeutsam, wie die folgenden Zahlen verdeutlichen.

Tabelle 22: Verteilung der Lehrstellensuchenden auf die Sektoren des beruflichen Ausbildungssystems (2005; Neubewerber)

Ausbildung im Dualen System	Schulische Bildungsgänge	Übergangssystem
535 Tsd. (43,3%)	211 Tsd. (17,1%)	488 Tsd. (39,5,%)

Quelle: Konsortium Bildungsberichterstattung (2006: 80)

Die Funktion der Maßnahmen des Übergangssystems wurde und wird immer wieder kontrovers diskutiert: Ob es sich tatsächlich um eine effektive Vorbereitung auf die spätere Ausbildung handelt, oder aber um bloße „Warteschleifen", ist umstritten.

Zudem wird darauf hingewiesen, dass ein längerer Verbleib im Übergangssystem dazu führen kann, dass sich die Chancen auf eine qualifizierte Ausbildung verschlechtern. Denn die Teilnahme an mehreren Qualifizierungsmaßnahmen kann als Indiz für individuelle Defizite interpretiert werden (s. dazu Baethge et al. 2007: 50ff.).

Darin, dass „eine halbe Million Jugendlicher in Maßnahmen mit wenig beruflichen Perspektiven und hoher Arbeitsmarktunsicherheit aufgefangen

146

wird" (ebd.: 5), wird auch ein Hinweis auf eine grundlegende Krise des Dualen Systems gesehen. Dieses sei wegen seiner Abhängigkeit von der wirtschaftlichen Entwicklung strukturell nicht in der Lage, die berufliche Qualifizierung Jugendlicher zu garantieren. Unter Bedingungen von Lehrstellenknappheit sind zudem soziale Selektionsprozesse zu verzeichnen:

> „Die Verschlechterung der Ausbildungschancen verteilt sich extrem unterschiedlich nach Regionen, vor allem aber nach schulischer Vorbildung. Nicht einmal mehr ein Fünftel der Ausbildungsanfänger ohne und nur noch zwei Fünftel mit Hauptschulabschluss münden ins duale System, die Mehrheit wird jeweils im Übergangssystem aufgefangen. Selbst mehr als ein Viertel der Realschulabsolventen landet (zunächst) im Übergangssystem. Die Größe des Problems dieser Zuweisung wird daran deutlich, dass die Erfolgswahrscheinlichkeiten des Übergangs in eine reguläre Berufsausbildung oder Beschäftigung gering sind und kaum die 40%-Marke überschreiten." (ebd.: 8)

7.3.2 Ausbildung im Dualen System und die sog. zweite Schwelle

Das Duale System, d.h. die Verbindung von betrieblicher Ausbildung und Berufschulen, umfasst ein Spektrum von über 300 Ausbildungsberufen, die nicht nur in Hinblick auf die Art der ausgeübten Tätigkeit zu unterscheiden sind. Sie bereiten auf Berufe vor, deren Sozialprestige ebenso hoch oder niedrig sein kann wie das erzielbare Einkommen.

Grundinformationen zur beruflichen Bildung finden sich in den regelmäßigen Berufsbildungsberichten des Bundesministerium für Bildung und Forschung (s. Berufsbildungsbericht 2006).

Der Zugang zu den einkommens- und prestigeträchtigeren Ausbildungsberufen, z.B. bei Banken, Versicherungen und im Groß- und Außenhandel setzt inzwischen in vielen Fällen das (Fach-)Abitur voraus. Auch seitens des Handwerks wird inzwischen beklagt, dass der Hauptschulabschluss nicht zureichend auf die Anforderungen heutiger Ausbildungsberufe vorbereitet und in der Folge eine grundlegende Reform der Schulen gefordert. So wird in der Stellungnahme eines Verbandes von Handwerksbetrieben formuliert:

> „Das Handwerk ist mit der Leistung des Schulsystems und insbesondere der Hauptschule unzufrieden. Die mangelnde Ausbildungsreife führt dazu, dass viele Lehrstellen unbesetzt bleiben (Berechnungen des BWHT zufolge waren es im Ausbildungsjahr 2006 mindestens 8.000 offene Lehrstellen), viele Azubis Schwierigkeiten haben, die Ausbildung erfolgreich zu absolvieren. Die Folgen für die handwerkliche Ausbildung sind enorm: Nachhilfeunterricht erforderlich, 20 Prozent Ausbildungsabbruch, über 10 Prozent Durchfallquote bei den Prüfungen, Nachwuchssorgen." (BWHT 2007: 1)

Nach den Daten des Berufsbildungsberichts (Berufsbildungsbericht 2006: 119) lag die Quote der vorzeitigen Auflösung von Ausbildungsverhältnissen 2004 bei 21%. Die höchste Abbrecherquote findet sich mit 26,2% im Handwerk, am geringsten ist sie im Öffentlichen Dienst mit 6,1%.

Auch nach einer abgeschlossenen Ausbildung ist der Übergang in eine Erwerbstätigkeit nicht garantiert. Nur knapp über 50% aller Ausgebildeten werden von ihrem Ausbildungsbetrieb in ein Beschäftigungsverhältnis übernommen. Im Jahr 2005 waren ca. 160 Tsd. Jugendliche nach der Ausbildung zunächst arbeitslos (Kock 2008: 10 und 22). An der sog. Zweiten Schwelle haben sich vielfältige Übergangsformen und Umwege in den Beruf entwickelt, so z.b. Beschäftigungen im Niedriglohnsektor oder in Form von Leiharbeit (s. Kock 2008: 50ff.).

Eine geradlinige Laufbahn von der Schule über die Ausbildung in den Beruf ist also keineswegs der Regelfall. Zur Veranschaulichung: Von 100 Ausbildungsstellenbewerbern münden nur ca. 60 direkt in eine Ausbildung ein, von diesen 60 brechen ca. 10 die Ausbildung vorzeitig ab, von den verbleibenden 50 werden 25 direkt als Fachkräfte im Ausbildungsbetrieb angestellt.

7.3.3 Geschlechterunterschiede in der beruflichen Bildung

2005 konzentrierten sich über 25% aller männlichen und über 30% aller weiblichen Auszubildenden auf nur 5 der insgesamt 359 anerkannten Ausbildungsberufe. Der Ausbildungsstellenmarkt ist, wie der Arbeitsmarkt, in weiten Bereichen geschlechtsbezogen segmentiert (s. dazu Beck-Gernsheim 1981).

Dies ist nicht allein ein Effekt des durch Geschlechtersozialisation bedingten Wahlverhaltens. Auch Betriebe gehen bei der Auswahl ihrer Auszubildenden von Vorstellungen über vermeintliche Passungen von Beruf und Geschlecht aus, ebenso wie Kunden im Dienstleistungsbereich. Der prototypischen Arzthelferin korrespondiert der Automechaniker (wie der Studentin mit der Fachrichtung Grundschullehramt der Maschinenbaustudent).

Tabelle 23: Auszubildende in den fünf am häufigsten gewählten Ausbildungsberufen (2005)

Ausbildungsberuf männlich	in %	Ausbildungsberuf weiblich	in %
Kfz-Mechaniker	8,0	Bürokauffrau	7,0
Industriemechaniker	5,3	Arzthelferin	6,8
Anlagenmechaniker für Sanitär-, Heizungs-, Klimatechnik	3,6	Kauffrau im Einzelhandel	6,3
Elektrotechnik-, Energie-, Gebäudetechnik	3,5	Friseurin	5,8
Kaufmann im Einzelhandel	3,5	Zahnmedizinische Fachangestellte	5,7
männliche Auszubildende insgesamt (Anzahl)	442.530	weibliche Auszubildende insgesamt (Anzahl)	404.232

Quelle: Statistisches Jahrbuch (2007: 136)

Für den Zugang zu einigen Ausbildungsberufen ist der Hauptschulabschluss längst nicht mehr hinreichend. Die Konkurrenz um knappe Ausbildungsplätze hat dazu geführt, dass in einigen Bereichen Abiturienten und Realschüler dominieren.

Tabelle 24: Vorbildung der Auszubildenden (2006) und Verteilung auf die Ausbildungsbereiche in Prozent

| Ausbildungsbereich | Vorbildung | | |
	Hauptschule incl. BGJ/BVJ	Realschul- oder gleichw. Abschl.	Hoch- oder Fachschulreife
Industrie/Handel	24,0	35,4	20,8
Handwerk	54,4	30,5	4,9
öffentlicher Dienst	5,6	56,9	33,4
Landwirtschaft	46,4	33,4	9,0
Freie Berufe	15,6	57,4	21,6
Hauswirtschaft	52,8	9,6	0,7
Seeschifffahrt	12,8	48,6	37,1
Insgesamt	32,6	35,8	16,1

Berufsbildungsbericht 2008: Übersicht 39

Aus der geschlechtsbezogenen Berufswahl ergeben sich Konsequenzen für beide Geschlechter: Aufgrund der typischerweise schlechteren Bezahlung der klassischen Frauenberufe und den ebenfalls typischerweise geringen Aufstiegs- und Entwicklungsmöglichkeiten ist eine eigenständige Existenzsicherung für Frauen in niedrig qualifizierten Berufen nur schwer möglich. Hinzu kommt die in nahezu allen beruflichen Bereichen geringere Einkommenshöhe (ca. 1/3) von Frauen bei gleicher Qualifikation. Geschlechtsbezogene Berufswahl bedeutet folglich nicht nur eine Einschränkung der Möglichkeiten für Mädchen und Jungen, sondern führt vielfach auch zu einer beruflichen Benachteiligung von Mädchen und Frauen. Inzwischen zeichnen sich aber auch Formen einer Benachteiligung von Jungen ab:

„Von der Öffentlichkeit bisher kaum wahrgenommen, hat die geschlechtstypische Ungleichheit in der Berufsbildung eine neue Richtung im Sinne einer starken Benachteiligung der männlichen Jugendlichen angenommen. Die neuen geschlechtstypischen Disparitäten äußern sich darin, dass die im Durchschnitt deutlich schlechteren allgemein bildenden Schulabschlüsse der Jungen (höherer Anteil ohne und mit Hauptschulabschluss, niedrigerer Anteil mit Realschulabschluss und Hochschulreife) den Übergang in eine Berufsausbildung unverhältnismäßig stärker erschweren als bei den jungen Frauen: Junge Männer stellen im Jahr 2004 58% der Neuzugänge ins Übergangssystem, die Frauen »nur« 42%. Sie haben im dualen System Anteile eingebüßt, ohne diese mit voll qualifizierenden Ausbildungen im Schulberufssystem kompensieren zu können. Auch bei der Arbeitslosigkeit haben sich die Relationen zwischen den Geschlechtern umgekehrt. Ab der Jahrhundertwende steigt die Arbeitslosenquote der 15- bis unter 25-jährigen Männer stärker als die der Frauen und liegt 2004 mit fast 14% um 4 Prozentpunkte über der der Frauen." (Baethge et al. 2007: 9)

149

7.4 Selektionsprozesse, riskante Übergänge und vielfältiges Scheitern

Schulische und berufliche Bildungsbiographien heutiger Jugendliche sind *erstens* dadurch gekennzeichnet, dass sozial zugemutete Erfahrungen des Scheiterns verarbeitet und bewältigt werden müssen. Dies betrifft

- das Sitzenbleiben in der Schule und das Scheitern an Abschlussprüfungen,
- erfolglose Bewerbungen um Ausbildungsstellen und Studienplätze,
- die Verweisung auf Warteschleifen im Übergangssystem,
- Ausbildungs- und Studienabbrüche sowie
- Arbeitslosigkeits- und Dequalifizierungserfahrungen nach Ausbildung bzw. Studium.

Zweitens erfolgt, wie dargestellt, eine sozial selektive Zuweisung in ungleichwertige und z.T. geschlechtsdifferenzierte Qualifizierungswege mit weitreichenden Folgen für den aktuellen und den künftigen sozialen Status.

Die Fähigkeit, solche Erfahrungen praktisch und psychisch zu bewältigen, im Sinne einer – in gegenwärtigem Jargon formuliert – ‚Unsicherheitsbewältigungskomptenz', stellt eine zentrale Anforderung an einen großen Teil der Jugendlichen dar. Hierauf werden sie in Schulen gewöhnlich nicht vorbereitet, zumal Lehrerbiographien gewöhnlich durch geradlinige Bildungswege (Schule – Hochschule – Schule) charakterisiert sind. Mit diesbezüglicher Unterstützung können Jugendliche insofern eher in der außerschulischen Jugend- und Sozialarbeit rechnen.

7.5 Jugend, Medien und Technik[1]

Die Erfindung und Durchsetzung von Massenmedien stellt eine weitreichende Veränderung dar, die moderne Gesellschaften von vormodernen unterscheidet. Denn damit wird ein Wissen zugänglich gemacht, das nicht an den eigenen direkten Lebenszusammenhang gebunden ist und auch über das hinausreicht, was Kindern und Jugendlichen durch pädagogische Institutionen zugänglich gemacht wird. Wissen ist unter Bedingungen moderner Massenmedien vorrangig ein pädagogisch nicht kontrolliertes Wissen aus zweiter Hand.

Gegenüber den anfänglichen Massenmedien Buch- und Zeitungsdruck stellen die audiovisuellen Medien eine erste qualitative Veränderung dar: Der Zugang zu Informationen ist hier nicht mehr an eine Vorbildung (z.B. Alphabetisierung und Lesekompetenz) gebunden, sondern nahezu voraussetzungs-

---

1   Diesem Kapitel lagen Vorarbeiten von Sabine Misoch (2004) zu Grunde.

los möglich. Mit der Entwicklung seit Mitte der 1980er Jahre hat sich eine zweite grundlegende Veränderung vollzogen: Mit dem Internet weitet sich das Volumen der zugänglichen Materialien nicht nur aus. Zudem werden Jugendliche potentiell zu Medienproduzenten, die nicht mehr auf kommerzielle Verlage angewiesen sind, so in den einschlägigen Internetplattformen wie Youtube oder Myspace. Zudem entstehen eigenständige Kommunikationsplattformen, durch E-Mail wird die Kommunikation prinzipiell entfernungsunabhängig und sog. virtuelle Welten wie Second Life ermöglichen aktives Handeln in einer medialen Welt.

Abbildung 5: Mediennutzung Jugendlicher in der Freizeit 2007

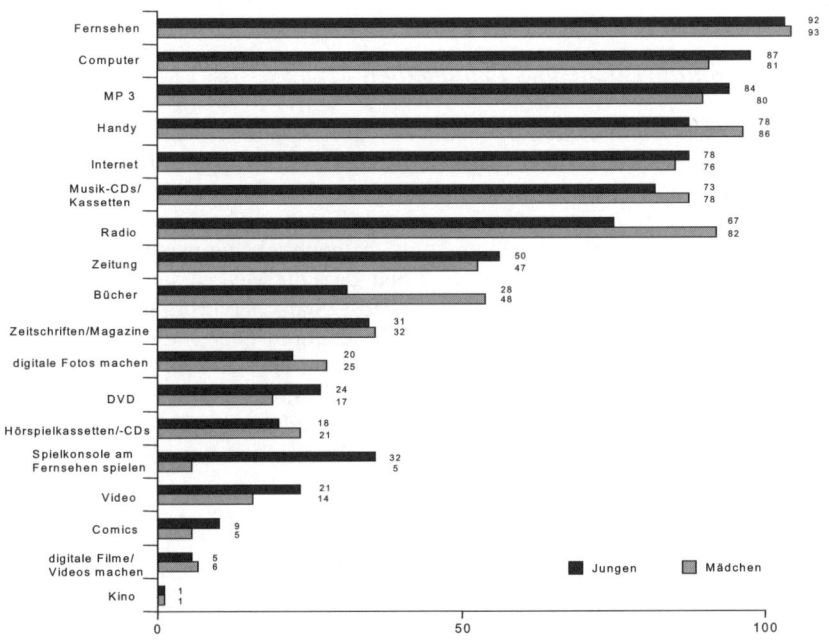

Quelle: JIM-Studie (2007: 12)

Die Vielfalt und die Verfügbarkeit der Medien hat sich also grundlegend gewandelt. Eltern und Lehrer haben ihre „Medienhoheit" gegenüber Jugendlichen verloren. In der Etablierungsphase des Fernsehens (etwa 1950-1970) waren Familienmitglieder noch um einen Fernseher versammelt und rezipierten gemeinsam – heute hingegen haben viele Jugendliche einen eigenen Fernseher sowie andere elektronische Medien. Seit dem Ende des 20. Jahrhunderts wachsen Jugendliche in einer hochkomplexen Medien(um)welt auf und damit in die moderne Informations- und Kommunikationsgesellschaft hinein. Elektronische Medien wie DVD-Player, Handy oder der multimediale Computer werden längst als eine kulturelle Selbstverständlichkeit angesehen und finden ihren Niederschlag in der alltäglichen Lebenspraxis der Jugendlichen (vgl. Tully 2004). Die weitreichen gesellschaftlichen Folgen der neuen Technologie werden von Manuel Castells in seiner breit angelegten Untersuchung des „Informationszeitalters" analysiert (s. Castells 2001).

Jugendliche eignen sich die neuen Technologien insbesondere in Gleichaltrigengruppen an und erwerben dabei z.t. erhebliche Kompetenzen. Sie sind hinsichtlich ihrer Medienpräferenzen sehr vielseitig und nutzen unterschiedliche Medien auf verschiedene Weise, abhängig von ihrem Alter, dem Bildungsgrad sowie der Geschlechtszugehörigkeit und den verfügbaren Ressourcen.

7.5.1 Audiovisuelle und Printmedien

Die Fernsehgewohnheiten Jugendlicher unterscheiden sich von denen Erwachsener: Sie wechseln häufiger die Programme (zappen), bevorzugen Serien (Soaps und Sitcoms) sowie Musikclips, d.h. sie wenden sich vornehmlich Fernsehangeboten zu, die sich durch Tempo, Abwechslung, Fragmentierung und „Zusammenballung von Augenblicksmomenten" (Ferchhoff 1999: 234) auszeichnen. Hierbei zeigt sich, dass die Medien nicht nur zwischen Fans und Idolen vermitteln, sondern selbst Stars hervorbringen. Bestimmte Fernsehsender und -sendungen sowie Moderatoren oder Akteure dieser Sendungen werden zu Stars für die Jugendlichen, an die sich *Fan-Kulturen* mit eigenen Zeitschriften, Büchern, Kleidung etc. anschließen. Fan-Kultur ist ein jugendkulturelles, aber auch unter Erwachsenen verbreitetes Phänomen, welches sich durch einen ggf. hohen Grad an Identifikation und Intensität auszeichnet, der – von den Massenmedien gestützt – vermarktet wird.

Im Gegensatz zum klassischen Fernsehen lässt sich beim Video- bzw. DVD-Konsum und nunmehr auch in internetgestützten Fernsehprogrammen das Genre des Films sowie der Zeitpunkt der Nutzung frei wählen und bestimmen. Videos werden oftmals von mehreren Jugendlichen zusammen angesehen. Es handelt sich hierbei folglich um ein Element der von den Jugendlichen selbst gestalteten Gruppenkultur.

Mediennutzung in Jugendgruppen ist kein passiver Konsum, sondern ein aktiver Prozess:

> „Sie sind alles andere als passive Zuschauer ..., sie arbeiten vielmehr aktiv mit der Mattscheibe zusammen und erzeugen ein neues Gewebe von Bedeutungen, die für sie relevant und die in ihrem eigenen Leben verankert sind." (Willis 1991: 48)

Auch Kinobesuche erfolgen fast immer in Gruppen (oder durch Paare). Manche Filme erlangen bei den Jugendlichen regelrechten Kultstatus. Das Ansehen dieser Filme wird dann zum umfassenden Ereignis und zieht oftmals die

Anschaffung anderer (Medien-)Objekte nach sich: CD (Soundtrack) zum Film, Buch zum Film etc.

Das Lesen von Büchern gehört für viele Jugendliche zu den Freizeitaktivitäten, die oft bzw. sehr oft ausgeübt werden, wobei die Prozentwerte nach Geschlecht differieren: Mädchen geben signifikant häufiger als Jungen der gleichen Altersgruppe an, oft bzw. sehr oft Bücher zu lesen. Der Zeitschriftenmarkt ist zunehmend spezialisiert und individualisiert. Das Lesen einer Zeitschrift ist – neben dem Lesen spezieller Jugendzeitschriften – eng mit einem anderen Interesse oder Hobby verzahnt, welches von der Zeitschrift thematisch aufgegriffen wird: Computerzeitschriften, Pferdezeitschriften, Musikzeitschriften, Fan-Zeitschriften zu Fernsehsendungen (Soaps) und Stars usw.

7.5.2 Auditive Medien

Das Telefonieren gehört für ältere Kinder und Jugendliche zu den häufigen Tätigkeiten – und dies nicht nur in der Freizeit. Durch die Verbreitung von Handys verfügen die meisten Jugendlichen heute über ein eigenes Telefon, dessen Nutzung von Eltern nur unter finanziellen Gesichtspunkten kontrolliert werden kann. Die Verbreitung dieser neuen Technik wurde nicht zuletzt von den Jugendlichen vorangetrieben.

Die jugendkulturelle Nutzung der Mobilfunktechnologie spiegelt sich auch in den Praktiken der Werbeindustrie wider. Die Bilder und Slogans der Handywerbung, die neben Mobiltelefonen farbige, wechselbare Verschalungen, variationsreiche Klingeltöne, Display-Logos u.a. vermarkten, richten sich vor allem an Jugendliche. Das Handy wird jugendkulturell zum symbolischen Artefakt, zum unverzichtbaren Zeichen der Zugehörigkeit. Auch das digitale Kommunikationssystem *SMS* (*short message service*) findet Anklang bei Jugendlichen, die so via Handy schriftlich miteinander kommunizieren. Durch den Dienst SMS wurde das klassische auditive Medium „Telefon" um eine visuelle Ebene erweitert; dies war der erste Schritt hin zum Multimedia-Handy, welches beispielsweise als Fotoapparat, MP3-Player oder digitales Aufnahmegerät verwendet werden kann.

7.5.3 Computernutzung und Internet

Empirische Erhebungen zeigen, dass die Zahl der Jugendlichen, die ihre Freizeit am Computer verbringen, in den letzten Jahren stetig zugenommen hat. Waren es im Jahre 1991 lediglich 17,8% der Mädchen und 36,8% der Jungen, die angaben, oft bzw. sehr oft in ihrer Freizeit einen Computer zu nutzen, so waren es im Jahre 2004 bereits 64% der Mädchen und 78% der Jungen. Jeder zweite Jugendliche besitzt einen Computer, fast jeder Haushalt ist mit einem PC ausgestattet (JIM 2004: 9ff.).

Computerspiele sind eine Weiterentwicklung der Videospiele, die die ersten interaktiven Medien mit audiovisueller Qualität darstellten; inzwischen haben aber Computerspiele den Videospielmarkt zum größten Teil abgelöst. Die Beschäftigung hiermit ist für viele Jugendliche oft der erste Kontakt mit dem Computer.

Die zunehmende Vernetzung der Computer durch das Internet eröffnet auch in Bezug auf Computerspiele neue Dimensionen. Viele Spiele werden von Einzelspielern oder sog. „Clans" (Spielergemeinschaften) über das Internet gespielt. Immer häufiger finden *LAN-Partys* (*Local Area Network*) statt, Veranstaltungen, bei denen Jugendliche ihre Computer zu einem Netzwerk zusammenschließen, in Teams oder alleine gegeneinander spielen. Zu nennen wären hier auch die *MUDs* (*Multi User Dungeons/Dimensions*), die das Agieren in einer (computergenerierten) interaktiven graphischen (oder textuellen) Umwelt ermöglichen.

Inzwischen nutzen über 80% der Jugendlichen zwischen 12 und 25 Jahren das Internet. Wenn man bedenkt, dass bundesweit insgesamt ca. 52,6% der Bevölkerung über 14 Jahre (ARD/ZDF-Onlinestudie 2004) das Internet nutzen, so belegen diese Zahlen die besondere Relevanz des Internet für Jugendliche, vor allem für männliche aus den städtischen Gebieten.

Das Internet stellt einen medialen Sonderfall dar: Es handelt sich um ein vielfältig nutzbares, fragmentiertes, multimediales und interaktives Medium. Das Internet kann zur Informationssuche, zur Unterstützung von Arbeitsvorgängen, zum Zeitvertreib (zum „Surfen" – dem „Zappen" im Internet), zur Kommunikation und zu vielem mehr genutzt werden. Die Jugend zu Beginn des 21. Jahrhunderts ist die erste Generation, die mit diesem multifunktionalen Medium aufwächst; sie wird deshalb auch als *Cybergeneration* oder als *Generation@* bezeichnet (vgl. Opaschowski 1999). Die kulturellen Veränderungen im Zuge dieses Modernisierungsprozesses gehören für die heutige Jugend zur alltäglichen Normalität, sie wachsen mit großer Selbstverständlichkeit in die virtuelle Gesellschaft hinein.

Ein Drittel der Jugendlichen nutzt das Internet zwischen 10 und 20 Stunden in der Woche; ein Prozentsatz von ca. 15% ist mehr als 40 Stunden in der Woche *online*. Das Internetnutzungsverhalten der Jugendlichen unterscheidet sich strukturell von dem der Gesamtbevölkerung, d.h. von dem der Erwachsenen. Finden sich bei diesen die höchsten Nutzungsraten des Internet in den Bereichen Arbeit, Bildung und Einkauf, so sind für die Jugendlichen vor allem die Bereiche Unterhaltung, Bildung, Zeitvertreib und Kommunikation wichtig (http://www.gvu.gatech.edu/).

Die Relevanz von kommunikativen Angeboten durch das Netz und deren jugendkulturelle Bedeutung zeigt sich u.a. auch an den Nutzerzahlen der *Chatrooms*: 80% der Jugendlichen unter 20 Jahren *chatten* regelmäßig und fast ein Viertel von ihnen befindet sich täglich in Chatrooms (vgl. Misoch 2004).

7.6 Techniknutzung und Techniksozialisation[2]

Jugendliche benutzen Technik, um ihre Verselbständigung zu organisieren und zu gestalten. Von daher spielen Objekte und Apparate für Mobilität und Kommunikation ebenso wie solche für Musik, Bilder und Filme eine herausgehobene Rolle. In welchen Feldern nutzen Jugendliche Technik und wie eignen sie sich diese an? Wie der Gebrauch von Technik auf den Jugendalltag zurückwirkt, wie wird er gestaltet, verändert und geprägt?

In seiner technikphilosophischen Betrachtung führt Heinrich Popitz (1995) aus, dass sich die Entwicklung einer Gesellschaft in den von ihr benutzten Apparaten spiegelt.

In der Rückschau auf die Geburtsjahrgänge der 1950er Jahre zeichnet sich ab, dass das eigene (Koffer-)Radiogerät, Fahrrad und Moped Ausdruck von Verselbständigung sind. Für die in den 1970er und 80er Jahren Geborenen spielt die Nutzung von Computern als Apparat des Kopierens und Spielens eine zentrale Rolle (Tully 2003: 144ff.). Es ist auch die Generation, die mit einem neuen, standardisierten, leicht montierbaren und preiswerten skandinavischen Selbstbaumöbel aufwächst. Diese repräsentieren einen auf neuen Produktionstechniken gründenden Zeitgeschmack.

Über Techniknutzung entstehen Erlebnisgemeinschaften, die für unterscheidbare Technikgenerationen stehen. Sackmann und Weymann (1994) differenzieren wie folgt: ‚vortechnische Generation' (vor 1933 geboren), ‚Generation der Haushaltsrevolution' (1939-1948 geboren), ‚Generation der Haushaltstechnisierung' (1949-1964) und ‚Computergeneration' (nach 1964 geboren).

Aus heutiger Sicht gilt es, die Generation, die verstärkt Kommunikationstechnik nutzt, anzuschließen. Auffällig ist für diese, dass Technik nun nicht mehr männlich ist. Sie wird von jungen Frauen und Mädchen gleichermaßen genutzt. Der Lebensalltag Jugendlicher ist technisch durchformt: von der Speisenzubereitung (Mikrowelle, Fertigprodukte, fast food) über Fitness und Bodystyling (Crosstrainer, Stepper, Ergometer), Mobilität, Kommunikation (Handy, ICQ, VZs, SMS), Unterhaltung (MP3, Videoclip) und Spiele (online, im Second Life) bis zur Hightech-Kleidung.

Technik wurde bis in die 1980er Jahre vorrangig als Instrument zur Erzeugung von Gütern, Vorrichtungen und Verfahren angesehen. Ihr bevorzugter Einsatz: Produktion und Transport. Traditionelle Technik steht für funktionsgebundene und zweckhaft eingesetzte Technik. Funktionsorientierte Technik schafft geordnete und berechenbare Verhältnisse, es geht um Normierung und Standardisierung.

Kontrastierend dazu ist Technik heute nicht zwingend funktionsgebunden, sie ist ergebnisoffene Technik, „deren spezifische Eigenschaften über

---

2   Autor dieses Abschnitts ist Prof. Dr. Claus Tully (Deutsches Jugendinstitut); ihm ist für seine Bereitschaft zu danken, den Beitrag zur Verfügung zu stellen

Kontextualisierungsleistungen der Benutzer hergestellt werden" (Tully 2003, 193). Damit kommen der Ästhetik, der Convenience (Annehmlichkeit), der Nutzung von Bildern und Tönen wachsende Bedeutung zu, lokale und sachliche Bezüge sind in Auflösung begriffen. Bilder lassen sich einfach erzeugen und sie steuern immer häufiger die Wahrnehmung. Das Bewusstsein von Zusammenhängen wird durch Technik neu konstituiert, wenn sie beständig neue Möglichkeiten eröffnet. Insofern liegen die Risiken darin, dass Technik immer weniger als etwas Äußeres erlebt wird.

Je einfacher Technik in ihrer Anwendung wird und je weniger wichtig das Studium ihrer Funktionsweisen ist, desto bedeutsamer wird das Wissen um die mit der Techniknutzung einhergehenden sozialen Veränderungen. Je einfacher der Zugang zur und der Umgang mit Technik wird, desto umfassender die Einladungen zur Selbstkontextualisierung. Wenn das kontrastierende Gegenüber der „harten Technik" (Hardware im klassischen englischen Sinne) nicht mehr erlebbar ist, kann die Gestaltung sozialer Bezüge durch Technik aus dem Blick geraten.

Niklas Luhmann (1986) zeigte auf, dass Umweltgefahren erst dann als soziale Sachverhalte gesehen werden, wenn es gelingt, über Ökologie eine entsprechende Kommunikation in Gang zu setzen. Analog gilt für Technik heute, sie ist ergebnisoffen und effektorientiert. Statt Funktionswissen zu erlernen, werden Lernprozesse, die für den Umgang mit Artefakten und die sozialen Folgen, welche mit ihrer Benutzung einhergehen sensibilisieren unabweisbar.

7.7 Religionen und Kirchen

Die Auseinandersetzung mit Religionen als ein soziales Phänomen war ein zentrales Thema der klassischen Soziologie, so bei Max Weber und Emile Durkheim (s. dazu Knobloch 1999: 39ff.). In der Soziologie wurde von den Klassikern ausgehend bis vor wenigen Jahren davon ausgegangen, dass Religion im Modernisierungsprozess kontinuierlich an Bedeutung verliert (Säkularisierung) und zur Privatangelegenheit einer Teilgruppe der Bevölkerung wird.

Entsprechend fand das Thema Religion und Kirche in der soziologischen Jugendforschung zunächst wenig Beachtung. Erst die Repräsentativuntersuchung „Jugendliche + Erwachsene '85" ging explizit auf die Phänomene Konfessionalität, Religiosität und Kirchlichkeit ein (vgl. Fuchs 1985 und die Untersuchungsergebnisse von Feige 1988 und Silbereisen et al. 1996).

Heiner Barz (1992) legte nach über 30 Jahren die erste größere empirische Studie zur Religiosität der jungen Generation in den alten Bundesländern vor (eine Zusammenfassung der jugendspezifischen religions- und kirchensoziologischen Untersuchungen der Zeit 1959-1989 gibt Keil 1989).

Hingegen fand das Thema *Jugendsekten* über einige Jahre große Aufmerksamkeit (zu Sekten vgl. Kap. VI).

Die neuere Religionssoziologie (Knoblauch 1999) stellt die Säkularisierungsthese in Frage. Es wird angenommen, dass kein genereller Bedeutungsverlust religiöser Orientierungen in modernen Gesellschaften festzustellen sei, sondern eher ein Formwandel des Religiösen, insbesondere eine Ablösung von den traditionellen Kirchen. Anlass für solche Überlegungen sind u.a. bedeutsame religiöse Bewegungen in Lateinamerika, der starke politische Einfluss religiöser Gruppierungen in den USA oder die Tatsache, dass Auftritte des katholischen Papstes zu Massenevents geworden sind; hinzu kommt die Bedeutungszunahme des Islam in den arabischen Staaten und Teilen Asiens. Vor diesem Hintergrund wurde die These formuliert, dass eine weitreichende Säkularisierung möglicherweise als ein Prozess zu verstehen ist, der eine Sonderentwicklung darstellt, die nur in Mittel- und Nordeuropa, v.a. im 20. Jhdt., stattgefunden hat (ebd.: 20ff. und 170ff.).

In einer soziologischen Perspektive können Religionen als Weltbilder verstanden werden, die davon ausgehen, dass es eine jenseitige Wirklichkeit gibt, auf die die weltliche Ordnung bezogen ist und an deren Vorgaben sich die Gläubigen in ihrer alltäglichen Lebensführung orientieren sollen. Die Vorstellungen eines mächtigen Gottes, der das Schicksal der Menschen beeinflusst, ist ein spezifisches Merkmal der monotheistischen Religionen, des Judentums, Christentums und des Islams (s. Knobloch 1999: 23). Ein gemeinsames Merkmal von Christentum und Islam besteht darin, dass es sich um Erlösungsreligionen handelt. D.h.: Um Religionen, die den Gottgefälligen ein besseres Leben nach dem Tod in Aussicht stellen und damit eine Kompensation von Leid und Einschränkungen im gegenwärtigen Leben.

Religionen sind für die Soziologie nicht nur als Weltanschauungen mit moralischen Überzeugungen und Ethiken der alltäglichen Lebensführung von Interesse. Religiosität ist auch eine wichtige Grundlage für soziale Zugehörigkeiten und Abgrenzungen.

7.7.1 Zur Empirie von Religiosität und Kirchlichkeit

Nach vorliegenden Umfrageergebnissen ist davon auszugehen, dass über 70% aller Jugendlichen im weitesten Sinne religiös sind, d.h. „an Gott oder eine andere höhere Macht" glauben (Siemann 2007: 309).

Die überwiegende Mehrheit aller Jugendlichen gehört (in Westdeutschland) – jedenfalls formal – einer Religionsgemeinschaft an, der sie in der Regel qua Geburt zugewiesen werden.

Tabelle 25: Religionszugehörigkeiten in Deutschland (2006)

Evangelische Christen	ca. 25 Millionen
Katholische Christen	ca. 25 Millionen
Muslime	ca. 3,2 Millionen
Andere christliche Gemeinschaften (Freikirchen, orthodoxe Christen)	ca. 2. Millionen
Juden	ca. 108 Tsd.

Quellen: Datenreport 2004; Statistisches Jahrbuch 2007

Hinzu kommt eine geringe Zahl von Angehörigen anderer Religionen (z.B. Buddhisten); ca. ein Drittel der Bevölkerung gehört keiner Religion an.

Als eine Nebenfolge der Einwanderung, insbesondere aus der Türkei, ist der Islam zu einem wichtigen Bestandteil der Religionen in der Bundesrepublik geworden. Ca. 5% aller Schüler an allgemeinbildenden Schulen stammen aus einer Familie muslimischen Glaubens (Datenreport 2004: 589).

Die osteuropäische Immigration hat seit Beginn der 1990er Jahre auch zu einer Erhöhung der Zahl der in Deutschland lebenden Juden geführt.

Da die Zahl der gemischt-konfessionellen Ehen in den letzten Jahrzehnten stark zugenommen hat, teilen ca. ein Drittel der Jugendlichen das religiöse Bekenntnis nur mit einem Elternteil. Der Anteil der konfessionell gemischten Ehen an der Gesamtzahl der bestehenden Ehen betrug 1901 noch 8,8%, 1951 dann 25,4%, 1972 schon 32,7% (Statistisches Jahrbuch 2000: 69).

7.7.2 Bedeutungswandel von Religiosität

In der bundesdeutschen Nachkriegsgesellschaft war die vorherrschende Form von Religiosität ein Verständnis des Christentums als verbindliche Grundlage der eigenen Lebensführung. Schulischer Religionsunterricht war Pflicht. Der wöchentliche Kirchbesuch war weit verbreitet. Sexuelle Tabus wurden gegenüber Jugendlichen zentral religiös begründet.

Die vorliegenden Untersuchungen über Religiosität und Kirchlichkeit zeigen einen Wandel des Phänomens seit den 1960er Jahren. Nach Kaufmann und Stachel (1981) waren bereits zum damaligen Zeitpunkt folgende Verallgemeinerungen möglich:

- In Westeuropa sei ein Trend des Rückgangs kirchenbezogener Religiosität festzustellen. Das gelte für Kirchenbesucherzahlen, Sakramentempfang, Priesterweihe, religiöse Einstellungen, aber auch für die gesamtgesellschaftliche Einschätzung des Einflusses von Kirchen und Religionen; besonders deutlich zeige sich der Rückgang kirchenbezogener religiöser Phänomene in der jüngeren Generation;

- auch bei landläufig als „religiös" oder „kirchlich" geltenden Personen fänden sich Auffassungen, die von der offiziellen Lehre der Kirchen abweichen;
- gleichwohl sei eine generelle Kirchenfeindlichkeit nicht auszumachen.

Seitdem hat sich die Entwicklung zu einem pragmatischen Umgang mit der eigenen Religion bei den Anhängern der christlichen Kirchen fortgesetzt: Gottesdienste werden eher selten besucht, kirchliche Dienste werden vor allem bei Taufen, Hochzeiten und Beerdigungen in Anspruch genommen.

Unter Jugendlichen sind jedoch auch Formen einer traditionellen christlichen Religiosität, die durch erlebnisorientiert-popkulturelle Events angereichert werden, verbreitet (s. Pfadenhauer 2007).

Bezogen auf einen Teil der Jugendlichen mit Migrationshintergrund zeichnet sich ein anderes Bild ab. In ihrer Studie über Mädchen aus Einwandererfamilien kommen Boos-Nünning und Karakasoglu (2005: 382ff.) zu dem Ergebnis, dass ca. 90% der Befragten mit griechischem, türkischem und italienischem Migrationshintergrund sich eindeutig religiös zuordnen; eine Mehrheit der befragten Muslimas, aber auch ein großer Teil der befragten Katholikinnen spricht der Religion große Bedeutung für das eigene Leben zu (45% bei italienischem Hintergrund, 70% bei jugoslawischem Hintergrund).

Diesen Befund bestätigt auch eine neuere Befragung; dort wird zudem aufgezeigt, dass eine starke religiöse Identifikation bei Muslimen häufig mit einem niedrigen sozialen Status einhergeht (Brettfeld/Wetzels 2007: 17ff.). Dies ist ein Hinweis darauf, dass religiöse und auch so genannte ethnische Identifikationen sich nicht schlicht von selbst ergeben, sondern als „Selbstethnisierung" (Bommes/Scherr 1991) häufig eine Form der Auseinandersetzung mit Benachteiligungen und Diskriminierungserfahrungen sind (s. dazu auch Hormel/Scherr 2003).

Jugendsoziologische Studien weisen weiter darauf hin, dass die gängige Vorstellung einer traditionellen, mit Ehrbegriffen, männlicher Dominanz und massiven Einschränkungen für Mädchen und Frauen einhergehenden muslimischen Religiosität allzu vereinfachend ist. Julia Gerlach (2006) hat in ihrer Studie ‚Zwischen Pop und Dschihad' differenziertere Beschreibungen der heterogenen Umgangsformen muslimischer Jugendlicher mit ihrer Religiosität vorgelegt. Die gängige Vorstellung, dass jugendliche Migranten mit islamischer Religiosität sich in ihrer Lebensführung umfassend an religiösen Vorgaben ausrichten, stellt ein empirisch widerlegbares Vorurteil dar (s. dazu auch Wensierski/Lübcke 2007).

In diesem Zusammenhang ist neben einer erheblichen Verbreitung antiislamischer Einstellungen auch auf den auch unter Jugendlichen immer noch einflussreichen Antisemitismus hinzuweisen (s. Scherr/Schäuble 2008).

7.7.3 Religiosität in den neuen Bundesländern

Die DDR war ein Staats- und Gesellschaftssystem auf demonstrativ atheistischer Basis. Der Kirchenkampf ließ jedoch mit der Zeit an Intensität nach; Staat und Partei der SED versuchten, nicht zuletzt wegen der Selbstdarstellung im Ausland, einen modus vivendi zu finden. In der Untersuchung „Jugend 2000" gaben nur 13% der Jugendlichen in den neuen Bundesländern an, Mitglied einer Konfession zu sein, dagegen waren 80% der westdeutschen Jugendlichen einer Konfession zugehörig (Jugend 2000: 157). Ein konfessionelles Milieu, wie es sich in den alten Bundesländern regionaltypisch immer noch aufweisen lässt, war in der DDR nicht mehr gegeben. Damit entfiel für Jugendliche und Elternhäuser das entsprechende Umfeld bei ihrer konfessionellen Sozialisation. Während 78% der ostdeutschen Jugendlichen sich als nichtreligiös bezeichneten, taten dies in Westdeutschland nur 47% der Jugendlichen (Jugend 2000: 173).

Tabelle 26: Religiosität in den alten und neuen Bundesländern

Deutschland	Beten (manchmal oder regelmäßig)			
	1984	1991	1999	2006
West	36	39	32	33
Ost	–	1	11	9

Quelle: Achenbach et al. (2006: 24); Hurrelmann/Albert (2006: 223)

7.8 Jugend und Sport

Sport kann soziologisch zum einen als ein eigenständiger gesellschaftlicher Teilbereich betrachtet werden, in dem andere Normen, Werte, Regeln und Ideale gelten als in den übrigen Teilsystemen der Gesellschaft:

Im Sport kommt der Körperlichkeit eine hohe Bedeutung zu, sportliche Betätigungen sind ein Selbstzweck jenseits der Zwänge der Erwerbsarbeit; die Sinnwelten von Marathonläufern, Fußballfans oder Bergsteigern stellen sich denjenigen als merkwürdig und in gewisser Weise fremd dar, die selbst keine Nähe zur jeweiligen Sportart haben.

Zum anderen aber gilt: Der Leistungssport, aber auch der Freizeitsport sind keineswegs jenseits der übrigen gesellschaftlichen Teilbereiche angesiedelt. Professioneller und Publikumssport sind in der Gegenwartsgesellschaft von wirtschaftlichen Interessenlagen durchdrungen; der Zugang des Publikums zum Sport wird zentral durch die Massenmedien ermöglicht; die Logik der Leistungskonkurrenz weist im Sport ähnliche Merkmale auf wie in Schulen und der Arbeitswelt. Im Sport werden Geschlechterverhältnisse realisiert und dargestellt; Veränderungen der gesellschaftlichen Geschlechterverhältnisse werden auch im Sport vollzogen und sichtbar. Sport hat zudem eine hohe politische Bedeutung, insbesondere als Möglichkeit, Nationalität in Szene zu setzen und nationale Identifikation nahe zu legen, usw. Sport stellt also ein komplexes gesellschaftliches Phänomen dar und es gilt: Jede Gesellschaft bringt denjenigen Sport hervor, der ihren sonstigen Strukturen entspricht.

Die Ausübung und auch das Publikum bestimmter Sportarten war historisch an die Zugehörigkeit zu bestimmten Ständen und Klassen gebunden; solche Zusammenhänge finden sich auch noch in der Gegenwartsgesellschaft: Der Fußballsport hat typischerweise eine andere soziale Verortung als Golfclubs oder Reiterstaffeln.

Sport ist aber, wie erwähnt, auch eine Gegenwelt, in der manche Werte auch deshalb bedeutsam sind, weil sie in anderen Teilbereichen keine oder nur geringe Geltung haben, z.b. Fairness (s. als grundlegende Studien zur Sportsoziologie etwa Elias/Dunning 2003; Bette 1999; Schwier 2000). Im Sport kommt es, anders als in weiten Bereichen der Arbeitswelt, primär auf den Körper an. Jürgen Zinnecker (1987: 234) argumentiert diesbezüglich, dass „im Medium des sportiven Körpers expressive Selbstdarstellungen, soziale Zuordnungen, spannungsgeladene ‚action' organisiert werden – als historisch neuartige Gegenorganisationen zu zweckrational gestalteten Großorganisationen und privatistisch eingeengtem Familienleben" (Zinnecker 1987: 234).

Für die Jugendsoziologie ist der Sport vor allem aus folgenden Gründen bedeutsam:

- Der Leistungs-, Freizeit- und Publikumssport ist eine der wichtigsten Freizeitbetätigungen für Jugendliche,
- die Sportvereine und Verbände sind für die Erziehung und Sozialisation Jugendlicher einflussreiche Institutionen,
- Jugendlichkeit und Sportlichkeit waren und sind eng aufeinander bezogen; von Jugendlichen wird einerseits gesellschaftlich erwartet, sportlich aktiv, körperlich fit und leistungsfähig zu sein, Sport ist entsprechend ein schulisches Pflichtfach; anderseits gilt Sportlichkeit als Indiz für Jugendlichkeit, wer sich als Erwachsener sportlich betätigt, inszeniert damit auch Elemente von Jugendlichkeit (im Sinne von körperlicher Leistungsfähigkeit, Beweglichkeit).

7.8.1 Jugendlichkeit und Sport

Die Jugendphase und das frühe Erwachsenenalter sind gewöhnlich eine Zeit hoher motorischer Lernfähigkeit, der sich voll entwickelnden körperlichen Kräfte und möglicher körperlicher Höchstleistungen.

Zwischen Jugend und Sport gibt es seit der griechischen Antike institutionell und kulturgeschichtlich große Affinitäten (vgl. dazu als klassische

Studie Elias/Dunning über „Sport im Zivilisationsprozess", 2003). Sport war bis Mitte des 20. Jhdts. auch ein Mittel der Vorbereitung der männlichen Heranwachsenden für ihre Verwendung als Soldaten (körperliches Training, Disziplinierung).

Seit der Herausbildung nationaler Sportkulturen – wobei in Deutschland seit Beginn des 19. Jahrhunderts die körperliche Ertüchtigung durch turnerische Leibeserziehung einen besonderen Stellenwert hatte – wird Jugendlichkeit als gesellschaftliches Leitbild bedeutsam und auch als körperliche Leistungsfähigkeit, Gesundheit und Fitness definiert.

Unter den Jugendverbänden haben die Sportverbände die relativ höchsten Mitgliedschaftszahlen. 60% aller männlichen, 40% aller weiblichen Jugendlichen in der Altersgruppe 15-18 Jahre sind Mitglied in einem Sportverein (19-26-Jährige: 38% bzw. 21%; s. Bestandsstatistik des Deutschen Sportbundes 2004; s. auch die Daten im folgenden Kapitel). Geht man weiter davon aus, dass ein erheblicher Teil der Jugendlichen zudem durch den Schulsport regelmäßig sportlich aktiv ist und berücksichtigt man die sportlichen Aktivitäten außerhalb von Vereinen und Schulen, dann ist ersichtlich, dass der Sport ein wesentliches Element der Freizeitgestaltung Jugendlicher ist.

Sport als Publikumssport wird von Jugendlichen und Erwachsenen wie andere Medienereignisse konsumiert und ist ein gängiges Thema „geselliger Kommunikation" (vgl. Bette/Schimank 2000; Bette 1999). Medial berichtete Sportereignisse stellen einen unproblematischen Themenvorrat für Alltagskommunikation zur Verfügung.

Zudem sind Sportereignisse als außeralltägliche Erlebnisinszenierungen bedeutsam: Bei den Massenveranstaltungen in Sportstadien werden „vorhandene Emotionsregeln umdefiniert, die Hemmungen und Distanzierungen des normalen gesellschaftlichen Verkehrs überwunden – der institutionell begrenzte Exzess als Intensivierung eines ‚verflachten' Lebens" (Alkemeyer 2003: 16).

Bezogen auf sog. „bewegungsorientierte Jugendkulturen" (Skater, Streetballer) wird darauf hingewiesen, dass diese sich den urbanen Raum in spezifischer Weise aneignen, etwa die Konsumzonen der Innenstädte in Orte der sportlichen Betätigung und der Selbstinszenierungen umdefinieren (Schwier 2000: 42ff.).

7.8.2 Soziales Geschlecht und soziale Ungleichheit im Jugendsport

Sportliche Aktivitäten Jugendlicher sind geschlechtsbezogen unterschiedlich ausgeprägt. Das Sporttreiben nach Geschlechtern institutionalisiert eine bedeutsame Form der Herstellung und Darstellung von Männlichkeit bzw. Weiblichkeit. In einer aktuellen Analyse hat Constanze Engelfried (2008) aufgezeigt, dass der Sport auch gegenwärtig noch ein sozialer Ort ist, an dem traditionelle Männlichkeitsmuster fortgeschrieben werden. Zwar vollzieht sich auch im Sport ein Wandel der Geschlechterverhältnisse. Der Aufstieg des Frauenfußballs stellt soziologisch einen exemplarischen Fall für die Eroberung eines traditionell exklusiv männlichen sozialen Teilbereichs durch Mädchen und Frauen dar. Aber auch gegenwärtig ist im Sport Geschlechtertrennung noch vorherrschend; deshalb stellt der Sport auch für Jugendliche soziale Zusammenhänge her, in denen das soziale Geschlecht durch Anpassung an die Rituale und Normen geschlechtshomogener Gruppen eingeübt wird (vgl. Meuser 2004).

Sport ist, wie erwähnt, nicht jenseits der sozialen Klassen und Milieus angesiedelt: Massensportarten wie Fußball sind von Elitesportarten (Golf, Segeln) zu unterscheiden. Auch in der Mitgliederstruktur der entsprechenden Vereine spiegeln sich soziale Ungleichheiten und Abgrenzungen wider. Der Sportsoziologe Jürgen Schwier fasst die Ergebnisse zahlreicher Untersuchungen wie folgt zusammen:

> „Sportarten und -vereine weisen (...) deutliche Hierarchien auf. Im Verhältnis zu Männern sind Frauen nach wie vor unterrepräsentiert. Sportbezogene Bedürfnisse, Werte, Leit- und Körperbilder, Einstellungen Verhaltensmuster (...) sind klassenspezifisch geprägt und werden über einen bestimmten Habitus vermittelt" (Schwier 2005).

7.8.3   Weitere soziale Aspekte des Sports

Sport ist also mehr als die selbstzweckhafte, mehr oder weniger spielerische oder leistungsorientierte Betätigung des eigenen Körpers. Im Sport überlagern sich vielfältige Motive. So ist der Sport in der Gegenwartsgesellschaft zugleich auch ein Element des „kollektiven Traums der Verbesserung des eigenen Lebens", dies „in Form der Herstellung eines gesunden, schönen und möglichst perfekten Körpers" (Caysa 2003: 5). Der Leistungssport ist ein zugespitzter Ausdruck eines Leistungsindividualismus, der sich mit hohem Erfolgsdruck und ausgeprägter Leistungskonkurrenz verbindet (vgl. Bette/ Schimank 1995: 127ff.).

Um die Bedeutung sportlicher Betätigung sowie des Publikumssports für Jugendliche zu verstehen, ist es unabdingbar, Sport als ein gesellschaftliches Phänomen in den Blick zu nehmen. Denn die Veränderungen der Formen des Sports und der darauf bezogenen politischen und pädagogischen Erwartungen sind eng mit der gesamtgesellschaftlichen Entwicklung verbunden: Während Sport heute vielfach als lustvolle Körperbetätigung erlebt wird, war zu Beginn des 20. Jahrhunderts die Idee einflussreich, dass durch Sport körperliche Abhärtung, Charakterbildung und Disziplinierung der Triebe erreicht werden sollten. Entsprechend hob Sigmund Freud in seinen „Drei Abhandlungen zur Sexualtheorie" (zuerst 1904/05) hervor: „Die moderne Kulturerziehung bedient sich bekanntlich des Sports in großem Umfang, um die Jugend von der Sexualbetätigung abzulenken; richtiger wäre es zu sagen, sie ersetzt ihr den Sexualgenuss durch die Bewegungslust (...)." (1905/2005: 124)

Zwar ist ein solches Verständnis von Sport als Mittel der repressiven Körper- und Triebdisziplinierung nicht umfassend überwunden. Es existieren jedoch auch Formen der Sportausübung, die darauf ausgerichtet sind, körperliches Wohlbefinden zu bewirken. Zudem sind Tendenzen in Richtung auf eine erotisch-sexualisierende Aufladung zu beobachten: Sportliche und erotische Körperideale überschneiden sich und einige SpitzensportlerInnen werden bei Wettkämpfen und in den Medien auch erotisch in Szene gesetzt.

Sport ist also ein komplexes soziales Phänomen, das mit unterschiedlichen, sich historisch wandelnden und zum Teil widersprüchlichen Erwartungen verknüpft ist.

7.8.4 Erziehung und Sozialisation durch Sport

Sport ist in soziologischer Perspektive auch in Hinblick auf seine Beanspruchung als Erziehungsmittel und die sozialisatorischen Auswirkungen des organisierten Sports zu betrachten (vgl. Weiß 1999): Sport wurde und wird einerseits als umfassendes Medium der Persönlichkeitsbildung und Wertevermittlung beansprucht: zur Ausbildung von Willensstärke, Disziplin, Leistungsbereitschaft, Fairness. Andererseits ist Sport sozialisatorisch als Einübung in sozial legitime Formen des „Gebrauchs bzw. des Umgangs mit dem Körper" (Bourdieu 1993: 173) von Bedeutung.

Positive Akzentuierungen der pädagogischen Bedeutung des Sports im Jugendalter heben folgende Aspekte hervor:

- Sportliche Aktivitäten erlauben die Entwicklung des eigenen körperlichen Leistungsvermögens (Ausdauer, Kraft, Schnelligkeit, Beweglichkeit).
- Sport kann dazu beitragen, Zutrauen in die eigene Leistungsfähigkeit zu erwerben und Frustrationstoleranz zu entwickeln.
- Durch sportliche Aktivitäten können Werte und Einstellungen, die sich auf den eigenen Körper, die harmonische Bewegung, das Gesundheitsverhalten und den sozialen Zusammenhalt in Gruppen beziehen, positiv beeinflusst werden.
- Sport ist gesundheitsfördernd.
- Sportliches Handeln kann ein Ort für Eigenhandeln sein, der Erfahrung eigener selbstbestimmter Handlungsfähigkeit.

Gegen eine solche Sichtweise wird u.a. kritisch eingewandt. dass der Sportverein einer der sozialen Orte ist, an denen (männliche) Jugendliche sich in die Praxis des gemeinsamen Alkoholtrinkens einüben; dass die Hochleistungsorientierung im Sport eine Ursache ungesunder Körperpraktiken und des Gebrauchs von leistungssteigernden Medikamenten (Doping) ist. In empirischen Untersuchungen konnte weiter nachgewiesen werden, dass im Sport auch gelernt wird, dass der Sieg wichtiger sein kann als die geschriebenen und ungeschriebenen Regeln der Fairness (s. Brettschneider/Kleine 2002).

Gegen die Beanspruchung des Sports als Mittel der Gesundheitserziehung oder der Drogenprävention, weist die Kritik weiter auf folgende Problematiken hin:

- die Durchsetzung und Aufrechterhaltung eines rigorosen Leistungsprinzips;
- die Durchsetzung und Aufrechterhaltung des Konkurrenzprinzips;
- die Durchsetzung und Aufrechterhaltung „militärischer" bzw. „typisch männlicher" Tugenden wie Kampfesgeist und Kampfeswillen, Härte und Einsatzbereitschaft.

Bourdieu (ebd.: 172) akzentuiert darüber hinaus, dass „in der Vorstellung von Sport als ‚Charakterschule' " ein „Moment von Antiintellektualismus" enthalten sei.

Neben dem Leistungsprinzip sind es das Konkurrenzprinzip und der Internationalismus im Sport, die seinen Zusammenhang mit der Entwicklung expandierender kapitalistischer Marktgesellschaften deutlich machen. Dagegen kommt Sport unter dem Vorzeichen der „Erlebnisgesellschaft" (Schulze 2000) eine andere Bedeutung zu: Nicht Disziplin und Leistung, sondern „Fun" und Abenteuer sind die zentralen Orientierungen.

7.9   Jugendliche in Gleichaltrigengruppen

Für die Entwicklung und Stabilisierung des individuellen Selbstverständnisses und der je eigenen Sichtweise der sozialen Wirklichkeit sind soziale Gruppen von zentraler Bedeutung. Die Gruppensoziologie und die Sozialpsychologie haben aufgezeigt, dass Individuen dazu tendieren, emotionale Bindungen an Bezugsgruppen aufzubauen und ihr Selbst- und Weltverständnis dem ihrer Bezugsgruppen anzugleichen (s. dazu Schäfers 1999; Aronson et al. 2004: 318ff.).

Entsprechend können Gruppen als soziale Gebilde, in denen mehr als zwei Menschen wiederkehrend miteinander interagieren und sich dabei wechselseitig beeinflussen, definiert werden; von Organisationen sind Gruppen dadurch unterschieden, dass sie nicht auf formelle Mitgliedschaftsfestlegungen, formelle Hierarchien und Entscheidungsstrukturen angewiesen sind.

Weiter ist aufgezeigt worden, dass eine Wir-Sie-Unterscheidung für Gruppen grundlegend ist:

- In das Selbstverständnis einer Gruppe gehen häufig negative Abgrenzungen gegen andere Gruppen ein; die Gruppe bestimmt sich entsprechend durch Abgrenzungen, durch Annahmen darüber, was „uns" von anderen unterscheidet. Entsprechende Gruppenprozesse tragen zur Stabilisierung des Selbstwertgefühls der Gruppenmitglieder bei.

- Die Kehrseite hiervon sind Abwertungen der Angehörigen anderer Gruppen, vielfach ein hoher gruppeninterner Konformitätsdruck, der auch dazu führt, dass Gruppen Außenseiter hervorbringen.

In einer soziologischen Perspektive ist es wichtig darauf hinzuweisen, dass in das Selbstbild und die Feindbilder von Gruppen Vorurteile und Ideologien eingehen, die sich Gruppen gerade nicht selbst erfinden, sondern aus gesellschaftlichen Zusammenhängen entnehmen (vgl. Hormel 2007: 135ff.).

7.9.1 Soziale Ursachen der Bildung von Gleichaltrigengruppen

Gleichaltrigengruppen (*Peer-Groups*) sind „als der soziale Ort jugendspezifischer Erfahrungsbildung und -artikulation par exellence" (Bohnsack et al. 1995: 9) charakterisiert worden. Damit ist erstens darauf hingewiesen, dass Heranwachsende einen erheblichen Teil ihrer Zeit unter Gleichaltrigen verbringen sowie dass den informellen Zusammenhängen von Freundeskreisen, Cliquen und Szenen eine erhebliche Bedeutung zukommt.

In der Sicht Jugendlicher stellen diese – neben der Familie – den für ihr Alltagsleben zentralen sozialen Zusammenhang dar. Empirische Untersuchungen haben aufgezeigt, dass ihr Stellenwert seit den 1960er Jahren zugenommen hat (s. Allerbeck/Hoag 1986).

Wenn im obigen Zitat von „Erfahrungsbildung" die Rede ist, dann wird damit zweitens betont, dass es sich um soziale Zusammenhänge handelt, in denen Jugendliche versuchen, zu einem gemeinsamen Verständnis der Erlebnisse und Ereignisse in ihrem Alltag zu gelangen. Die Kommunikation in Gleichaltrigengruppen, auch über scheinbare Banalitäten, hat ihren Sinn so betrachtet vor allem darin, zu einem von anderen geteilten Verständnis der eigenen Erfahrungen zu gelangen. Unter Erfahrungen sind dabei Interpretationen und Bewertungen von Erlebnissen und Ereignissen zu verstehen.

Folglich werden die Gleichaltrigengruppen als eine bedeutsame „informelle Sozialisationsinstanz" angesehen (über die Bedeutung von Peer-Groups für die Sozialisation von Kindern und Jugendlichen in ihren verschiedenen Altersphasen vgl. Krappmann 1969/2000; Hurrelmann 2004: 126ff.).

Die sozialgeschichtliche Entwicklung der Gleichaltrigengruppen charakterisierte Martin Schwonke (1981: 110) wie folgt:

> „Vor der Industrialisierung wuchsen Menschen in der Regel in altersheterogenen Gruppen auf, also in Gruppen, in denen Kinder, Jugendliche, Erwachsene und alte Leute vereint waren wie in einem vorindustriellen landwirtschaftlichen oder handwerklichen Haushalt. Die zeitweise Zusammenführung von Gleichaltrigen in der Schule, im Wehrdienst, in der Berufsausbildung wurde erst während des vorigen Jahrhunderts üblich, und der Zeitraum der Zusammenführung wuchs mit der Verlängerung der Schul- und Ausbildungszeiten. Das Zusammenleben von Gleichaltrigen wurde indirekt auch durch die wachsende Freizeit gefördert, in der Kinder und Jugendliche, sei es in Jugendorganisationen oder informell, in zunehmendem Maße unter sich sind oder sein wollen."

Die für Gleichaltrigengruppen grundlegende Altersabgrenzung hat also sich wechselseitig verstärkende Ursachen:

- In Schulen und Ausbildungsstätten werden altershomogene Gruppen gesellschaftlich institutionalisiert;
- kommerzielle und pädagogische Angebote im Freizeitbereich richten sich an weitgehend altershomogene Gruppen;
- Peer-Groups ermöglichen die Auseinandersetzung mit ähnlichen Erfahrungen und altersgruppentypischen Problemlagen in Schule, Ausbildungsstätte, Familie und Freizeit.

Peer-Groups stellen auch den sozialen Zusammenhang dar, in dem sich Jugendkultur „ereignet" und von dem aus sich gegebenenfalls Sub- und Gegenkulturen entwickeln.

7.9.2 Weitere Merkmale von Gleichaltrigengruppen

In der jugendsoziologischen Literatur haben Gleichaltrigengruppen seit den grundlegenden Arbeiten Eisenstadts (s. dazu Kapitel 3) einen bedeutenden Stellenwert. Zusammenfassend lassen sich folgende Merkmale der *Peer-Groups* hervorheben:

- Sie unterstützen den Ablösungsprozess von der Herkunftsfamilie;
- sie leisten eine „Sozialisation in eigener Regie" (Tenbruck 1962: 92) und erleichtern eine „jugendspezifische Identitätsbildung";
- die Aktivitäten der *Peer-Groups* sind überwiegend auf die Freizeitgestaltung bezogen; für die Freizeit und in der Freizeit tendieren sie dazu, ihren Autonomiebereich auszudehnen;
- für erotische und sexuelle Bedürfnisse und Erfahrungen ist die *Peer-Group* ein wichtiger Kommunikations- und Begegnungsraum.
- Ein weiteres soziologisch bedeutsames Merkmal wird in der einschlägigen Literatur häufig übersehen: Gleichaltrigengruppen bilden sich gewöhnlich in Schulen, in der beruflichen Ausbildung und in Wohngebieten. In der Folge werden durch sie soziale Ungleichheiten und Abgrenzungen reproduziert.

Die Betonung des Stellenwerts der Peer-Groups darf nicht übersehen lassen, dass im Jugendalter *Freundschaften* und damit die Besonderheiten der Zweiergruppe ebenfalls einen besonderen Stellenwert haben (vgl. Rapsch 2004).

Über die Bedeutung der Freundschaften im Jugendalter ist sehr viel weniger bekannt als über Freundesgruppen. Nach den repräsentativen Untersuchungen „Jugend '92", „Jugend '97", „Jugend 2000" und „Jugend 2002" (s. Hurrelmann/Albert 2002) kommt auch dem Freund bzw. der Freundin große Bedeutung zu für die Entwicklung von Einstellungen und Verhaltensweisen. In einer empirischen Untersuchung über Freundschaftsbeziehungen unter sog. „Straßenkindern" wird deren Stellenwert auch für die alltägliche praktische und psychische Lebensbewältigung aufgezeigt (Allewelt/Leuschner 2004).

7.10 Organisierte Jugendgruppen und Jugendarbeit

Die Jugendarbeit von Vereinen und Verbänden ist im Kinder- und Jugendhilfegesetz (KJHG) als Pflichtaufgabe der staatlichen Jugendpflege verankert. Dort heißt es (§11):

> „(1) Jungen Menschen sind die zur Förderung ihrer Entwicklung erforderlichen Angebote der Jugendarbeit zur Verfügung zu stellen. Sie sollen an den Interessen junger Menschen anknüpfen und von ihnen mitbestimmt und mitgestaltet werden, sie zur Selbstbestimmung befähigen und zu gesellschaftlicher Mitverantwortung und zu sozialem Engagement anregen und hinführen.
>
> (2) Jugendarbeit wird angeboten von Verbänden, Gruppen und Initiativen der Jugend, von anderen Trägern der Jugendarbeit und den Trägern der öffentlichen Jugendhilfe. Sie umfasst für Mitglieder bestimmte Angebote, die offene Jugendarbeit und gemeinwesenorientierte Angebote."
> (www.gesetze-im-internet.de/sgb_8/index.html)

Dem liegt die Annahme zu Grunde, dass pädagogisch verantwortete Angebote einer außerschulischen Erziehung und Bildung einen bedeutsamen Beitrag zur Entwicklung Jugendlicher leisten können (s. zur Geschichte der Jugendarbeit Giesecke 1981 und 1983).

Grundlegend für die außerschulische Jugendarbeit sind

- das Prinzip der ‚Freiwilligkeit‘ der Teilnahme; es gibt also keine Verpflichtung, Angebote in Anspruch zu nehmen;
- der Verzicht auf eine einheitliche staatliche Organisation zugunsten einer Vielfalt von Trägern mit unterschiedlicher Ausrichtung.

In Hinblick auf die Sozialformen ist zwischen der sog. offenen Jugendarbeit in Jugendzentren einerseits und der Jugendgruppenarbeit andererseits zu unterscheiden (s. für grundlegende Informationen hierzu Böhnisch et al. 1991; Deinet/Sturzenhecker 2005; eine aktuelle empirische Studie zur Jugendverbandsarbeit liegt bei Fauser et al. 2006 vor.).

7.10.1 Zugehörigkeit Jugendlicher zu Verbänden, Vereinen und Organisationen

Die organisierten Jugendgruppen, deren Bedeutung seit der Jugendbewegung zunahm (für die es aber im 19. Jahrhundert viele bürgerlich-christliche und proletarische Vorläufer gab; vgl. Gillis 1984), sind in der Regel durch eine

168

formalisierte Aufnahme und Mitgliedschaft bestimmt; sie legen Zwecke und Veranstaltungen fest und sie werden direkt oder indirekt durch Ältere geleitet. Die 12. Shell-Jugendstudie „Jugend '97" fragte – ausgehend von den 1996 erhobenen Daten – ob es mit den Vereinen „vorbei sei". Von der Organisationsfreude in den 1980er Jahren sei seit Beginn der 1990er Jahre nichts mehr zu spüren, erst recht nicht unter dem Gesichtspunkt einer Ämterübernahme. Besonders betroffen waren alle formellen Organisationen (Jugend '97: 356f.). In der 13. Shell-Studie konnte allerdings ein leichter Anstieg des Anteils der Jugendlichen, die Mitglied in Vereinen oder Organisationen sind, verzeichnet werden (Jugend 2000: 275).

Von den 15-24-jährigen Jugendlichen waren 1999 42% in Verbänden und Vereinen Mitglied, im Westen Deutschlands 44% und in Ostdeutschland 30%, mit deutlichen Unterschieden bei männlichen und weiblichen Jugendlichen. Insgesamt waren knapp die Hälfte aller männlichen Jugendlichen in einem Verein oder in einer Organisation Mitglied, aber nur ein Drittel der weiblichen Jugendlichen (48,5% zu 34,7%; Jugend 2000: 275).

Dass die Mitgliedschaft in Sportvereinen klar dominiert, zeigt die nachstehende Tabelle.

Tabelle 27: Mitgliedschaft in Vereinen und Organisationen
(nach Alter; in Prozent)

Organisationen/Vereine	Gesamt	15-17 J.	18-21 J.	22-24 J.
1. Bürgerverein zur Durchsetzung gesellschaftlicher/politischer Ziele	1,1	0,6	0,6	2,0
2. Gewerkschaftsjugend	1,2	0,3	1,6	1,6
3. Freiwillige Hilfsorganisationen wie Feuerwehr, Technisches Hilfsw.	5,7	4,8	6,4	5,8
4. Heimatvereine wie Volkstanzgruppe, Trachtenverein	1,3	1,7	1,2	1,0
5. Kirchliche, konfessionelle Jugendgruppe	6,7	9,8	6,2	4,2
6. Kulturverein, z.B. Theaterring, Jugendorchester	3,7	5,0	3,8	2,3
7. Politische Partei	1,5	0,4	1,4	2,6
8. Sportverein	35,1	42,5	32,7	30,4
9. Umweltschutz/Menschenrechtsorganisationen	2,8	2,2	2,6	3,7
10. Fanclubs	5,0	6,5	4,8	3,8
11. Jugendverband (z.B. Pfadfinder)	2,5	2,9	2,8	1,6

Quelle: Jugend 2000: 276

Tabelle 28: Aktive Mitwirkung Jugendlicher von 12-25 Jahren in Initiativen und Organisationen (oft oder gelegentlich) in Prozent

	2002	2006
Verein (z.B. Sport-, Musikverein)	40	40
Schule/Hochschule[a]	–	23
Kirchengemeinde, -gruppe	15	15
selbstorganisiertes Projekt	11	23
Jugendorganisation	19	12
Rettungsdienst, Feuerwehr	7	7
Greenpeace, Amnesty Int., Hilfsorganisation	4	4
Gewerkschaft	2	2
Partei	2	2
Bürgerinitiative	3	3
Allein/persönliche Aktivität	37	35

a) Item wurde 2002 anders abgefragt

Quelle: Hurrelmann/Albert (2006: 126)

Die Organisationsart und der Organisationsgrad der Jugendlichen waren und sind nach Alter und Geschlecht, nach sozialer Herkunft und der Wohngemeinde höchst verschieden. Das Besondere der Organisationen Jugendlicher im kleinstädtischen, dörflichen und ländlichen Raum ist, dass den Vereinen auch für die Integration in die kommunale Gemeinschaft ein besonderes Gewicht zukommt und im Alltag des Vereinslebens Jugendliche und Erwachsene – trotz eigener Jugendabteilungen – kaum getrennt sind.

7.10.2 Jugendarbeit

Die kommunale Jugendarbeit in Jugendtreffs und Jugendzentren sowie die verbandliche Jugendgruppen- und Jugendbildungsarbeit zielen darauf, ein von Jugendlichen mit verantwortetes und mit gestaltetes Lern- und Sozialisationsfeld zu etablieren, das Eigentätigkeit und Selbstbestimmung fördert (vgl. Kiesel/Scherr/Thole 1998; Scherr 2008a).

Aktuell wird in der politischen und fachwissenschaftlichen Diskussion eine Neubestimmung des Bildungsauftrags der Jugendarbeit, aber auch anderer Bereiche der Kinder- und Jugendhilfe (Heimerziehung, sozialpädagogische Familienhilfen usw.) gefordert. Veranlasst ist dies nicht zuletzt durch die Einrichtung von Ganztagsschulen einerseits, dem steigenden Qualifikationsdruck in Folge von Veränderungen in der industriellen Produktion, im Handwerk und im Dienstleistungssektor andererseits.

Die Institutionalisierung der staatlichen Jugendpflege hatte bürgerlich-nationale, kirchliche Einrichtungen und Zentralstellen der Arbeiterwohlfahrt zur Voraussetzung (Giesecke 1983: 62f.). In Preußen begann dann mit einer Reihe von Erlassen und Gesetzen noch vor dem Ersten Weltkrieg und wesentlich durch die Aktualität der Jugendbewegung „herausgefordert" die staatlich-offizielle Jugendpflege. Eine wichtige Wurzel muss auch in den seit der Jahrhundertwende wachsenden Bestrebungen des „Jugendschutzes" gesehen werden, die den Kinderschutzbestimmungen des 19. Jahrhunderts nachfolgen.

Zu einer Kodifizierung auf Reichsebene kam es 1922 mit dem Reichs-Jugend-Wohlfahrts-Gesetz (RJWG). Für die Bundesrepublik wurde 1953 das Jugendwohlfahrtsgesetz (JWG) erlassen, aus dem 1990 das Kinder- und Jugendhilfegesetz (KJHG) hervorging.

Danach sind Staat und Zivilgesellschaft gemeinsam für die Kinder- und Jugendarbeit und Jugendhilfe verantwortlich. Zentrale staatliche Institutionen sind die Jugendämter der Kommunen. Als nicht-staatliche Träger bedeutsam sind die Wohlfahrtsverbände (v.a. Diakonie und Caritas und die gewerkschaftlich orientierte Arbeiterwohlfahrt), eigenständige Jugendverbände (etwa: Bund Deutscher PfadfinderInnen, Evangelische Jugend) sowie zahlreiche lokale Vereine.

Die Bedeutung der verbandlichen Jugendarbeit liegt nicht zuletzt darin, dass sie auch im Bereich der außerschulischen politischen Bildung aktiv ist.

Auf der Grundlage einer Befragung kommt eine neuere Studie zu der Einschätzung, dass über 50% aller Jugendlichen an Angeboten der Jugendarbeit (einschließlich der Jugendmannschaften der Sportvereine) teilnimmt. Die Jugendarbeit der christlichen Kirchen erreicht knapp 20% aller Jugendlichen, kommunale Jugendangebote (einschließlich der Jugendzentren) 15% (Fauser et al. 2006: 79ff.).

8 Politische Einstellungen und Verhaltensweisen

Das nach 1968 vorherrschende Bild einer politisch rebellischen Jugend hat sich seit den 1990er Jahren grundlegend gewandelt: In der öffentlichen Wahrnehmung gelten Jugendliche mehrheitlich als politisch desinteressiert bzw. als „politikverdrossen". Grundlage für diese Verschiebung sind das Ausbleiben jugendlicher politischer Protestbewegungen seit Mitte der 1980er Jahre und die Schwierigkeiten von Parteien und Gewerkschaften, Jugendliche als Mitglieder zu gewinnen. Eine solche Wahrnehmung blendet aber einige Aspekte aus: Das Engagement Jugendlicher in zivilgesellschaftlichen Organisationen (z.B. Greenpeace oder Attac), lokale politische Jugendszenen – und auch die rechtsextreme Politisierung eines Teils der Jugendlichen sowie sog. autonome und antifaschistische Jugendgruppen, die sich gegen Rechtsextremismus und Rassismus engagieren.

Wenn nach politischen Einstellungen und Verhaltensweisen Jugendlicher gefragt wird, dann verbindet sich dies vielfach mit Befürchtungen bezüglich des Zustands und der Zukunft der Gesellschaft. Befürchtet wird insbesondere, dass es nicht gelingt, bei Jugendlichen zureichende Akzeptanz für die Demokratie als Staatsform sicherzustellen und dass antidemokratische Einstellungen zunehmende Verbreitung finden. Debatten über Jugend und Politik gehen oft mit projektiven Zuschreibungen einher: Bestimmte gesellschaftlich-politische Problemlagen, und dies gilt seit Beginn der 1990er Jahre insbesondere für Fremdenfeindlichkeit, Rassismus und Rechtsextremismus, werden stellvertretend als Jugendprobleme diskutiert.

Demgegenüber ist zunächst festzustellen, dass sich die politischen Einstellungen Jugendlicher gewöhnlich nicht substantiell von denen der jeweiligen Erwachsenengeneration unterscheiden:

> „Die Einstellungen der Jugendlichen und jungen Erwachsenen zur politischen Ordnung ähneln denen der ab 30-Jährigen sehr stark" (Gaiser et al. 2001: 56).

Das Verhältnis von Jugendlichen zur Politik ist so betrachtet ein Spiegel gesamtgesellschaftlicher Entwicklungstendenzen und Konflikte. Jugenddebatten sind also, wie eine Analyse der Auseinandersetzung über die Jugendproteste Anfang der 1980er Jahre ausführt, eine Form der „Selbstvergewisserung der politischen Institutionen mit Hilfe des Mediums Jugend" (Deutsches Jugendinstitut 1982: 9).

8.1 Politische Einstellungen, politisches Interesse und Institutionenvertrauen

Politische Einstellungen Jugendlicher (Demokratievertrauen, politisches Interesse, parteipolitische Sympathien usw.) werden in repräsentativen Befragungen regelmäßig erhoben – so in den Shell-Jugendstudien und im Jugendsurvey des Deutschen Jugendinstituts. Hinzu kommen Studien zu spezifischen Themengebieten, wie insbesondere in den 1990er Jahren zu rechtsextremen Einstellungen Jugendlicher (s.u.).

Bei der Interpretation der einschlägigen Ergebnisse ist jedoch zu beachten, dass Einstellung und Handeln keineswegs zwangsläufig eine völlige oder auch nur hohe Übereinstimmung aufweisen. Vielmehr hat die Einstellungs- und Vorurteilsforschung nachgewiesen, dass Einstellungen und Verhaltensweisen weit auseinander klaffen können. Folglich bilden Einstellungsuntersuchungen keine stabilen Überzeugungen ab, die es erlauben, Verhaltenspotenziale verlässlich zu prognostizieren. Dies wird nicht zuletzt daran deutlich, dass weder die Schüler- und Studentenbewegungen in der zweiten Hälfte der 1960er Jahre noch die Jugendproteste der 1980er Jahre auf Grundlage der damals verfügbaren Daten prognostiziert wurden. Hinzu kommt, dass in sozialen Umbruchsphasen mit einem raschen Wandel von Einstellungen zu rechnen ist.

Bei der Entwicklung des politischen Interesses ist ein deutlicher Alterseffekt nachweisbar: Das Interesse an Politik steigt ab dem 16. bis ca. zum 25. Lebensjahr deutlich an. Das in einschlägigen Umfragen geäußerte politische Interesse steht auch in einem engen Zusammenhang mit dem formalen Bildungsniveau: Je höher das formale Bildungsniveau, desto eher bezeichnen sich Befragte als politisch interessiert. Daraus ist jedoch nicht direkt abzuleiten, dass höher Gebildete tatsächlich stärker politisch interessiert und engagiert sind. Studierende sehen sich stärker als Auszubildende dazu veranlasst, sich als politisch interessiert darzustellen, auch wenn dies ihrer tatsächlichen Praxis nicht entspricht (s. Scherr 1995: 44ff.).

Das politische Interesse Jugendlicher und Erwachsener unterliegt erheblichen konjunkturellen Schwankungen. 1984 zeigten noch 55% der Jugendlichen zwischen 15 und 24 Jahren Interesse für Politik, 1991 stieg der Prozentsatz leicht an (57%). Danach war ein großer Rückgang des Interesses zu vermerken: 1996 waren 47%, 1999 noch 43% und 2002 nur noch 34% der west- und ostdeutschen Jugendlichen an Politik interessiert (Hurrelmann/Albert 2002: 92). Zwischen 2002 und 2006 kam es dann wieder zu einem leichten Anstieg des politischen Interesses von 34% auf 39% (Hurrelmann/Albert 2006: 105).

Es kann nicht von einem langfristigen Trend in Richtung auf einen kontinuierlichen Rückgang des politischen Interesses ausgegangen werden:

„In den letzten 20 Jahren hat sich der Anteil derjenigen, die sich stark oder sogar sehr stark für Politik interessieren, beständig und dynamisch verändert. Im Zeitraum um die Vereinigung Deutschlands war er am höchsten. Zwischen 1980 und 2002 lag der Anteil derjenigen, die sich stark oder sehr stark für Politik interessieren, in Westdeutschland bei 30%, 1969 waren es lediglich 18%. Langfristig gesehen sind heute also mehr Bürger am politischen Geschehen interessiert als noch vor knapp drei Jahrzehnten." (Datenreport 2004: 640)

Die neueren empirischen Repräsentativbefragungen zu politischen Einstellungen und Verhaltensweisen von Jugendlichen und jungen Erwachsenen zeigen, dass es seit Beginn der 1990er Jahre einen Rückgang des Vertrauens gegenüber politischen und staatlichen Institutionen gab (s. Hurrelmann/Albert 2006: 113ff.).

Hinsichtlich des politischen Interesses aber auch in Bezug auf andere Aspekte (s.u.) waren in den 1990er Jahren deutliche Unterschiede zwischen westdeutschen und ostdeutschen Jugendlichen festzustellen: Während das politische Interesse der westdeutschen Jugendlichen von 1996 auf 1999 fast konstant blieb, zeigte sich bei den ostdeutschen Jugendlichen ein deutlicher Rückgang um 15% (Jugend 2000: 271). In den neueren Shell-Studien lässt sich jedoch kein signifikanter Unterschied zwischen den alten und den neuen Bundesländern bezüglich des politischen Interesses feststellen (Hurrelmann/Albert 2002: 94).

Erhebliche Ost-West-Unterschiede zeigen sich aber nach wie vor in Hinblick auf die Akzeptanz von Demokratie als Staatsform: Nach den Daten der Shell-Jugendstudie ‚Jugend 2002' stimmen 74% der westdeutschen, aber nur 59% der ostdeutschen Jugendlichen der Aussage zu, dass Demokratie „eine gute Staatsform" sei (Hurrelmann/Albert 2002: 103); allerdings kann dies nicht als eindeutiger Hinweis auf eine verbreitete Demokratieablehnung interpretiert werden, da in diesem Antwortverhalten potenziell auch eine generelle Unzufriedenheit mit der gesellschaftlichen und wirtschaftlichen Entwicklung in den neuen Bundesländern zum Ausdruck kommt. Auch die Shell-Jugendstudie 2006 zeigt deutliche Unterschiede in der Einstellung zur Demokratie auf: 64% aller westdeutschen, aber nur 41% aller ostdeutschen Jugendlichen sind mit der Demokratie als Staatsform sehr bzw. eher zufrieden (Hurrelmann/Albert 2006: 112).

Jugendliche bringen solchen politischen Institutionen das größte Vertrauen entgegen, die als parteipolitisch unabhängig gelten (Gerichte, Polizei) sowie nicht-staatlichen politischen Institutionen wie z.B. Menschenrechts- und Umweltschutzgruppen. Das Vertrauen in staatliche Organisationen hat in den 1990er Jahren insgesamt etwas zugenommen, das in nicht-staatliche Organisationen dagegen geringfügig abgenommen.

Tabelle 29: Veränderung des Vertrauens von Jugendlichen in gesellschaftliche Gruppierungen und Institutionen (Mittelwerte)

Bereich	2002	2006
Gerichte	3,5	3,5
Polizei	3,4	3,5
Umwelt-/Menschenrechtsgruppen	3,4	3,4
Vereinte Nationen	–	3,3
Bundeswehr	3,2	3,3
EU	–	3,1
Gewerkschaften	3,1	3,0
Bürgerinitiativen	3,0	3,0
Bundesregierung	2,8	2,8
Kirche	2,7	2,7
Unternehmerverbände	2,7	2,9
Politische Parteien	2,5	2,6

Quelle: Hurrelmann/Albert (2006: 114); Skala von 1 (= sehr wenig Vertrauen) bis 5 (= sehr viel Vertrauen)

8.2 Gesellschaftskritik, Extremismus und Rechtsextremismus

Die Unzufriedenheit eines erheblichen Teils aller Jugendlichen mit den etablierten Parteien (vgl. Gille/Krüger 2000) führt eher zu Wahlenthaltungen und Politikdistanz als zu einem Engagement in gesellschaftskritischen Initiativen und sozialen Bewegungen (vgl. Rucht/Roth 2000).

Bei einer relevanten Teilgruppe sind Affinitäten zu extremistischen Positionen zu beobachten. Bestrebungen, die darauf abzielen, eine grundsätzliche Veränderung der politischen und gesellschaftlichen Verhältnisse herbeizuführen, werden als „Politischer Extremismus" bezeichnet. Die gängige Gleichsetzung von Rechts- und Linksextremismus ist jedoch problematisch: Trotz der Verwendung von Symbolen und Parolen, die eine grundlegende Ablehnung des „bürgerlichen Staates" zum Ausdruck bringen, sind linke Jugendszenen mit den zentralen Werten des Grundgesetzes (Achtung der Würde des Menschen, Diskriminierungsverbot, Meinungsfreiheit usw.) in der Regel einverstanden. Ihr Protest hat eher die aus ihrer Sicht große Diskrepanz zwischen solchen Werten und der Realität zur Grundlage (zur Problematik des Extremismusbegriffs vgl. Möller 2001).

Rechtsextremismus und der seit dem Ende der 1980er Jahre weitgehend bedeutungslos gewordene Linksextremismus unterscheiden sich nicht nur substantiell hinsichtlich ihrer politischen Vorstellungen (z.B. Befürwortung bzw. Ablehnung von Sozialdarwinismus, Rassismus, Nationalismus, Demokratie etc.), sondern auch hinsichtlich der soziodemographischen Merkmale ihrer Anhänger (Linksextremismus: eher überdurchschnittliches Bildungsniveau; Rechtsextremismus: eher unterdurchschnittlich).

176

Die Beobachtung extremistischer Bestrebungen ist Aufgabe des Verfassungsschutzes. Zentraler Gegenstand sind seit der deutschen Vereinigung rechtsextremistische Entwicklungen; seit den Anschlägen auf das World-Trade-Center am 11. September 2001, in Madrid (März 2004) und in London (Juli 2005) ist auch der islamistische Terrorismus ins Zentrum der Aufmerksamkeit gerückt.

Politischer Extremismus ist bei Jugendlichen wie Erwachsenen ein Minderheitenphänomen. Die Umsetzung extremistischer Einstellungen in politische Aktionen ist keineswegs allein eine Angelegenheit der jungen Generation. Allerdings sind Jugendliche und junge Erwachsene bei fremdenfeindlichen und rechtsextremen Gewalttaten deutlich überrepräsentiert.

Seit Anfang der 1990er hat sich eine umfangreiche Forschung über (jugendlichen) Rechtsextremismus entwickelt (s. u.a. Heitmeyer et al. 1993; Förster et al. 1993; Otto/Merten 1993; Willems et al.1993; Heitmeyer 1995; Scherr 1996; Stöss/Niedermayer 1998; Butterwegge/Lohmann 2000; Angermeyer/ Brähler 2001; Scherr 2001; Kohlstruck 2004; Heitmeyer 2005; Decker et al. 2008; Scherr/Schäuble 2008).

Auf dieser Grundlage können folgende Forschungsergebnisse als gesichert gelten:

- Die Themen und Forderungen des gegenwärtigen Rechtsextremismus stehen in engem Bezug zu gesellschaftlich verbreiteten Vorurteilen, Feindbildern und Bedrohungsszenarien. Die Herausbildung des neuen Rechtsextremismus in den 1990er Jahren hat ihren zentralen Bezugspunkt in der Ablehnung von Einwanderung und der Feindseligkeit gegenüber Migranten. Der gegenwärtige Rechtsextremismus radikalisiert auch „in der Mitte der Gesellschaft" (W. Heitmeyer) verbreitete Formen von Fremdenfeindlichkeit, Antisemitismus und Rassismus.
- Rechtsextremismus kann als eine Ideologie der Ungleichheit und Ungleichwertigkeit charakterisiert werden, in der sich die rassistische bzw. nationalistische Abwertung anderer mit der Selbstüberhöhung des „eigenen Volkes", der deutschen Nation usw. verbindet. In manchen Spielarten des gegenwärtigen Rechtsextremismus wird offen oder verdeckt an Elemente der nationalsozialistischen Ideologie („Volksgemeinschaft"; Antisemitismus) angeknüpft.
- Diese Ideologie legitimiert die Ausgrenzung und Ungleichbehandlung derjenigen, die als Fremde (auf der Grundlage rassistischer, nationalisierender usw. Konstruktionen der Eigengruppe und der Fremdgruppe) gelten und verbindet sich bei einigen, keineswegs allen Teilgruppen mit demonstrativer Gewaltakzeptanz bzw. eigener Gewaltbereitschaft. Dies betrifft insbesondere solche Jugendliche, deren formales Bildungsniveau niedrig ist und die sich selbst als Verlierer des gesellschaftlichen Modernisierungsprozesses sehen.
- Hinsichtlich rechtsextremistischer Einstellungen (ablesbar z.B. an Parteipräferenzen) kann gegenwärtig meist ein Zusammenhang mit dem sozialen

Umfeld festgestellt werden: Rechtsextrem orientierte Jugendliche stammen häufig aus nationalistisch und fremdenfeindlich geprägten Milieus.
- Es handelt sich keineswegs um ein Sonderproblem der neuen Bundesländer. Wilhelm Heitmeyer (1987) hatte schon vor der „Wende" von 1989/90 auf die Entwicklung rechtsextremer Einstellungen bei Jugendlichen in Westdeutschland hingewiesen.
- Rechtsextreme Einstellungen sind nicht nur unter Jugendlichen, sondern in allen Altersgruppen zu finden. 12,5% aller Ostdeutschen und 15,4% aller Westdeutschen stimmten im Jahr 2004 der Aussage zu „Eigentlich sind die Deutschen anderen Völkern von Natur aus überlegen", 9% bzw. 14,7% der Aussage „Die Juden haben einfach etwas Besonderes und Eigentümliches an sich und passen nicht so recht zu uns" (s. Decker/Brähler 2006: 39f.).

Tabelle 30: Verbreitung rechtsextremer Einstellungen in Abhängigkeit vom Alter (2004; Angaben in Prozent)

	14- bis 30-Jährige	31- bis 60-Jährige	älter als 60
Befürwortung einer Diktatur	4,9	4,6	5,2
Nationalistisches Überlegenheitsbewusstsein	16,0	18,9	22,0
Ausländerfeindlichkeit	22,6	24,7	32,7
Antisemitismus	7,1	7,9	10,2
Sozialdarwinismus	3,5	4,4	5,2
Verharmlosung Nationalsozialismus	3,3	4,0	4,6

Quelle: Decker/Brähler (2006: 50)

Seit dem Einigungsprozess, aber nicht allein wegen der damit verbundenen Umbrüche, haben rechtsextreme Handlungsbereitschaften und Handlungen deutlich zugenommen. Der Einigungsprozess hat insoweit rechte und rechtsextreme Einstellungen verstärkt, als er das Thema Nation/Nationalismus zwangsläufig auf die Tagesordnung setzte.

Hinsichtlich der Entwicklung des jugendlichen Rechtsextremismus zeichnen sich deutliche Unterschiede zwischen den alten und den neuen Bundesländern ab: In den alten Bundesländern sind Jugendliche, die sich offen als rechtsextrem darstellen, eine Minderheit. Für einige Regionen der neuen Bundesländer gibt es dagegen Hinweise auf die Herausbildung einer einflussreichen bzw. lokal dominanten rechtsextremen Jugendkultur. Diese Tendenz wird auch in den jüngsten Wahlerfolgen rechtsextremer Parteien deutlich.

Politisch motivierte Gewalt tritt seit Beginn der 1990er nahezu ausschließlich als rechtsextreme Gewalt auf – mit einem anhaltend hohen Niveau. Im Jahr 1992 wurden im vereinten Deutschland 1485 rechtsextremistische Gewalttaten gezählt, 2006 waren es 1047, 2007 dann 980 (s. die Verfassungsschutzberichte des Bundesamtes für Verfassungsschutz 2002-2007; www.verfassungsschutz.de/publikationen).

Tabelle 31: Wahlentscheidung für rechtsextreme Parteien bei den
Landtagswahlen in Sachsen und Brandenburg 2004 und
Mecklenburg-Vorpommern 2006 (in Prozent)

Altersgruppen	DVU in Brandenburg	NPD in Sachsen	NPD Mecklenburg-Vorpommern
18-29	14	18	17
30-44	17	12	10
45-59	6	9	6
60 und älter	2	3	3

Quelle: Forschungsgruppe Wahlen 19.09.04: 2; Forschungsgruppe Wahlen 17.09.06: 4

Jugendlicher Rechtsextremismus beherrschte immer wieder die öffentliche
Diskussion in der Geschichte der Bundesrepublik. Zum ersten Mal am Ende
der 1950er Jahre, als eine Welle neonationalsozialistischer Aktionen (Zerstö-
rung von jüdischen Friedhöfen, Hakenkreuzschmierereien, bewaffnete Über-
fälle in SS-Kleidung) zu beobachten war. Ein Ergebnis der dadurch veran-
lassten Debatte war u.a. eine Intensivierung der politischen Bildung. Auch
gegenwärtig ist der politischen Bildung eine bedeutende Rolle bei der Auseinandersetzung mit Rechtsextremismus zugewiesen.

9 Jugendkulturen und jugendliche Subkulturen

Im Kapitel 4 wurde die Herausbildung einer eigenständigen Jugendkultur Anfang des 20. Jhdts. dargestellt und darauf hingewiesen, dass die Abgrenzungen zwischen Jugendkulturen und Erwachsenenkulturen inzwischen z.t. brüchig geworden sind. Nach wie vor existieren jedoch vielfältige Jugendkulturen, die von Soziologen und Journalisten beforscht und beschrieben werden. Zahlreiche Jugendstudien sind darauf ausgerichtet, Stilmerkmale und Praktiken (Verhaltensmuster, Treffpunkte, Vokabulare usw.) der jeweils einflussreichen Jugendkulturen zu beschreiben sowie Auskunft über ästhetische, moralische, politische und geschlechtsbezogene Orientierungen in diesen zu geben.

Zu den gegenwärtigen Jugendkulturen in der Bundesrepublik liegt eine Fülle informativer Darstellungen vor (z.B. Ballestrini et al. 1997; Farin 1998; Ferchhoff 1999; Eckert et al. 2000; Menrath 2001; Hitzler 2001; Klein/Friedrich 2003; Hitzler et al. 2005; Neumann-Braun/Richard 2005; Farin 2006; Gerlach 2006; Ferchoff 2007a: 174ff., im Internet finden sich einschlägige Informationen unter www.jugendkulturen.de, www.jugendszenen.com).

In diesem Kapitel soll keine Beschreibung aktueller jugendkultureller Stile vorgenommen werden. Vielmehr werden begriffliche und empirische Grundlagen für eine soziologische Analyse von Jugendkulturen dargestellt.

9.1 Erscheinungsformen und Entstehungsgründe

Die Entstehung von Jugendkulturen steht in engem Zusammenhang mit jenen gesellschaftlichen Entwicklungen, in denen Jugend überhaupt zu einer eigenständigen Lebensphase bzw. Alters- und Sozialgruppe werden konnte. Historische und gegenwärtige Jugendkulturen sind ein Beleg dafür, dass „Jugend (...) ihre eigene Geschichte" macht, d.h. selbst eine aktive Rolle „beim Hervorbringen jener sozialen und kulturellen Formen spielt", die für diese Lebensphase typisch waren und sind (Gillis 1984: 11).

Jugendliche, die sich durch bestimmte Stilmerkmale (Kleidung, Tatoos, Piercing, Frisuren usw.) deutlich von Erwachsenen, aber auch von anderen Jugendlichen unterscheiden, gehören zum Alltag. Die Existenz von Jugendstilen und -moden wird gewöhnlich jedoch nicht mehr – anders als noch in den 1970er Jahren – als provokative Infragestellung der gesellschaftlichen Ordnung begriffen. Vielmehr haben sich Eltern und Pädagogen, aber auch die Bekleidungsindustrie, die Musikindustrie und die Massenmedien darauf eingestellt und Jugendstile, insbesondere in den Bereichen Kleidung, Mode und Musik, als wichtiges Marktsegment entdeckt.

Von der bloßen stilistischen Selbstinszenierung zu unterscheiden sind eigenständige Jugendkulturen, die sich nicht nur symbolisch, sondern durch eigensinnige ästhetische, ethische oder politische Orientierungen definieren bzw. beanspruchen, einen eigenständigen Lebensstil jenseits der gesellschaftlichen Konventionen zu realisieren.

Gegenwärtige Jugendkulturen sind – vom Sonderfall der rechtsextremen Jugendszene abgesehen – nicht mehr generell als provokative und rebellische Minderheiten zu charakterisieren, die zu einer erheblichen Verunsicherung von Politik, Pädagogik und Medien führen.

> „Im Alltag herrscht inzwischen beinahe die Erwartungshaltung, dass junge Menschen Jugendkulturen durchlaufen" (Rink 2002: 3).

Jugendkulturen stehen jedoch weiterhin in einem Spannungsfeld zwischen der bloß zeichenhaften Markierung von Unterschieden, adoleszenter Erlebnis- und Identitätssuche in der Gemeinschaft Gleichgesinnter, der mehr oder weniger bewussten und gezielten Abgrenzung von der „Erwachsenengesellschaft" bzw. anderen Jugendkulturen sowie einer expliziten politischen Gesellschaftskritik. Sie sind auch Objekt kommerzieller und medialer Vereinnahmung sowie ein vielfach genutztes Innovationspotenzial.

Die Entstehung und die Merkmale von Jugendkulturen sind soziologisch in ihrem Zusammenhang mit gesellschaftlichen Strukturen und Entwicklungsdynamiken zu begreifen, etwa als Auseinandersetzung mit Widersprüchen im gesellschaftlichen Normen- und Wertesystem, mit der eigenen Position im Gefüge der sozialen Ungleichheiten, mit Veränderungen der gesellschaftlichen Geschlechterordnung, mit beruflicher Zukunftsunsicherheit usw. Es genügt deshalb nicht, Merkmale von Jugendkulturen bloß ethnographisch zu beschreiben.

9.2 Kulturbegriff und Fragestellungen der Jugendkulturforschung

Der Begriff „Jugendkultur" wurde bereits von Gustav Wyneken (1875-1964) verwendet. Bei Wyneken ist der Begriff der Jugendkultur normativ akzentuiert: Eine auf „Kameradschaft" gegründete Jugendkultur wird als Gegengewicht zur autoritären Ordnung in Familie, Schule, und Betrieb beansprucht.

In den gegenwärtigen Sozialwissenschaften wird der Begriff Kultur dagegen nicht normativ, sondern deskriptiv verwendet. Er wird zudem nicht allein im Hinblick auf die Werke der Hochkultur (die Künste, die Philosophie, die Wissenschaften) gebraucht: Als Formen der Kultur gelten auch Sprachen und Symbole, Werte und Normen, Rituale und Alltagsästhetiken bzw. die Wahrnehmungs-, Deutungs- und Handlungsmuster sozialer Gruppen, sozialer Klassen und Milieus. Entsprechend ist von Arbeiterkultur, der Kultur der Mittelklassen oder von der Kultur der Drogenszene die Rede, wenn es darum geht, typische Muster der alltäglichen Lebensführung und der Kommunikation zu analysieren. Diese Bedeutungsverschiebung steht im Zusammenhang mit der „ethnographischen Wende" der Kultur- und Sozialwissenschaften Ende der 1970er Jahre, dem deutlich gestiegenen Interesse an der Erforschung der Alltagswelt und der alltäglichen Lebenswirklichkeit sozialer Gruppen.

In einer einflussreich gewordenen Definition formulieren John Clarke et al.:

> „Der Begriff ‚Jugendkultur' verweist auf die kulturellen Aspekte von Jugend. (...) Kultur ist die Art, die Form, in der Gruppen das Rohmaterial ihrer sozialen und materiellen Existenz bearbeiten. (...) Die Kultur einer Gruppe oder Klasse umfasst die besondere und distinkte Lebensweise dieser Gruppe oder Klasse, die Bedeutungen, Werte und Ideen, wie sie in Institutionen, in den gesellschaftlichen Beziehungen, in den Glaubenssystemen, in Sitten und Bräuchen, im Gebrauch der Objekte und im materiellen Leben verkörpert sind. (...) Die Kultur enthält die ‚Landkarte der Bedeutungen', welche die Dinge für ihre Mitglieder verstehbar macht." (Clarke et al. 1979)

Die unterschiedlichen Ausprägungen von Jugendkulturen werden als Stile bezeichnet: *Stil* ist die Gesamtheit der auf typische Weise genutzten oder neu geschaffenen kulturellen Formen, insbesondere Sprache, Mode, Körpersprache und Musik.

Der in der Jugendkulturforschung gängige Kulturbegriff ist also weiter gefasst als der „klassische" bildungsbürgerliche. Er akzentuiert „das Moment der Selbsttätigkeit von gesellschaftlichen Individuen, Gruppen und Klassen, ihre interpretativen, synthetisierenden und innovativen Leistungen auf der Grundlage vorgefundener natürlicher und gesellschaftlicher Bedingungen" (Lindner 1981: 186f.).

Eine soziologische Betrachtung kann sich nicht darauf beschränken, ästhetische Stile und Symbole von Jugendkulturen zu beschreiben und ihre Bedeutung verständlich zu machen. Darüber hinaus ist zu analysieren, auf welche typischen Erfahrungen und Lebensbedingungen sich Jugendkulturen beziehen und wie sie diese interpretieren, sowie welche grundlegenden Haltungen zur eigenen Lebenssituation und zur gesellschaftlichen Lebenssituation zum Ausdruck gebracht werden (s. dazu im Kapitel 3 die Hinweise zur Jugendkulturforschung des CCCS).

Jeweilige Jugendkulturen stellen so betrachtet gesellschaftlich situierte Formen der Auseinandersetzung mit klassen-, milieu-, geschlechts- und altersgruppentypischen Erfahrungen dar, die sich zu jeweiligen Erwachsenenkulturen, politischen Bewegungen sowie zu historisch älteren und gleichzeitigen Jugendkulturen ins Verhältnis setzen (Nähe bzw. Abgrenzung) (s. dazu grundlegend Hebdige 1983).

Für eine soziologische Betrachtung von Jugendkulturen sind vor diesem Hintergrund vor allem folgende Dimensionen relevant:

- *Selbstdefinition und thematischer Fokus*, z.b. politische Jugendkulturen, ästhetische Jugendkulturen, erlebniszentrierte Jugendkulturen;
- *thematische Reichweite*, z.b. umfassender Entwurf einer erstrebenswerten Lebenspraxis vs. eng begrenzte freizeitbezogene Orientierungen;
- *Involviertheit*, d.h. Ausmaß der zeitlichen und sozialen Beanspruchung der Mitglieder;
- *sozialstrukturelle Verortung*, z.b. Kulturen von Arbeiterjugendlichen oder Mittelschichtjugendlichen;
- *geschlechtsbezogene Orientierung und Zusammensetzung* (maskuline vs. egalitäre Jugendkulturen);
- *Identifikationen, Abgrenzungen und Gegnerschaften* (etwa im Verhältnis zu politischen oder religiösen Ideologien, zu Kirchen und Parteien oder zu anderen Jugendkulturen);
- *Strukturmerkmale der Gruppen- und Netzwerkbildung* (egalitäre vs. hierarchische Strukturen; Identifikationsgrad, soziale und zeitliche Bedeutung der Jugendkultur für ihre Mitglieder; exklusive vs. multiple Zugehörigkeiten);
- *Grad und Form der Abgrenzung* von gesellschaftlichen Institutionen sowie den Werten und Normen der dominanten Kultur;
- *Sichtbarkeit*, d.h. der Grad der öffentlichen Selbstinszenierung.

9.3 Wiederentstehung von Jugendkulturen in den 1950er Jahren

Die Tradition der Jugendbewegung und die Idee einer eigenständigen Jugendkultur jenseits der Erwachsenengesellschaft wurden im Nationalsozialismus und im Zweiten Weltkrieg mit einer Realität konfrontiert, die ihre ungebrochene Wiederbelebung nach 1945 nicht zuließ: Nicht zuletzt aufgrund des geringen Widerstands gegen die Vereinnahmung von Jugendbünden und Jugendverbänden durch die „Hitler-Jugend" und den „Bund deutscher Mädel" war eine direkte Anknüpfung an diese Traditionslinien obsolet. In einem Liedtext brachte Franz-Josef Degenhardt diese Traditionszerstörung wie folgt zum Ausdruck:

> „Tot sind unsere Lieder unsre alten Lieder./Lehrer haben sie zerbissen,/Kurzbehoste sie zerklampft,/braune Horden totgeschrien,/Stiefel in den Dreck gestampft."

Für die erneute Entstehung von Jugendkulturen in den 1950er und 1960er Jahren in Westdeutschland waren deshalb zunächst us-amerikanische Vorbilder und Stile einflussreich. (Eine anschauliche Darstellung der Jugendkulturen in der Zeit von 1945 bis 1969 gibt der Band ‚Heiss und Kalt' von Siepmann, 1986; vgl. auch Deutscher Werkbund 1986: 214-284). Die gesellschaftliche und politische Diskussion um die Bedeutung der Entwicklung eigenständiger Jugendkulturen und um jugendliche Subkulturen war durch Befürchtungen und ablehnende Haltungen bestimmt. Dies betrifft insbesondere die Infragestellung der tradierten Familien- und Sexualmoral durch Jugendkulturen der 1960er Jahre, die Neudefinition männlicher und weiblicher Rollen, den jugendkulturellen Gebrauch von illegalen Drogen sowie hedonistische Orientierungen an einem Lebensgenuss jenseits der Zwänge der Arbeit. „Gammler", „Rocker" und „Hippies", aber auch die politisierte linke Schüler- und Studentenbewegung sowie später „Hausbesetzer" und „Punks" wurden als eine Bedrohung der gesellschaftlichen Ordnung wahrgenommen. Auch die inzwischen kommerzialisierten und etablierten Stile der Jugendmusikkultur wurden zunächst als kulturelle ‚Verrohung' und Infragestellung gesellschaftlich unverzichtbarer Werte und Normen dargestellt.

Hierzu haben auch die von der Soziologie zur Verfügung gestellten Deutungsmuster abweichenden Verhaltens Jugendlicher beigetragen, zumal die Soziologie zunächst mit einem differenzierten „Repertoire" vor allem strukturell-funktionaler Delinquenz-Theorien und Außenseiter-Theorien auf die zahlreicher werdenden Jugendproteste seit Ende der 1950er Jahre reagierte. Der Blick für die Entwicklung zu größerer Eigenständigkeit jugendlicher Subkulturen wurde dadurch zunächst eher verstellt als freigelegt.

So sprach Fyvel Anfang der 1960er Jahre von „Troublemakers – Youth in an Affluent Society" (1962). Ende der 1960er Jahre kam der Begriff „Untergrund" (underground) hinzu. Walter Hollstein (1969) und Dieter Baacke (1970), die diesen Begriff ohne diskriminierende Absicht in die Diskussion brachten, konnten nicht verhindern, dass ein Beigeschmack von Delinquenz und Kriminalität blieb. Hollstein rechnete zum „Untergrund" die „Beatniks, Gammler, Voyous, Provos, Happeners, Capelloni, Hippies, Blumenkinder, revolutionäre Studenten oder Vietniks und Peaceniks" (Hollstein 1969: 7). Er hob die (in gewisser Weise erstmalige) Vergleichbarkeit der „Motive, Strategien, Forderungen und Hoffnungen der jugendlichen Rebellion" in „New York, San Francisco, Paris, Amsterdam, Mailand, Berlin, Stockholm und London" hervor und betonte damit einen neuen, bisher unbekannten Internationalismus der Jugendbewegung und der Entwicklung jugendlicher Subkulturen.

Roland Roth (2002: 20) hat darauf hingewiesen, dass die Jugendkulturen im 20. Jhdt. immer wieder internationale Bezüge aufgewiesen haben:

> „Die Kraft von Jugendkulturen, die dominanten Lebensweisen einer Gesellschaft herauszufordern und kreativ zu verändern („lieber lebendig als normal"), wurde bislang vorwiegend im nationalen Zusammenhang gesehen. Unschwer lassen sich jedoch über das gesamte 20. Jahrhundert jugendkulturelle Strömungen und Musikstile identifizieren, die internationalen Charakter haben: Diese reichen von der Boheme und der Jugendbewegung nach 1900 sowie der Jazz- und Swingbegeisterung, die in den 1920er

Jahren einsetzte, über die „Halbstarken"- und Teenagerbewegung bis zu den Beat-, Rock- und Hippiegenerationen nach dem Zweiten Weltkrieg. Seit den sechziger Jahren hat die dichte Welle von jugendspezifischen Musikrichtungen, von Konsum- und Lebensstilen ohnehin weitgehend internationalen Charakter. Zumindest gelten die Jugendszenen in den USA und in Großbritannien weltweit als Quelle der Dauerinspiration."

9.4 Differenzierung und Reichweite von Jugendkulturen

9.4.1 Identifikation, Abgrenzung und Desinteresse

Keineswegs alle Jugendlichen ordnen sich der Jugendkultur bzw. einem jugendkulturellen Stil zu. Auf der Grundlage einer Befragung stellt Nicole Pfaff (2007: 105) fest, dass ca. 60% aller Jugendlichen eine mehr oder weniger ausgeprägte Affinität zu einem jugendkulturellen Stil bzw. einer bestimmten Jugendszene äußern. 17% sind an Jugendkulturen desinteressiert, 3% lehnen sie ab und 17% nehmen eine unspezifisch sympathisierende Haltung ein.

Die größte Teilgruppe derjenigen, die sich jugendkulturell verorten, sind die „Computerfreaks" mit 12%, dann folgen „Mainstream-Musikfans mit Sympathien für die rechte Szene" (10%), Hip-Hop-Fans, Pop-Fans und „Mainstream-Musikfans mit Sympathien für die links-alternative Szene" mit je 9%. Immerhin 4% stellen sich als rechtsorientierte Jugendliche mit einer Affinität zu Skinheads, Neonazis und Hooligans dar (ebd.).

Seit der 9. Shell-Jugendstudie „Jugend '81" sind wiederkehrend Untersuchungen jugendlicher Freizeit- und Subkulturen vorgelegt worden. In der 12. Shell-Studie (Jugend '97: 20f.) wird eine weitreichende Veränderung behauptet: Jugendkulturen seien keine Entwürfe eines „besseren" oder jedenfalls „anderen" Lebens mehr. In den Vordergrund trete, Spaß und Zerstreuung zu haben; die Inhalte der Jugendkulturen seien nicht mehr umfassend, sondern eklektizistisch, schnelllebig und diffus; rückläufig seien die Identifikationen mit politisch subkulturellen und sozialen Protestbewegungen, nicht jedoch mit kommerzialisierten und lebensstilorientierten Gruppenstilen.

Die dort behaupteten Entwicklungen können nicht als allgemeiner Trend gelten, denn gegenkulturelle Jugendgruppen und Szenen existieren, so etwa in Gestalt der sog. „autonomen" Jugendszenen, nach wie vor.

Jugendkulturen in der Gegenwartsgesellschaft sind gleichwohl keineswegs mehr durchgängig ästhetische oder politische Sub- oder Gegenkulturen, die den Anspruch erheben, Alternative zur oder Kritik der dominanten Kultur zu sein, sondern zu einem erheblichen Teil integrierter Bestandteil der Konsumgesellschaft, der Kultur- und Medienindustrie (vgl. Holert/Terkessidis 1996).

9.4.2 Teilkulturen oder Subkulturen?

Diejenigen Jugendkulturen, die sich bewusst und gewollt gegen die aus ihrer Sicht vorherrschende (dominante bzw. hegemoniale) Kultur abgrenzen, können als Subkulturen oder Gegenkulturen bezeichnet werden. Eine der ersten Definitionen der *Subkultur* stammt von Robert R. Bell (1961/65):

> „Unter Teilkulturen verstehen wir relativ kohärente kulturelle Systeme, die innerhalb des Gesamtsystems unserer nationalen Kultur eine Welt für sich darstellen. Solche Subkulturen entwickeln strukturelle und funktionale Eigenheiten, die ihre Mitglieder in einem gewissen Grade von der übrigen Gesellschaft unterscheiden."

Bell geht in Anschluss an die Theorie von Talcott Parsons (s. Kapitel 3) davon aus, dass „die jugendliche Subkultur einer Entwicklungsphase entspricht, durch die der Jugendliche hindurchgeht und der er wieder entwächst".

Die Bezeichnung von Jugendkulturen als Subkulturen akzentuiert, dass es sich dabei um eine „besondere Form von abweichendem Verhalten", eine politische oder ästhetische „Widerstandsbewegung" bzw. „Absetzbewegung" (Baacke 1999) handelt. Für *Subkulturen* ist die Abgrenzung gegen Werte, Normen und Stile der gesellschaftlich vorherrschenden Kultur zentral. Als *Gegenkulturen* werden solche Subkulturen bezeichnet, die für sich beanspruchen, eine politische und/oder kulturelle Alternative zur gesellschaftlichen Ordnung oder zur Lebensführung der gesellschaftlichen Mehrheit darzustellen.

Die Gegenwartsgesellschaft ist jedoch kein kulturell homogenes Gebilde für die – jenseits rechtlicher Festlegungen – problemlos angegeben werden könnte, was die „offizielle", „dominante" oder „hegemoniale Kultur kennzeichnet, von der sich Teil-, Sub- und Gegenkulturen unterscheiden. Unter Bedingungen kultureller Pluralisierungs- und Liberalisierungstendenzen erfolgt keine umfassende, verbindliche und eindeutige Normierung der individuellen Lebensführung mehr. Gleichwohl weisen Begriffe wie Arbeitsgesellschaft und Konsumgesellschaft darauf hin, dass bestimmte Normen und Werte gesellschaftlich verbreitet und einflussreich sind. Rechtliche Festlegungen – von der Schulpflicht über das Betäubungsmittelgesetz bis zur Jugendschutzgesetzgebung – bringen vorherrschende Normen deutlich und sanktionsgestützt zum Ausdruck.

Zu berücksichtigen ist weiter, dass Normen und Werte anhaltend Gegenstand sozialer Auseinandersetzung sind, so etwa, wenn politisch über angemessene Erziehungsstile in Familien und Schulen oder die gesellschaftliche Bedeutung der Familie als Lebensform diskutiert wird.

Zwischen gesellschaftlichen Teilkulturen im Sinne von „Teil der offiziellen Kultur" bis zur bewusst und offensiv von der „offiziellen" Kultur abweichenden subkulturellen Bewegung liegt ein breites Spektrum an Möglichkeiten.

Diese variieren hinsichtlich

- der Inhalte und „Stile", die teilweise oder völlig von der dominanten Kultur abweichen bzw. sich von dieser nur auf ästhetisch-symbolischer Ebene abgrenzen: durch Sprache, Kleidung, Körpersprache, Gewohnheiten, Verhaltensweisen, Anerkennung oder Ablehnung gesellschaftlich einflussreicher Werte wie Eigentum, Leistung etc.;
- der Größe der Gruppe bzw. Szene;
- ihrer Aktions-Bereitschaft, auch im Hinblick auf provokative Aktionsformen;
- ihrer alters- und schichtspezifischen Besonderheiten.

Für einige Jugendkulturen war bzw. ist ein Selbstverständnis als solidarische Gemeinschaften bedeutsam, mit einem hohen Maß an Überstimmung in allen Fragen der Lebensführung und in Abgrenzung gegen die als abstrakt und anonym wahrgenommenen Strukturen der Gesellschaft. Solche Gemeinschaftsorientierungen verbanden sich gelegentlich mit romantisierenden Bezügen und Idealisierungen, etwa der indianischen Stammeskulturen Nordamerikas oder der jamaikanischen Rastafaris. Dies veranlasste Analysen, die Jugendkulturen als Gegenbewegungen zur funktionalen Rationalität der modernen Gesellschaft in den Blick nahmen (Berger/Berger/Kellner 1975: 173ff.).

Gegenwärtig finden sich vergleichbare Phänomene z.B. in der sog. autonomen Jugendszene, wobei dort die Idee einer einigenden politischen Militanz an die Stelle romantischer Verklärungen tritt.

Von eher freizeitorientierten Jugendszenen sind also solche Sub- bzw. Gegenkulturen zu unterscheiden, die sich dezidiert von sog. Normaljugendlichen bzw. von der „Gesellschaft der etablierten Erwachsenen" abgrenzen und versuchen, politischen Vereinnahmungen bzw. Vereinnahmungen durch den Kommerz- und Kulturbetrieb zu entgehen. In einigen dieser Sub- und Gegenkulturen wird neben der Entwicklung von bestimmten Stilelementen auch die Begrenzung der Subkultur auf den Freizeitbereich aufgehoben. Es geht nicht um Freizeit, sondern um Freiräume: räumlich und ökonomisch, politisch, sozial und kulturell sowie vielfach auch um grundlegende Werthaltungen und politische Überzeugungen.

9.4.3 Von der Jugendsubkultur zu posttraditionalen Gemeinschaften?

In der Jugendsoziologie der 1970er und 1980er Jahre wurden klassen- und milieubezogene Jugendkulturen als Form der Auseinandersetzung mit ihrer sozialen Lage, Erfahrungen in der Schule und auf dem Arbeitsmarkt analysiert (vgl. Clarke et al. 1979; Brake 1981; s.o. Kapitel 3).

So wurde etwa aufgezeigt, dass die Entstehung der Jugendkultur der Skinheads in England eine Reaktion auf den Niedergang der traditionellen

Industriearbeiterkultur darstellt. Jugendliche reagieren auf den Niedergang der Arbeiterkultur ihrer Eltern durch eine Beschwörung und Überspitzung von Elementen der Arbeiterkultur. Aus den Arbeitsschuhen der Firma ‚Doc Martens' wird ein Stilisierungsmittel der Skins, aus körperlicher Arbeit ein Kult physischer Stärke und Härte usw. Der proletarische Stil der Skins entwickelte sich zugleich in deutlicher Entgegensetzung zum Hippie-Stil eines Teils der Mittelschichtsjugendlichen: kurze Haare vs. lange Haare, inszenierte Härte gegen inszenierte Sanftmut, Bier statt Marihuana.

In Abgrenzung gegen Jugendkulturtheorien, die deren Entstehung, Praktiken Inhalte und Stilmerkmale als Auseinandersetzung mit klassen-, schichten- oder milieutypischen Lebensbedingungen analysieren, wird in der Jugendkulturdiskussion seit den 1990er Jahren auf die Individualisierungsthese Bezug genommen (s.o. Kapitel 2). Bei einigen Autoren wird angenommen, dass heutige Jugendsubkulturen vom sozialen Herkunftskontext weitgehend abgekoppelt seien (s. etwa Vollbrecht 1997; Ferchhoff 1999). Es sei deshalb davon auszugehen, dass gegenwärtige Jugendkulturen sich nicht mehr eindeutig als klassen- und milieuspezifische beschreiben lassen.

Ronald Hitzler (2007: 62) nimmt an, dass gegenwärtige Jugendkulturen bzw. Jugendszenen als „posttraditionale Gemeinschaften" zu charakterisieren sind, in die Individuen sich „freiwillig und zeitweilig … einbinden"; für diese sei – „im Gegensatz zu Milieus und Subkulturen – weiter charakteristisch, dass ein Bezug zu „kollektiv auferlegten Lebensumständen" keineswegs zwingend und eindeutig sei (ebd.: 63).

Dieser Einwand wird kontrovers diskutiert und die verfügbaren empirischen Daten lassen keine eindeutige Beantwortung der Frage zu, welche Bedeutung soziale Ungleichheiten oder aber Individualisierungstendenzen in gegenwärtigen Jugendkulturen haben. In manchen Studien finden sich deutliche Hinweise darauf, dass ein Teil gegenwärtiger Jugendkulturen deutlich ausgeprägte Bezüge zu sozialen Lagen und Verortungen hat (s. Silbereisen et al. 1996; Eckert et al. 2000). Dagegen blenden andere Studien die Frage nach der sozialen Verortung von Jugendkulturen und -szenen eher aus, da sie diese als vernachlässigbar betrachten (s. etwa Gebhardt et al. 2000; Hitzler et al. 2005).

Wiederkehrend werden auch von den Akteuren selbst ganz explizit Bezüge zu sozialer Lage und Herkunft hergestellt; so sind Hip-Hop und Rap, die in den USA als Ausdrucksform Jugendlicher in den Ghettos entstanden sind, in Deutschland einerseits ein Stil, den sich migrantische Jugendliche angeeignet haben und in dem sie ihre Erfahrungen mit Benachteiligung und rassistischer Diskriminierung bearbeiten; andererseits aber auch eine Ausdrucksform von Mittelschichtsjugendlichen, die sich damit mehr oder weniger diffus als links und alternativ darstellen. Gruppen wie ‚Fettes Brot', ‚Public Enemy', ‚Die Fantastischen Vier' repräsentieren sozial und politisch andere Verortungen als Spielarten des Sexismus und Gewalt verherrlichenden Aggro-Gangster-Rap (s. dazu Menrath 2001).

Aufgrund solcher Beobachtungen ist es zweifellos erforderlich, nicht mehr von der Annahme einer eindeutigen sozialstrukturellen Verortung von Jugendkulturen auszugehen. Zugleich aber ist es nach wie vor nicht verzichtbar danach zu fragen, welche sozial zugemuteten Erfahrungen – nicht zuletzt von Ungleichheit, Benachteilung und Diskriminierung – als Grundlage jugendkultureller Stile und Praktiken in den unterschiedlichen Jugendkulturen und ihren Unterströmungen sowie als Grundlage der Vergemeinschaftung in Jugendszenen relevant sind.

9.4.4   Szenen als Vergemeinschaftungsformen

Gerhard Schulze sprach 1992, und nicht nur mit Bezug auf den Freizeitbereich, von der Entstehung einer „Erlebnisgesellschaft" (Schulze 2000). Seine Sichtweise trägt dazu bei, bestimmte Erscheinungsweisen gegenwärtiger Konsum- und Mediengesellschaften auf den Begriff zu bringen. Ausgangspunkt für Schulzes Kulturtheorie waren seine Untersuchungen, deren Ergebnisse sich nur durch die Annahme interpretieren ließen, dass in Folge des Anstiegs des Lebensstandards, der Zunahme arbeitsfreier Zeit und damit einhergehenden Zugewinns an Möglichkeiten eine „Angebotsexplosion" und ein wachsender „Erlebnismarkt" zu beobachten sei.

Die typischen Muster der „Erlebnisgesellschaft" setzen sich nach Schulze seit Beginn der 1980er Jahre mehr und mehr durch. Erlebnisgesellschaft meint die Tendenz, dass die Zwänge der alltäglichen Lebensbewältigung und eine Ethik der an Pflichten orientierten Lebensführung in den Hintergrund treten; dagegen werde die Aufforderung, das eigene Leben aktiv zu erleben, d.h. mit emotional befriedigenden Ereignissen – etwa Sportevents, Abenteuerreisen oder meditativen Übungen – auszufüllen, zu einer einflussreichen Maxime: „Erlebnisrationalität" als Funktionalisierung der äußeren Lebensumstände für das Innenleben; die Menschen würden mehr und mehr „das Projekt des schönen Lebens" verfolgen; dies sei zum Massenphänomen geworden (Schulze 2000).

Eine wesentliche Grundlage dieser Entwicklungen sei die entsprechend inszenierte und ästhetisierte Warenwelt: Die Erlebniswelt von Angeboten dominiere über den Gebrauchswert und werde zum entscheidenden Faktor der Kaufmotivation. Schulze ging davon aus, dass die Erlebnisgesellschaft bereits in die psychischen Motivstrukturen und die Formen der Wahrnehmung, des Genießens und der Existenz eingedrungen ist.

In Anknüpfung hieran sowie an die Individualisierungsthese schlagen Ronald Hitzler und Michaela Pfadhauer vor, jugendkulturelle Szenen als die gegenwärtig typische Form von „posttraditionaler Vergemeinschaftung" zu betrachten:

> „Das strukturelle Unterscheidungsmerkmal posttraditionaler Gemeinschaften gegenüber überkommenen bzw. eingelebten Gemeinschaften ist u.E. die jederzeit kündbare

Mitgliedschaft auf der Basis eines freien Entschlusses der sich vergemeinschaftenden Akteure" (Hitzler/Pfadhauer 1998: 78).

Bei *Szenen* handelt es sich um „thematisch fokussierte Netzwerke (...), die bestimmte materiale und/oder mentale Formen der kollektiven Selbststilisierung teilen und Gemeinsamkeiten an typischen Orten und zu typischen Zeiten interaktiv stabilisieren" (Hitzler et al. 2001: 20). Szenen sind für ihre Mitglieder, anders als traditionelle Jugendkulturen, nicht alternativlose, subjektiv hoch verbindliche Zusammenschlüsse, sondern „prinzipiell mit relativ geringen ,Kosten' wähl- und abwählbare Optionen" (ebd.: 18).

So kann etwa die Techno-Szene als eine posttraditionale Erlebnisgemeinschaft charakterisiert werden.

Dabei ist zu berücksichtigen, dass es sich insofern um fiktive Gemeinschaften handelt, als sich die Mitglieder von überregionalen Jugendszenen nicht persönlich kennen und nicht durch dichte soziale Beziehungen miteinander verbunden sind, Vergemeinschaftung also in der Form situativer Inszenierungen, sog. Events erfolgt (Gebhardt/Hitzler/Pfadenhauer 2000).

9.4.5 Handlungstypen und individuelle Bedeutung von Jugendkulturen

In seiner Studie ,Die vielen Gesichter der Jugend' (1988) unterscheidet Karl Lenz vier grundlegende Typen der alltäglichen Lebensführung Jugendlicher:

- den familienorientierten Typus; hier ist für den Jugendlichen „die Herkunftsfamilie das zentrale Bezugssystem" und die „Peer-Relation (...) ist in ihrer Alltagsorganisation deutlich der Relevanz der Herkunftsfamilie nachgeordnet" (ebd.: 30f.);
- den hedonistisch-orientierten Typus; dieser ist durch die Einforderung von Freiräumen gegenüber elterlichen Kontrollen charakterisiert; die Alltagsorganisation ist daran ausgerichtet, „Spaß und Freunde" in Gruppen Gleichaltriger zu finden (ebd.: 58ff.);
- den maskulin-orientierten Typus; der Jugendliche grenzt sich stärker von den Eltern ab und verbringt seine Freizeit in Cliquen, in denen versucht wird, aus „der Routine des Nichtstuns" auszubrechen; exzessiver Alkoholkonsum sowie die Betonung physischer Stärke sind gängig (ebd.: 86f.);
- den subjektorientierten Typus; dieser lehnt die konformistischen Orientierungen der eigenen Eltern ab, beschreibt seine Beziehungen zu ihnen als konfliktgeladen und weist eine Affinität zu gegenkulturellen Orientierungen auf (ebd.: 113ff.).

Nur ein begrenzter Teil aller Jugendlichen sieht in jugendkulturellen Gruppen und Szenen einen Gegenpol zur Herkunftsfamilie und den durch sie repräsentierten Werten und Normen der dominanten Kultur bzw. zur gesellschaftlichen Normalität. Für die Mehrzahl der Jugendlichen ist eine Kompromissbildung zwischen elterlichen Erwartungen und schulischen bzw. beruflichen Anforderungen einerseits, der partiellen Orientierung an Jugendkulturen und Jugendstilen andererseits typisch.

9.4.6 Jugendkulturen als Freizeitkulturen

In Familien, Schulen und Betrieben sind die jugendkulturellen Aktions- und Entfaltungsmöglichkeiten Jugendlicher eher gering. Insofern ist die Verfügbarkeit von Zeiten und Orten jenseits erwachsener Kontrolle und Dominanz eine soziale Bedingung für die Entwicklung von Jugendkulturen. Allerdings ist die außerschulische Jugendarbeit ein gesellschaftlich anerkannter Ort jugendkultureller Praxis.

Freizeit für Erwachsene und Freizeit für Jugendliche bedeutet im Allgemeinen etwas Verschiedenes: Die Freizeit erwerbstätiger Erwachsener ist eng auf Beruf und Arbeit sowie ggf. familiale Verpflichtungen bezogen; sie unterliegt dem Zwang, sich von der Arbeit und für die Arbeit zu erholen (Reproduktion der Arbeitskraft). Auch in die jugendliche Freizeit ragen zwar die Erfordernisse der Schule und Ausbildung hinein; zudem arbeitet auch ein erheblicher Teil der Jugendlichen in der „Freizeit". Freizeit ist für Jugendliche aber auch die Zeit, in der sie sich der Kontrolle durch Eltern und pädagogische Institutionen entziehen können.

Bemühungen von Familien und der außerschulischen Pädagogik, die Freizeitgestaltungen Jugendlicher zu beeinflussen, stoßen an Grenzen. Denn sie konkurrieren einerseits mit dem Interesse an autonomer Freizeitgestaltung in Peer-Groups, andererseits mit der Fülle der kommerziellen Angebote. Der Sozialhistoriker Edward Shorter (1988: 51) hat die zugespitzte These formuliert, dass „effektive Kontrolle des Verhaltens der Jugendlichen" vor allem „als Selbstkontrolle in den Gleichaltrigengruppen" ausgeübt werde. Diese These unterschätzt allerdings die Bedeutung familialer und schulischer Erziehung und übersieht auch die indirekte Kontrolle durch schulische und berufliche Anforderungen.

9.5 Musikkulturen Jugendlicher

Musik hat in historischen und gegenwärtigen Jugendkulturen eine zentrale Bedeutung (vgl. Baacke 1998). Dies ist darauf zurückzuführen, dass Musik als „präsentative Symbolik" (Langer 1984) Emotionen und Stimmungslagen anders ausdrückt und anspricht als die „diskursive Symbolik" der Sprache: Was gemeint ist, muss nicht bewusst sein und sprachlich eindeutig benannt werden, sondern kann gefühlt werden.

Musikstile wie Jazz, Blues, Rock'n'Roll, Folk, Rock, Pop, Punk, Techno, Ska, House und Hip-Hop bringen für jeweilige Generationen bzw. Jugendkulturen kennzeichnende Mentalitäten zum Ausdruck. Sie symbolisieren Gefühlslagen wie Melancholie, Fröhlichkeit oder Aggressivität, sind besinnlich oder lautstark, zeigen Harmoniebedürfnisse oder Ausbruchsversuche an. Sie bringen Anknüpfungen an und Abgrenzungen gegen ältere Generationen und zwischen Jugendkulturen zum Ausdruck (vgl. Müller et al. 2002). Die Texte sind zudem eine wichtige Form der jugendkulturellen Artikulationen und Verbreitung von Wörtern, Sprechweisen, Überzeugungen, Idealen usw.

9.5.1 Herausbildung der Jugendmusikkultur seit der Jugendbewegung

Die große Bedeutung von Musikstilen gilt für alle Phasen der Herausbildung eigenständiger Jugendkulturen, so bereits für die Wandervögel. Für diese waren Gruppenleben und Musik eine Einheit; das Singen gehörte zur „Großen Fahrt", dem zentralen Ereignis des Wandervogeldaseins (s. dazu Kapitel 4).

Nach dem Ersten Weltkrieg kam es im Zusammenhang mit der Umstrukturierung der Jugendbewegung, der Landschulheimentwicklung und anderen Impulsen zur „Jugendmusikbewegung". Überall entstanden Musik- und Spielgruppen eigener Art, Singgemeinden und Musikantengilden (vgl. zur Entwicklung und Bedeutung: Archiv der Jugendmusikbewegung 1980; Reinfandt 1987).

Seit den 1920er Jahren zeichnete sich auch eine andere oppositionelle Jugendmusikbewegung ab; so war der Swing für Teile der Jugend ein Ausdruck des Protestes gegen alles Offizielle, auch gegen die organisierte Jugendbewegung (unter anderen Voraussetzungen sollte der in der NS-Zeit verbotene Swing diese Bedeutung behalten).

Im Nationalsozialismus kam es zu einer demagogischen Aufwertung und Politisierung des volkstümlichen Liedgutes in der Hitler-Jugend (HJ) sowie zum Einsatz von Propagandaliedern. Nach 1945 wurde das Liedgut der Jugendbewegung zwar in den neu entstehenden (zuvor „gleichgeschalteten") Jugendorganisationen wieder aufgenommen, doch eine größere öffentliche oder gar politische Relevanz kam ihm nicht mehr zu – ausgenommen in der Freien Deutschen Jugend (FDJ) und bei den Jungen Pionieren der DDR.

Verstärkt seit den 1950er Jahren entwickelte sich eine moderne, nicht-traditionalistische, mehr und mehr eigenständige Jugendmusikkultur. Sie orientiert sich zunächst an us-amerikanischen, später dann an britischen Entwicklungen. In ihrer Distanzierung von der Musikkultur der Erwachsenen bzw. der vorgängigen Jugendgenerationen leistet sie ihren Beitrag zur Autonomie von Jugend und Jugendkultur. In den 1960er Jahren, im Zusammenhang mit den Protestbewegungen Jugendlicher und unter den Voraussetzungen neuer Verbreitungs- und Vervielfältigungstechniken, wurde Musik zu einer zentralen Form der Artikulation von Jugendkultur und zu einem wichtigen Medium der Vergemeinschaftung. Der Besuch von Folk- oder Rockfestivals war für die Herstellung eines Zugehörigkeitsgefühls hoch bedeutsam; zu den zentralen Mythen der Jugendbewegung gehören entsprechend das filmisch dokumentierte Woodstock-Festival und in Deutschland die Liedermacherfestivals auf der Burg Waldeck, später dann die Essener Songtage. Die in den spätern 1960ern entstandene Musikkultur ist z.T. bis heute einflussreich und Bezugspunkt der gegenwärtigen Musikproduzenten, so etwa im Fall von Bob Dylan, Jonny Cash, Bob Marley und Neil Young.

Affinität zu bestimmten Musikstilen ist seitdem ein bedeutsames Abgrenzungskriterium zwischen Jugendszenen.

Die Bedeutung der Musik für Jugendliche wird von zahlreichen repräsentativen Jugenduntersuchungen (vgl. z.b. die Shell-Studien) belegt:

- „Musikhören" ist für Jugendliche eine der wichtigsten Freizeitbeschäftigungen (vgl. JIM 2004: 11);
- CDs bzw. DVDs werden überwiegend von Jugendlichen gekauft;
- viele Jugendliche nutzen diverse Internetseiten zum Musikdownload oder tauschen über Internet-Tauschbörsen Musiktitel aus;
- auch das aktive Musizieren ist zu einem erheblichen Teil eine Angelegenheit von Jugendlichen;
- das starke Musikinteresse der Jugendlichen ist weitgehend unabhängig von Alter, Geschlecht und Schichtzugehörigkeit.

9.5.2 Wechsel der Stile

Noch in den 1970er Jahren war die Unterscheidung der klassischen, „ernstzunehmenden" E-Musik von der bloßen, als minderwertig betrachteten Unterhaltungsmusik (U-Musik) bzw. Populärmusik (Pop) üblich, welche als jugendspezifische Musik verstanden wurde. Diese altersgruppenbezogene Abgrenzung ist hinfällig und durch eine Abgrenzung von Stilen ersetzt worden:

Die Stile der alten Jugendkulturen (Rock'n'Roll, Blues, Folk und ältere Varianten des Beat und Rock) sind inzwischen überwiegend unter den über 40-Jährigen verbreitet; eher jugendtypische Stile sind gegenwärtig Techno, und Hip-Hop. Andere Stile, wie etwa Reggae, finden eher altersgruppenübergreifend Sympathie oder Ablehnung. Zu beobachten sind auch Stilsynthesen; entsprechend wurde kürzlich kommerziell erfolgreich besungen, dass es einen „Hip-Hop-Pink-Rocker" mit den Blumen der Hippies in den Haaren geben sollte.

Die Vielfalt der Stile und das Entstehen immer neuer Stile und Stilvarianten ist Ausdruck eines eigenständigen Dynamik: Die Kreativität und das Abgrenzungsbedürfnis jeweiliger Jugendlicher verbindet sich mit den Interessen der Industrie zu einer starken Nachfrage nach jeweils neuen Stilen, Klängen, Gruppen und Stars.

Während die ökonomische Vereinnahmung der jeweils neuen Welle schon in vollem Gange ist, entwickeln Musikkritiker, Pädagogen und Wissenschaftler – von Berufs wegen um Verständnis bemüht – Interpretationen, die im Feuilleton publiziert werden und jugendkulturelle Artikulationen in einen anerkannten Bestandteil des etablierten Kulturbetriebs verwandeln.

Auch deshalb sind die Jugendlichen bzw. die ästhetischen Avantgarden immer aufs Neue veranlasst, sich ihre eigenen Ausdrucksformen zu schaffen (zu Entwicklungen und internen Differenzierungen vgl. Hitzler/Pfadenhauer 1998; Klein/Friedrich 2003). Bezogen auf den Musikstil Techno ist festzustellen, dass sich eine ihrem Selbstverständnis nach dezidierte Gegen- bzw. Subkultur in einem relativ kurzen Zeitraum in einen Wirtschaftsfaktor mit bestimmten Zielgruppen verwandelt hat, auf die sich die Freizeitindustrie einstellt. Selbst Reisen zu Großereignissen wie der Love-Parade werden von etablierten Reiseveranstaltern als Gruppenreisen organisiert.

Die sog. Pop-Musik steht zwar im Vordergrund der Jugendmusikkultur und des öffentlichen Interesses an ihr, damit sind aber keineswegs alle Musikaktivitäten der Jugendlichen erfasst. Hinzu kommt aktives Musizieren in traditionellen Formen wie Blaskapelle, Chöre, Orchester usw., die in der Regel von Erwachsenen geleitet werden (vgl. Reinfandt 1987).

Mit den neuen Produktions- und Verbreitungstechnologien ist inzwischen eine weitreichende Veränderung in Gang gekommen: Die Aufnahme und potentielle Verbreitung von Musik und Videos ist mit relativ leicht zugänglichen technischen Mitteln möglich; damit verliert die Musikindustrie ihre Monopolstellung. Nicht mehr die Verbreitung ist das Problem, sondern „nur noch" die Herstellung von Aufmerksamkeit für das eigene Produkt.

10 Abweichendes Verhalten Jugendlicher

Jugendliche ziehen insbesondere immer dann ein großes politisches, pädagogisches und wissenschaftliches Interesse auf sich, wenn sie Handlungen begehen, die als problematische Abweichung von gesellschaftlichen Regeln und Normen wahrgenommen werden. Dies ist nicht nur darin begründet, dass entsprechende Handlungen als irritierend, ärgerlich, gefährlich oder ggf. als Bedrohung der individuellen Sicherheit oder der gesellschaftlichen Ordnung angesehen werden. Vielmehr wird im abweichenden Verhalten Jugendlicher auch ein Hinweis auf die Folgen benachteiligter Lebenslagen, auf Vernachlässigung oder Gewalt in Familien sowie auf vielfältige weitere Entwicklungsprobleme und Sozialisationsdefizite gesehen. Dies führt dann zur Frage nach den Erfordernissen jugend- und sozialpolitischer sowie schul- und sozialpädagogischer Maßnahmen.

Angesprochen sind damit Aspekte, die in der sog. Soziologie sozialer Probleme thematisiert werden. Ausgehend von der Untersuchung der klassischen sozialen Probleme ‚Armut‘ und ‚Kriminalität‘ werden unter sozialen Problemen dort alle Sachverhalte verstanden, die von einflussreichen Akteuren und Institutionen als problematische Aspekte der gesellschaftlichen Situation verstanden werden. Die neuere Problemsoziologie betont, dass es nicht einfach offenkundig ist, welche sozialen Probleme gegeben sind; sie weist darauf hin, dass Problemwahrnehmungen in sozialen Prozessen, z.B. durch Medienberichterstattung, entstehen (s. dazu Groenemeyer 2002). Ein wichtiger Bestandteil hiervon ist die Dramatisierung, d.h. die Überzeichnung der Qualität und Verbreitung von Ereignissen (s. dazu in Bezug auf Jugendgewalt Barz 2000).

Eine Sichtweise, die Formen abweichenden Verhaltens Jugendlicher als zu überwindendes soziales Problem in den Blick nimmt, ist jedoch vereinseitigend. Denn individuell und kollektiv abweichendes Verhalten kann – wie bereits in Bezug auf Jugendkulturen deutlich wurde – zugleich auch eine potenziell positive Infragestellung von erstarrten Routinen und Traditionen sein und damit eine Quelle von Veränderungen und Neuerungen.

In der sozialwissenschaftlichen Forschung wird abweichendes Verhalten im Jugendalter als *ubiquitär* und *transistorisch* betrachtet. D.h.: Formen abweichendes Verhaltens sind keine Ausnahme, sondern bei nahezu allen Jugendlichen zu beobachten; sie stellen typischerweise ein Übergangsphänomen dar; ihre Häufigkeit reduziert sich mit dem Eintritt ins Erwachsenenleben erheblich.

10.1 Begriffe und soziologische Grundannahmen

10.1.1 Abweichung, Devianz und Sanktion

Unter *abweichendem Verhalten* sind alle diejenigen Verhaltensweisen und Handlungen zu verstehen, die nicht übereinstimmen mit sozial einflussreichen Erwartungen (Regeln, Normen und Werten) von Gruppen, Institutionen bzw. der Gesellschaft insgesamt. Statt von *abweichendem* spricht man auch von *deviantem Verhalten* (von lat. *Devianz*, Abweichung).

In einer grundlegenden Definition formulierte Howard S. Becker (1973: 1ff.):

> „Alle gesellschaftlichen Gruppen stellen Verhaltensregeln auf und versuchen sie (...) durchzusetzen. (...) Gesellschaftliche Regeln definieren Situationen und die ihnen angemessenen Verhaltensweisen, indem sie einige Handlungen als ‚richtig' bezeichnen, andere als ‚falsch' verbieten. (...) Abweichendes Verhalten wird von der Gesellschaft geschaffen. (...) Von diesem Standpunkt aus ist abweichendes Verhalten keine Qualität der Handlung, die eine Person begeht, sondern vielmehr eine Konsequenz der Anwendung von Regeln durch andere (...)."

Über abweichendes Verhalten kann also sinnvoll nur in Relation zu den jeweiligen sozialen Festlegungen gesprochen worden, von denen eine Handlung abweicht. So gilt etwa in Kriegen die Gewaltanwendung durch Soldaten als normal, als zu bestrafende Abweichung gilt dagegen die Verweigerung des Waffengebrauchs. Solche Festlegungen ändern sich mit der gesellschaftlichen Entwicklung. Noch Anfang der 1970er Jahre galt Homosexualität als unnormal und abweichend.

Auf den grundlegend relationalen Charakter von Normalität und Abweichung hat bereits Émile Durkheim in seiner Studie „Die Regeln der soziologischen Methode" (1984: 155ff.; Original 1895) hingewiesen. Er argumentiert weiter, dass eine „allumfassende und absolute Uniformität" des Verhaltens schon aufgrund der „persönlichen Originalität" der Individuen undenkbar sei; zudem gelte, dass je stärker die Anpassungsbereitschaft der Einzelnen an soziale Normen sei, umso mehr würden kleinste Abweichungen als Problem betrachtet.

Daran anschließend hat Heinrich Popitz (1925-2002) in seinem grundlegenden Aufsatz „Über die Präventivwirkung des Nichtwissens" (Popitz 2006, zuerst erschienen 1968) gezeigt, dass Gesellschaften keineswegs alles, sondern nur einen bestimmten Teil des abweichenden Verhaltens aufdecken können. Denn würde jede Normverletzung entdeckt und bestraft, dann würde dies in vielen Fällen dazu führen, dass die Norm selbst in Frage gestellt wird.

Popitz argumentiert weiter, dass die Entdeckungswahrscheinlichkeit zahlreicher Normverletzungen sozial ungleich verteilt ist:

> „Dass man die Kleinen hängt, die Großen laufen lässt, ist keine vom Ressentiment diktierte Verleumdung, (...) . Die Großen entziehen sich der Sanktion nicht nur, weil man sie eher laufen lässt, sondern vor allem, weil sie die größeren Chancen haben, sich nicht entdecken zu lassen." (ebd.: 171)

Die vorherrschende Reaktion auf Abweichungen sind Sanktionen. *Sanktionen* können definiert werden als Mittel/Instrumente der *sozialen Kontrolle,* die zur „Erzeugung" eines gewünschten Verhaltens führen sollen (zu obigen und den folgenden Begriffen vgl. Lamnek 2001).

Der Begriff „Sanktion" ist lateinischen Ursprungs und heißt eigentlich „Heiligung", im übertragenen Sinn auch „Gesetzeskraft verleihen". In den Sozial- und Humanwissenschaften hat sich der Begriff für den Tatbestand eingebürgert, dass Handlungen und Eigenschaften von Personen durch andere Personen gebilligt oder missbilligt, belobigt („verstärkt") oder getadelt, bestraft oder gefördert werden. Diese Aufzählung für sanktionierendes Handeln zeigt, dass es sowohl *positive* als auch *negative Sanktionen* gibt und dass der Begriff über die Stärke z.B. der negativen Sanktionen – vom missbilligenden Blick bis zur Inhaftierung – nichts aussagt.

Entsprechend breit wie der Sanktionsbegriff ist das Spektrum abweichenden, also nicht-konformen Verhaltens: Es kann das vorübergehende „Aus-der-Rolle-Fallen" eines Einzelnen bedeuten, das schuldhafte Handeln eines Verkehrsteilnehmers, die Regelwidrigkeit eines Sportlers oder die gewalttätigen Handlungen von Straftätern. Abweichung ist also weder zwangsläufig statistisch selten, noch in allen Fällen moralisch problematisch.

Als *kriminell* wird abweichendes Verhalten dann bezeichnet, wenn es gegen strafrechtliche Normen verstößt und von den so genannten Strafverfolgungsbehörden sanktioniert wird. Die Bezeichnung als kriminell sagt also nichts über die Qualität einer Handlung aus; sie stellt nur fest, dass sie als Straftat angezeigt und verurteilt wurde.

Zu unterscheiden sind einerseits solche Formen abweichenden Handelns, für die gilt, dass die zu Grunde liegenden Regeln von den Sanktionierenden – und oft auch von den Abweichlern selbst – nicht in Frage gestellt werden; anderseits diejenigen, die von Einzelnen bzw. einer Gruppe als gewollte und gezielte Verletzung von Regeln vollzogen werden, die sie selbst nicht anerkennen.Einen weiteren Typus stellen solche Fälle dar, bei denen eine absichtsvolle Regelverletzung selbst als notwendiges Mittel einer moralisch bzw. politisch gerechtfertigten Aktion betrachtet und dadurch legitimiert wird. Formen der beabsichtigten und gezielten Regelverletzung spielen in politischen Protestbewegungen und Jugendsubkulturen eine erhebliche Rolle (etwa: Blockaden, Platz- und Hausbesetzungen, illegale Demonstrationen).

Die gewollte Nicht-Übereinstimmung mit bestimmten Normen und Werten, Sitten und Bräuchen, Institutionen und gesellschaftlichen Zwängen kann Ausdruck jugendkultureller Orientierungen, Teil des jugendlichen Distanzierungs- und Probierhandelns im Ablöseprozess von der Familie, eine Reaktion auf gesellschaftliche Widersprüche und Veränderungen, aber auch politische Kritik, bewusstes und begründetes Protesthandeln sein. Angesprochen sind damit Berührungspunkte von Abweichung und Innovation (Neuerung und Erneuerung), von Normverletzung sowie sozialem und kulturellem Wandel.

10.1.2 Anomie

Durkheim (1984: 141ff., frz. Original 1895), einer der ersten Theoretiker abweichenden Handelns, hat bereits auf das „Positive" (Innovative) der Regelverletzung hingewiesen und zudem betont, dass jede Abweichung, auch die kriminelle Tat, zur Überprüfung und ggf. Verdeutlichung und Festigung bestehender Normen und Werte beitragen kann. Denn gerade in der Auseinandersetzung mit Regelverletzungen vergewissern sich soziale Gruppen bzw. Gesellschaften der Geltung und Bedeutung jeweiliger Regeln; zugleich stärkt die Empörung über die Regelverletzung den sozialen Zusammenhalt.

Durkheim führte einen wichtigen Begriff in die Theorie abweichenden Handelns ein: den der *Anomie*. Der aus dem Griechischen stammende Begriff (*a-nomos* = normlos) bedeutet Regellosigkeit, Abwesenheit von Normen. Entsprechend bestimmt Durkheim Anomie als eine „Störung der kollektiven Ordnung" in Zeiten raschen gesellschaftlichen Wandels, die zu individueller Orientierungsunsicherheit führt. Diese Problematik hat Durkheim in Bezug auf die Veränderung von Selbstmordraten („anomischer Selbstmord") untersucht (s. Durkheim 1993, frz. Original 1897). Abweichendes Verhalten kann in einer sich schnell wandelnden Gesellschaft demnach auch dadurch entstehen, dass sozialer Wandel zu einem Fehlen klarer und verbindlicher Normen und Verhaltensregeln führt.

Im Unterschied hierzu verwendet Robert K. Merton (1968) den Begriff *Anomie* als Bezeichnung für Diskrepanzen im Verhältnis von Kultur und Sozialstruktur: Abweichendes Verhalten entsteht demnach dann, wenn Individuen bzw. soziale Gruppen nicht über die legalen Mittel verfügen, um für sie bedeutsame, in den Werten der dominanten Kultur verankerte Ziele zu erreichen (zur aktuellen Bedeutung des Anomiekonzepts s. Bohle et al. 1997; Albrecht 1997).

Der Begriff *Delinquenz* bzw. *delinquentes Verhalten* stammt aus dem Lateinischen und heißt soviel wie „Übeltäterei". Bereits 1899 wurde dieser Begriff in das amerikanische Jugendstrafrecht eingeführt, um kriminelle Handlungen von Erwachsenen und delinquente Handlungen von Kindern und Jugendlichen zu unterscheiden.

Damit ist ein weiterer, für die Theorie abweichenden Handelns bedeutsamer Aspekt benannt: Gleiche oder vergleichbare Handlungen werden sehr unterschiedlich bewertet. Das Alter, die Häufigkeit der Abweichung, die Schichtzugehörigkeit, der Kontext, in dem die abweichende Handlung steht usw. sind Kriterien für höchst unterschiedliche Bewertungen und Sanktionen.

Entsprechend ist etwa die „Chance", vor Gericht zu einer Haftstrafe verurteilt zu werden, nicht nur vom Delikttypus, sondern auch vom Sozialstatus des Angeklagten abhängig. In seiner grundlegenden ethnomethodologischen Studie „The Social Organization of Juvenile Justice" (1968) wies Aron Cicourel nach, dass die Art der Sanktionierung insbesondere von Jugendlichen davon beeinflusst wird, welches Bild der „ganzen Person", ihres sozialen Hintergrunds, ihrer Biographie und Persönlichkeitsmerkmale von den Kontrollinstanzen (Gerichte, Polizei) angefertigt wird. Diesen Zusammenhang von Sozialstatus und Sanktionspraxis bestätigt auch eine neuere deutsche Jugendstudie (Dietz et al. 2001).

10.2 Theorien zum abweichenden Verhalten im Jugendalter

Abweichendes Verhalten Jugendlicher (und auch Erwachsener) ist geradezu erwartbar. Denn gesellschaftliche Konventionen, Regeln und Normen sind keineswegs fraglos sinnvolle Festlegungen, deren Bedeutung sich Jugendlichen selbstverständlich erschließt und die deshalb unmittelbar ins eigene Verhaltensrepertoire übernommen werden. Auch konformes Handeln wird sozial gelernt, und dies schließt Erfahrungen mit Regelverletzungen als Teil des Lernprozesses ein. Weiter kann davon ausgegangen werden, dass im Kontext der Suche nach Identität Probehandeln und „Rollenexperimente" – und damit auch Regelverletzungen – als typisch für die Jugendphase anzusehen sind. Zudem ist in Rechnung zu stellen, dass Jugendliche in Elternhaus, Schule, Arbeitswelt und im Freizeitbereich mit uneinheitlichen, gelegentlich unklaren und z.T. widersprüchlichen Erwartungen konfrontiert sind, so dass erst durch Regelverletzungen gelernt werden kann, was jeweils als angemessenes Verhalten gilt.

Zur Wahrscheinlichkeit der bei Jugendlichen häufigsten Form des strafrechtlich bedeutsamen abweichenden Verhaltens, des Ladendiebstahls, trägt auch die Tatsache bei, dass Jugendliche sich mehrheitlich die Normen und Werte der Konsumkultur zu Eigen machen, aber nur begrenzt über die Mittel verfügen, entsprechende Wünsche mit legalen Mitteln zu realisieren.

Am Phänomen abweichenden Handelns Jugendlicher wird ein Dilemma moderner differenzierter Gesellschaften deutlich: Die Sanktionen für Regelverletzungen sind von ihrem Entstehungsort mehr und mehr auf eine abstrakte, gesellschaftliche (rechtliche) Ebene verlagert worden. Mit wachsender sozialer Distanz zwischen den in einen Konflikt Involvierten steigt die Wahrscheinlichkeit, dass keine direkten Klärungen erfolgen, sondern externe Instanzen (Polizei, Jugendamt) hinzugezogen werden (vgl. Christie 2005). Damit sinken unter Bedingungen der Anonymität die Chancen der alltäglichen Bearbeitung von abweichendem Verhalten durch „pragmatische Situationsbereinigung", in der es um die Wiedergutmachung des entstandenen

Schadens und eine Verständigung zwischen den Beteiligten geht (vgl. Stehr 2002).

Dies hat auch eine positive Seite: Die Konfliktbearbeitung erfolgt auf der Grundlage rechtlicher Regeln und ist so nicht direkt von den Machtunterschieden zwischen den Konfliktparteien abhängig. Gleichwohl ist das Einschalten der Strafverfolgungsbehörden bei abweichendem Verhalten Jugendlicher folgenreich und potenziell problematisch: Es kann dazu führen, dass sie sozial den Status des Problemjugendlichen oder „Kriminellen" zugewiesen bekommen und sich diese Zuschreibung im Verlauf des Verfahrens zu Eigen machen. Auf die Problematik der Stigmatisierung, d.h. der sozialen Zuschreibung einer „beschämenden Andersartigkeit", hat Erving Goffman (1922-1982) in seiner Studie „Stigma" (2002; zuerst 1967) hingewiesen.

Um die Entstehung abweichenden Verhaltens zu erklären, wurden in der Kriminologie und Soziologie unterschiedliche Theorien entwickelt; diese werden in der Soziologie kontrovers diskutiert, nicht zuletzt im Hinblick auf die kriminalpolitischen Folgen (s. als ausführliche Darstellungen Moser 1987; Lamnek 1997 und 2001; Lüdemann/Ohlemacher 2002; Krasmann 2003).

Soziologische Handlungstheorien und soziologische Theorien abweichenden Verhaltens gehen bei allen sonstigen Unterschieden davon aus, dass die soziale Umwelt des Menschen für sein Verhalten, sei es konform oder abweichend, von zentraler Bedeutung ist. Dabei kann nicht von einer kausalen Verursachung des Handelns ausgegangen werden, aber davon, dass soziale Bedingungen bestimmte Handlungsweisen wahrscheinlicher machen und ermöglichen, während andere erschwert oder sogar undenkbar sind.

Bei den soziologischen und kriminologischen Theorien abweichenden Verhaltens sind zwei Hauptrichtungen zu unterscheiden: die *ätiologischen Theorien* (Ätiologie, griech.-lat. = Lehre von den Ursachen, in der Medizin z.B. Ursachen der Krankheiten) und die *interaktionistischen Theorien bzw. Etikettierungstheorien.*

10.2.1 Ätiologische Theorien

Der ältere, ätiologische Ansatz geht davon aus, dass das Normensystem einer Gesellschaft objektiv gegeben ist und menschliches Verhalten entweder damit konform oder nicht konform ist. Danach ist eindeutig, ob ein Verhalten als abweichend zu bezeichnen ist. Das Problem liegt in der Erforschung der gesellschaftlichen Strukturen und Bedingungen, die zu abweichendem Verhalten führen.

Ein früher sozialätiologischer Ansatz findet sich bei Friedrich Engels in seiner Studie „Die Lage der arbeitenden Klasse in England" (1845). Engels argumentiert, dass beengte Wohnungen, Armut, „die Unsicherheit der Lebensstellung" und das Fehlen „sittlicher Bildung", zu Alkoholismus, Prostitution, Verbrechen sowie insgesamt zur „Nichtbeachtung der sozialen Ordnung" führen (Engels 1974: 175ff.).

Von den Theorien, die im Anschluss an Robert K. Merton (1968) und den Strukturfunktionalismus Ursachen abweichenden Verhaltens Jugendlicher erklären wollen, können hier nur drei Varianten skizziert werden. (vgl. die ausführliche Darstellung bei Moser 1987).

Albert K. Cohens Studie „Delinquent Boys" (amerik. 1955, dt. 1961) erreichte große Popularität durch die Aktualität der Jugendkrawalle Ende der 1950er Jahre. Im Mittelpunkt seiner Analyse stand die „nicht-utilitaristische Eigenart der Gruppenkultur". Während Merton mit seiner Fassung des Anomiebegriffs davon ausging, dass die gesellschaftlich dominanten Werte, insbesondere der *Utilitarismus** der amerikanischen Gesellschaft, auch für Abweichler bestimmend seien, versucht Cohen das Destruktive, Nicht-Zweckgerichtete zu erklären. Cohen machte letztlich den Konformitätsdruck in jugendlichen Altersgruppen bzw. Jugendbanden für deren negatives und destruktives Verhalten verantwortlich:

> „Die Kultur der Bande ist nicht nur ein System von Verhaltensregeln, ein Lebenszuschnitt, der sich von den Normen der ‚anständigen' Erwachsenen-Gesellschaft unterscheidet oder ihr gegenüber indifferent ist. Sie bezieht ihre Normen von der sie umgebenden Gesamtkultur, aber sie verkehrt diese Normen in ihr genaues Gegenteil. Der junge Verwahrloste verhält sich, an den Kategorien seiner Gruppenkultur gemessen, ‚richtig', und zwar gerade deshalb, weil er sich nach den Normen der Gesamtkultur ‚falsch' verhält." (Cohen 1961: 19f.)

Die von Richard A. Cloward und Lloyd E. Ohlin entwickelte *Chancenstrukturtheorie* (1960) knüpft an Mertons Anomietheorie an. Auch hier wird in der Diskrepanz zwischen sozial als anstrebenswert geltenden Zielen und den verfügbaren Mitteln die entscheidende Ursache abweichenden Verhaltens gesehen. Über Merton hinausgehend wird argumentiert, dass jugendliche Banden einen sozialen Zusammenhang darstellen, in dem Techniken abweichenden Verhaltens erlernt und eingeübt werden und in denen dieses sozial legitimiert wird. Cloward argumentiert weiter, dass die Gelegenheitsstrukturen (opportunity structures) zum Erwerb der Kenntnisse, Mittel und Chancen für illegales wie für legales Verhalten gesellschaftlich ungleich verteilt sind. Dies ist insofern einleuchtend, als Steuerhinterziehung andere Kenntnisse und materielle Ressourcen zur Voraussetzung hat als z.B. Fahrraddiebstahl.

Nach Edwin H. Sutherlands *Theorie der differentiellen Kontakte (Assoziationstheorie*; 1939/1947) ist das Lernen abweichenden Verhaltens ausschlaggebend für eine Karriere als Abweichler. Gelernt werde deviantes Verhalten, die Techniken ebenso wie die zugehörigen Motive, Rationalisierungen und Attitüden in Interaktionen mit anderen Personen, vorwiegend in Primärgruppen. Wenn eine Person im Kontakt zu ihren Bezugsgruppen lernt, Gesetzesverletzungen überwiegend positiv zu beurteilen, so wird sie kriminell.

Neuere Varianten ätiologischer Theorien von Jugendkriminalität akzentuieren den Zusammenhang von Männlichkeit, Gewaltbereitschaft, Sexismus und Straftaten. Hintergrund dessen ist die Tatsache, dass ca. drei Viertel aller registrierten Straftaten sowie über 80% aller Gewalttaten von Jungen/Männern verübt werden. Auch Verurteilungen zu Gefängnisstrafen betreffen überwiegend Jungen/Männer. Jugendgewalt und Jugendkriminalität werden vor diesem Hintergrund als geschlechtsspezifische Praxis analysiert, die sich auf tradierte Konzepte gewaltfähiger Männlichkeit bezieht und diese zur Begründung und Rechtfertigung eigener Gewaltfähigkeit verwenden (vgl. Kersten 1997; Scherr 2004c).

10.2.2 Interaktionistische Theorien

Die struktur-funktionalistischen Ansätze zur Erklärung abweichenden Verhaltens Jugendlicher wurden seit Ende der 1960er Jahre durch den interaktionistischen Ansatz kritisiert und ergänzt. Dieser wird auch *„labeling approach"* (von engl. *to label* = etikettieren), also *Etikettierungs-Ansatz* genannt. Üblich sind auch die Bezeichnungen *Definitions-Ansatz* oder *Reaktions-Ansatz*.

Dieser Ansatz wurde in den USA entwickelt und seit Beginn der 1970er Jahre in der Bundesrepublik u.a. von Fritz Sack (1973) und Heinz Steinert (s. u.a. Cremer-Schäfer/Steinert 1998) vertreten.

Die Vertreter des Etikettierungsansatzes grenzen sich – ausgehend von der grundlegenden Definition Beckers (s.o.) – deutlich gegen alle früheren kriminologischen Theorien ab, angefangen bei der Neudefinition des Begriffs „abweichend". Danach ist der Verstoß gegen geltende Normen weder notwendige noch hinreichende Bedingung für abweichendes Verhalten. Abweichend ist eine Verhaltensweise nur dann, wenn sie als solche von anderen bezeichnet und sanktioniert wird. „Abweichend" wird also zum situationsabhängigen Merkmal und bezeichnet nicht mehr, wie im ätiologischen Ansatz, eine inhärente Eigenschaft von Handlungen, die sich grundsätzlich von konformen Verhaltensweisen unterscheiden; Abweichung wird als Produkt eines Zuschreibungsprozesses verstanden. Howard S. Becker (1973: 8) formuliert:

> „Der Mensch mit abweichendem Verhalten ist ein Mensch, auf den diese Bezeichnung erfolgreich angewandt worden ist; abweichendes Verhalten ist ein Verhalten, das Menschen so bezeichnen."

Um den Unterschied zwischen einer bestimmten Handlung, die potenziell abweichend ist, und den auf diese Handlung bezogenen Etikettierungen deutlich zu machen, wird bei Lemert (1951) zwischen *„primärer Devianz"* und *„sekundärer Devianz"* unterschieden. *Primäre Devianz* ist die Ursprungshandlung, die Aufmerksamkeit, Abneigung, Kritik etc. hervorruft; unter primärer Devianz werden einmalige bzw. episodenhafte deviante Handlungen eingeordnet, die bei jedem Individuum zu beobachten sind. Als *sekundäre Devianz* werden die weiteren abweichenden Handlungen bezeichnet, die ein

Individuum in Folge eines durch Zuschreibungen in Gang gesetzten Etikettierungsprozesses begeht.

Für die Ursachen primärer Abweichung interessiert sich der Definitionsansatz kaum. Denn Regelverletzungen werden als normale alltägliche Vorkommnisse betrachtet, die zumeist folgenlos bleiben. Das Interesse des labeling approach konzentriert sich infolgedessen auf die Frage, wem unter welchen Bedingungen das Prädikat „abweichend" zugeschrieben wird, welche Änderungen darauf im Verhalten und in den kognitiven Reaktionen Dritter erfolgen, und wie diese auf den Stigmatisierten zurückwirken.

Ein dabei wichtiger Begriff ist der der *Definitionsmacht*, d.h. der Macht, bestimmte Definitionen von Normalität und Abweichung gesellschaftlich durchsetzen zu können (Becker 1973: 13ff.). Becker akzentuiert, dass Fragen von Normalität und Abweichung „Gegenstand von Konflikt und Auseinandersetzung und mithin Teil des politischen Gesellschaftsprozesses sind" (ebd.: 16).

Wird einer Person die Eigenschaft „abweichend" zugeschrieben – entweder weil sie tatsächlich Normen verletzt hat oder auch aus anderen Gründen –, so ist damit eine wichtige Voraussetzung für ihre Karriere als „Abweichler" geschaffen. Dieser nimmt die abwertende Meinung anderer über sein verändertes Verhalten wahr, übernimmt diese Meinung unter Umständen als negatives Selbstbild und sucht ggf. Anschluss an eine Gruppe, die als abweichende Gruppe etikettiert wird oder sich selbst so definiert. Durch die vermehrten Kontakte lernt er sodann Techniken, Rationalisierungen und Motive, die ihn in seinem abweichenden Verhalten bestärken. Dies kann der Beginn einer „Abweichler-Karriere" (Devianz-Karriere) sein. Die Frage ist, ob sie noch rechtzeitig unterbrochen wird und der Jugendliche aus dem begonnenen Definitions- und Zuschreibungsprozess wieder herauskommt. Ist dies nicht der Fall, verfestigen sich das abweichende Verhalten und die damit verbundenen Erwartungen. Eine wirklich „abweichende Karriere" kann sich anschließen.

Zusammenfassend formuliert Becker (ebd.: 30):

> „Einen Menschen als abweichend zu behandeln, als sei er generell und nicht nur spezifisch abweichend, erzeugt eine selbst erfüllende Prophezeiung. Eine solche Behandlung setzt verschiedene Mechanismen in Bewegung, die zusammenwirken, um den Menschen nach dem Bilde zu formen, das die Leute von ihm haben."

Primäre und sekundäre Abweichung stellen so gesehen das Ergebnis von Zuschreibungs- und Stigmatisierungsprozessen dar. Folglich kann es nur eine dynamische Theorie, nicht aber ein einfaches Kausalmodell, eine Ursache-Wirkungs-Erklärung für abweichendes Verhalten abgeben.

Der labeling approach hat seine Nützlichkeit vielfach erwiesen: Untersuchungen über die „Karriere" von Sonderschülern, Jugendlichen der Fürsorge-Erziehung und jungen Straftätern haben gezeigt, dass bestimmte Zuschreibungen, die informell oder aktenkundig weitergegeben werden, das Problemverhalten auf diese Weise verstärken.

Vertreter des Etikettierungsansatzes gehen davon aus, dass eine Chance besteht, die Zahl jugendlicher Abweichler-Karrieren zu reduzieren, wenn die vermittels dieses Ansatzes aufgedeckten Mechanismen der Stigmatisierung in die Handlungs- und Vorstellungswelt derjenigen Personen und Institutionen eingehen würden, die Zuschreibungsprozesse bei Kindern und Jugendlichen verstärken oder unterbrechen können – vom Lehrer bis zum Jugendamt, vom Polizisten bis zum Jugendgericht.

Die oben erwähnten diskurstheoretischen Ansätze in der Kriminologie untersuchen, wie sich Vorstellungen über Normalität und Abweichung gesellschaftsgeschichtlich entwickeln und verändern und wie sie mit den jeweils vorherrschenden Denkstilen in den Wissenschaften, der Politik, der Öffentlichkeit usw. zusammenhängen. Zudem wird die Veränderung von Techniken der Überwachung und Kontrolle – von der öffentlichen Körperstrafe zum Gefängnis, vom Dorfpolizisten zur Videoüberwachung der Innenstädte – in den Blick genommen (vgl. Althoff 2002; Krasmann 2003).

10.3 Drogen- und Alkoholkonsum bei Jugendlichen

10.3.1 Alkoholika und illegale Drogen

Dass Normalität und Abweichung sinnvoll nur in ihrer wechselseitigen Bezogenheit betrachtet werden können, wird am Fall des Alkohol- und Drogengebrauchs in besonderer Weise deutlich. Alkoholgebrauch gilt gesellschaftlich als normal und generell als unproblematisch; auch Rituale des exzessiven, auf die Erzeugung von Rauschzuständen zielenden Alkoholtrinkens gehören zur gesellschaftlichen Normalität (etwa: Münchener Oktoberfest, süddeutsche Weinfeste, Silvesterfeiern usw.). Dagegen gilt Trunkenheit im Alltag als abweichend und problematisch bzw. als Indiz für Suchtverhalten.

Alkoholgebrauch, nicht nur unter Erwachsenen, sondern auch unter älteren Jugendlichen, ist Teil der Gesellschafts- und Kulturgeschichte. So hat die Studie „Kultur- und Sozialgeschichte des Alkohols in Deutschland" von Hasso Spode (2001) aufgedeckt, in welchem Ausmaß exzessives Trinken bereits bei den studentischen Burschenschaften im 19. Jahrhundert verbreitet war.

Das exzessive Trinken war und ist primär, aber keineswegs ausschließlich ein Problem männlicher Jugendlicher, in der Arbeiterjugend wie in den Mittelklassen und im Bürgertum. Was sich seit den Entwicklungen der Schüler- und Studentenrevolte der späten 1960er Jahre und jugendlicher Subkulturen vor allem änderte, ist das Hinzukommen des sog. illegalen Drogenkonsums: Marihuana und Haschisch waren zunächst szenespezifische Drogen in bestimmten Jugend- und Subkulturen, deren Gebrauch mit alternativen Wertvorstellungen verbunden war; inzwischen sind es verbreitete Alltagsdrogen.

Nach einer Untersuchung der Bundeszentrale für gesundheitliche Aufklärung haben 31% der 12- bis 25-Jährigen im Jahr 2004 schon mindestens einmal Haschisch geraucht; das durchschnittliche Einstiegsalter liegt bei 16,4 Jahren. Obwohl die Folgen des Marihuana- und Haschischkonsums unter medizinischen Gesichtspunkten keineswegs gravierender sind als die des Alkoholkonsums, wird an einem Verständnis als illegale Drogen festgehalten, deren Besitz und Verkauf strafbar sind, während der Konsum jedoch nicht strafrechtlich sanktioniert wird.

Dass die auf Drogen bezogenen Normen in sich inkonsistent sind, wird auch im Umgang mit Nikotin deutlich: Obwohl das Zigarettenrauchen aufgrund seiner gravierenden gesundheitlichen Folgen und der damit verbundenen Kosten für das Gesundheitssystem inzwischen deutlich negativ bewertet wird, ist es nicht verboten und sind entsprechende Steuereinnahmen fest in den staatlichen Haushalt eingeplant. Rauchen ist insofern ein Fall moralisch unerwünschten, aber legalen Verhaltens.

In Zusammenhang damit ist zu sehen, dass Rauchen und Alkoholtrinken für manche Jugendliche auch die Bedeutung haben, Übergangsmarkierungen ins Erwachsenenalter zu sein, denn zum Erwachsenwerden gehört auch, selbst darüber entscheiden zu wollen, wie man mit moralischen Erwartungen und wohlmeinenden Ratschlägen umgeht.

10.3.2 Definition und Differenzierung von Drogen

Drogen sind aus Pflanzen, Mineralien oder auch chemisch gewonnene legale (Psychopharmaka) und illegale (z.B. LSD, Ecstasy) Substanzen, die psychische Zustände beim Menschen zu ändern vermögen.

Drogen können sowohl Schmerz stillen (wie in der Medizin z.B. das Morphium), Stimmungen und Bewusstsein verändern, Erinnerungen wachrufen oder auslöschen. Sie können in Rausch-, Traum- und Trancezustände versetzen. Ihre vielleicht wichtigste Besonderheit im hier interessierenden Zusammenhang besteht jedoch darin, dass sie abhängig machen (können) und regelmäßige Drogen- wie Nikotin- und Alkoholkonsumenten vor der Schwierigkeit stehen, den Übergang von der Gewohnheit zur Sucht zu kontrollieren. Gerade hierin liegt ein Problem für Jugendliche.

Das in den letzten Jahren populär gewordene *Ecstasy* ist ein Amphetaminderivat und eine typische Designerdroge. Ecstasy wurde als Droge der Techno-Szene bekannt, die bei szenetypischen Events konsumiert wird.

10.3.3 Umfang und Umfeld des Nikotin-, Alkohol- und Drogenkonsums

Nach aktuellen Daten der Bundeszentrale für gesundheitliche Aufklärung (online verfügbar unter: http://www.bzga.de) haben die meisten Jugendlichen mit 14 Jahren ihr erstes Glas Alkohol konsumiert. Die gegenwärtige Raucherquote unter Jugendlichen zwischen 14 und 17 Jahren liegt bei 20 Prozent. Von den 12-25-Jährigen haben bereits 32% Erfahrungen mit illegalen Drogen gemacht.

Ist Nikotin- und Alkoholkonsum bei Schülerinnen und Schülern seit den 1980er Jahren fast gleich verteilt (wenn auch nicht hinsichtlich der „Stoffe" und Mengen), so sind männliche Jugendliche deutlich häufiger unter den Drogenkonsumenten und -probierern zu finden.

Was für Jugendliche in welchem Alter „Einstiegsdroge" ist, hängt von ihrem Umfeld ab. Vorliegende Untersuchungen erlauben es nicht, kausalanalytisch bestimmte Faktoren als Hauptverursacher für Drogenabhängigkeit anzugeben. Das Prozesshafte der Entwicklung muss ebenso berücksichtigt werden wie der Einfluss von *Peer-Groups* und Elternhaus, von bestimmten subkulturellen Milieus und ganz allgemein von psychosozialen Besonderheiten der Pubertät und des Jugendalters. Nach vorliegenden Untersuchungen sind Einsteiger bei harten Drogen v.a. Erwachsene; nur 17,2% der Erstkonsumenten waren 1993 unter 21 Jahren (Schweer/Strasser 1995: 4).

Spode fasste seine Untersuchungen über die Sozialgeschichte des Alkohols in Deutschland u.a. dahingehend zusammen, dass er „die diffizile Gratwanderung zwischen normalem und abweichendem Trinken" als „wohl wichtigstes Kennzeichen des modernen Umgangs mit dem Rauschmittel Alkohol" ansieht. Die damit angezeigte Problematik betrifft auch den Alkohol- und Drogenkonsum bei Jugendlichen, wobei zu berücksichtigen ist, dass das Erlernen eines angemessenen Umgangs mit erheblichen Risiken verbunden ist.

10.4 Jugendkriminalität

Rechtlich wird Jugendkriminalität von der Erwachsenenkriminalität durch das Jugendgerichtsgesetz unterschieden. Dies ist folgenreich, weil für Jugendkriminalität der Erziehungsgedanke bei der Strafzumessung und im Strafvollzug gilt.

1923 wurde in Deutschland das erste Jugendgerichtsgesetz (JGG) erlassen. Das Strafgesetzbuch für das Deutsche Reich von 1871 hatte für jugendliche Straftäter nur einige Sonderregelungen vorgesehen.

Das JGG gilt für Jugendliche (14- bis unter 18-jährig) und Heranwachsende (18- bis unter 21-jährig); bei Heranwachsenden muss im Einzelfall geprüft werden, ob das Jugendrecht oder das allgemeine Strafrecht anzuwenden ist; entsprechend § 105 JGG muss im ersten Fall eine „typische Jugendverfehlung" vorliegen. § 5 JGG nennt als Rechtsfolgen der Jugendstraftaten: Erziehungsmittel, Zuchtmittel, Jugendstrafe. Verlässliche empirische Daten über das Ausmaß von potentieller Kriminalität bzw. Jugendkriminalität sind nicht möglich. Denn die Kriminalstatistiken können nur diejenigen Taten erfassen, die angezeigt oder polizeilich ermittelt werden, nicht aber das sogenannte Dunkelfeld. Die Höhe der registrierten Jugendkriminalität hängt also vom Anzeigeverhalten der Bevölkerung, der personellen Ausstattung und den Ermittlungsstrategien der Polizeibehörden ab. Deshalb ist die offizielle Kriminalitätsstatistik mit sehr vielen Mängeln und Fragwürdigkeiten behaftet (vgl. Lamnek 2001).

Zur „Messung" der Jugendkriminalität wie der Kriminalität überhaupt dient in der Polizeilichen Kriminalstatistik die sogenannte „Tatverdächtigenbelastungsziffer" (TVBZ); sie misst die Tatverdächtigen auf 100 Tsd. der jeweiligen Bevölkerungsgruppe. Hiervon zu unterscheiden ist die sog. Verurteilungsbelastungsziffer (VBZ), d.h. der Anteil derjenigen in einer Altersgruppe, die in einem Gerichtsverfahren tatsächlich als Straftäter verurteilt werden. Unter der TVBZ liegt die Aufklärungsquote der Straftaten, d.h. der Anteil der Straftaten, bei denen ein Täter ermittelt wird; diese variiert je nach Delikttypus erheblich.

10.4.1 Umfang und Entwicklung der registrierten Jugendkriminalität

Seit ca. 1950 liegt die Tatverdächtigenbelastungsziffer bei den männlichen Heranwachsenden und den männlichen jungen Erwachsenen weit über der aller anderen Altersgruppen der männlichen Bevölkerung: Sie beträgt für das Jahr 2001 bei männlichen 14- bis 18-Jährigen ca. 10.000, bei 18- bis 21-Jährigen ca. 11.000, sinkt bei 21- bis 24-Jährigen auf ca. 8.000, bei 25- bis 30-Jährigen auf unter 6.000 (vgl. Heinz 2003 sowie die Angaben im Statistischen Jahrbuch 2004: 270).

Die Verurteiltenbelastungsziffer (VBZ) liegt dagegen in allen Altersgruppen erheblich niedriger: So bei den 14-18-Jährigen unter 2.000. Zusammenfassend stellt Walter R. Heinz (2003: 33) fest:

„Die Kriminalitätsbelastung steigt vom 14. Lebensjahr an zunächst recht steil an, erreicht bei den Heranwachsenden und Jungerwachsenen ihren Gipfel, fällt danach relativ stark wieder ab und läuft ab dem 35. Lebensjahr allmählich aus."

Den höchsten Anteil an der TVBZ der Jugendlichen der hier vorrangig betrachteten Altersgruppe der etwa 12- bis 18-Jährigen hat der Diebstahl ohne erschwerende Umstände. Hiervon entfallen wiederum rund 50% auf Kaufhausdiebstahl und den unbefugten Gebrauch von Fahrrädern, Mopeds usw. Bei diesen Tatbeständen zeigen sich nur geringfügige schichtspezifische Differenzierungen. Das heißt: Jugendliche aus der Oberschicht entwenden relativ gleich häufig wie Jugendliche aus der Unterschicht Gegenstände aus Kaufhäuscrn usw. Bei Diebstählen unter erschwerten Umständen (etwa 30% Anteil an der TVBZ) sind allerdings Jugendliche aus unteren Schichten überrepräsentiert. Hier gibt es möglicherweise einen Zusammenhang mit der sozialen Lage der Jugendlichen, aber auch mit dem Anzeigeverhalten und polizeilichen Ermittlungsstrategien.

Vorliegende Studien bestätigen – bezogen auf die mittel- und langfristige Entwicklung der Jugendkriminalität – keineswegs die gängige These einer kontinuierlichen und dramatischen Zunahme. Eine differenzierte Betrachtung lässt einige Trends deutlich werden, die Heinz (2003: 38ff.) wie folgt zusammenfasst:

- „Die TVBZ der Jugendlichen, der Heranwachsenden, der Jungerwachsenen und der Vollerwachsenen waren – bei Straftaten insgesamt (ohne Vergehen im Straßenverkehr) – bis Mitte der 1980er Jahre entweder weitgehend konstant oder sogar leicht rückläufig. Sie sind gegen Ende der 1980er Jahre deutlich gestiegen, und zwar vor allem die der Jugendlichen, der Heranwachsenden und – etwas abgeschwächt – auch der Jungerwachsenen." So lag die TVBZ Jugendlicher 1984 bei 5.483, 2001 dagegen bei ca. 10.000, also um 83% höher. Bei Heranwachsenden beträgt der Anstieg 68,3%.
- Ein strukturell damit nur teilweise übereinstimmendes Bild zeigen die VBZ. Denn die VBZ sind Ende der 1980er Jahre noch zurückgegangen und erst gegen Mitte der 1990er Jahre angestiegen, wobei die Anstiege bei weitem nicht so ausgeprägt waren wie bei den TVBZ. Die VBZ ist bei Jugendlichen zwischen 1984 und 2001 nur um 0,5%, bei Heranwachsenden um 20,8% gestiegen.
- Die Entwicklung von TVBZ und VBZ sind deliktspezifisch sehr unterschiedlich. So ist die Verurteiltenziffer bei einfachem Diebstahl seit 1984 weitgehend konstant, bei schwerem Diebstahl etwas rückläufig; sie steigt (bei Jugendlichen und Heranwachsenden mit deutscher Staatsangehörigkeit) dagegen bei gefährlicher und schwerer Körperverletzung in den 1990er Jahren an.
- Eine qualitativ neue Form der Jugendkriminalität seit den 1990er Jahren stellen politisch motivierte rechtsextreme Gewalttaten dar.

Die Kriminalitätsstatistiken zeigen weiterhin erhebliche Unterschiede der Delikthäufigkeit bei Jungen und Mädchen: Im Jahre 2002 wurden 53.374 Jugendliche der Altersgruppe 14-18 Jahre verurteilt; unter ihnen waren 7.672 Mädchen, das sind 14,3% (Statistisches Jahrbuch 2004: 271). Gerichtlich verurteilt werden mehr als fünfmal so viele männliche wie weibliche Jugendliche und Heranwachsende.

Die häufig diskutierte Frage, ob die TVBZ bei den ausländischen Jugendlichen höher ist als bei den deutschen Jugendlichen, bedarf einer differenzierenden Betrachtung. Auf alle Jugendlichen der jeweiligen Population bezogen, muss man die Frage bejahen; vergleicht man hingegen die ausländischen Jugendlichen mit straffällig gewordenen deutschen Jugendlichen aus vergleichbaren Sozialschichten, so sind die Unterschiede unerheblich, wobei zudem nicht auszuschließen ist, dass ausländische Jugendliche häufiger angezeigt werden als deutsche sowie verstärkter polizeilicher Kontrolle unterliegen (vgl. Geißler 2005a).

Daten zur Kriminalität ausländischer Jugendlicher sind also missverständlich und legen ein Vorurteil nahe: Jugendliche werden nicht straffällig, weil sie Deutsche oder weil sie Ausländer sind, sondern aus vielfältigen anderen Gründen. Dass solche Gründe und/oder das Anzeige- und Ermittlungsverhalten von Bürgern und Polizisten zu ungunsten ausländischer Jugendlicher ausfällt, führt dazu, dass eine höhere Kriminalitätsbelastung amtlich registriert wird. Diese ist aber eine Folge sozialer Benachteiligung und/oder von selektiver Kriminalisierung, nicht der Staatsangehörigkeit jeweiliger Jugendlicher.

10.5 Soziale Benachteiligung – eine Ursache von abweichendem Verhalten und Jugendkriminalität?

Varianten der Behauptung, dass sozial benachteiligte Jugendliche in besonders hohem Maß zu abweichendem Verhalten und auch zu Kriminalität tendieren, sind in den Medien, aber auch in der sozialwissenschaftlichen Diskussion und unter Pädagogen weit verbreitet. Sie sind auch die Grundlagen für Präventionskonzepte, die in Aussicht stellen, dass eine Verbesserung der Lebenssituation der Benachteiligten zu einer Verringerung problematischer Verhaltensweisen führen werde. Entsprechend kommt z.B. Dirk Halm (2000: 291) zu der Einschätzung, dass „die Bedeutung der sozialen Lage für die Entwicklung von Strategien gegen die Gewaltbereitschaft junger Männer … nach wie vor kaum hoch genug eingeschätzt werden" kann.

Demgegenüber ist mit David Matza (1973: 104) festzustellen:

> „Die meisten Menschen, die in Armut aufwachsen, zeigen kein sonderlich abweichendes Verhalten, und selbst die, die irgendwie abweichen, bleiben in zahllosen Verhaltensweisen konventionell."

Durch Benachteiligungen gekennzeichnete Lebensbedingungen führen in der Mehrzahl aller Fälle nachweislich nicht zu strafrechtlicher Auffälligkeit. Folglich sind schlichte Ursache-Wirkungs-Konstruktionen zwischen Armut und sozialer Benachteiligung einerseits, (Jugend-)Kriminalität andererseits nicht tragfähig. Sie können zudem zu Vorurteilen führen, die als selbsterfüllende Prophezeiung wirksam werden: Dazu, dass Benachteiligte eher verdächtigt und auch verurteilt werden. Dass dies tatsächlich der Fall ist, wurde in einem Vergleich zwischen Auszubildenden und Arbeitslosen nachgewiesen (s. Schumann 2002).

Damit soll nicht generell bestritten sein, dass es zwischen sozialen Lagen einerseits, abweichendem Verhalten und kriminalisierbaren Praktiken Zusammenhänge gibt. Diese sind aber mit einfachen sozialätiologischen Modellen nicht angemessen beschreibbar (s. dazu Dollinger/Schmidt-Semisch 2008; Scherr 2008b).

11 Schlusswort: Heterogene Jugend im Spannungsfeld von Autonomie und Vereinnahmung, sozialer Festlegung und zugemuteter Unsicherheit

Jugend kann als eine gesellschaftlich institutionalisierte Lebensphase charakterisiert werden, die sowohl durch Zukunftsoffenheit als auch durch Unsicherheit gekennzeichnet ist: Jugendliche befinden sich in einer Übergangsphase, sie sind noch nicht abschließend auf eine berufliche Position und eine bestimmte Form der privaten Lebensführung festgelegt; ihr Sozialisationsprozess, also auch ihr Anpassungsprozess an Konventionen und Normen, ist nicht abgeschlossen.

Insofern werden mit der Institutionalisierung von Jugend Bedingungen hergestellt, welche die Infragestellung und die kritische Auseinandersetzung mit der jeweiligen gesellschaftlichen Situation und die Entwicklung von Vorstellungen über alternative Möglichkeiten der Lebensführung bereitstellen. Und zweifellos hatten und haben Jugendliche (wie auch Erwachsene) vielfältigen Anlass, sich mit den bestehenden gesellschaftlichen Verhältnissen nicht einfach abzufinden. Dieses in der Jugendphase strukturell angelegte kritisch-utopische Potential aktualisiert sich keineswegs durchgängig und auch nicht notwendig in der Form von Generationenkonflikten und Jugendbewegungen. Es kann jedoch bezweifelt werden, ob es sich prinzipiell stilllegen lässt und ob die Zeiten, in denen Jugendproteste eine Herausforderung für Politik und Pädagogik waren, nunmehr vorbei sind. Denn das Generationenverhältnis ist auch gegenwärtig noch dadurch bestimmt, dass Ältere typischerweise im beruflichen und politischen Kontext die anstrebenswerten gesellschaftlichen Positionen einnehmen, die Jüngere anstreben und – in den privilegierten Klassen und Schichten – über das Einkommen und die Vermögenswerte verfügen, die den Jüngeren noch vorenthalten bleiben.

Die Kehrseite dieser Offenheit ist die Jugendlichen in modernen Gesellschaften zugemutete Unsicherheit: Der Ausgang der Qualifizierungs- und Platzierungsprozesse ist ungewiss, die Risiken des Scheiterns an den Selektionsschwellen von Bildungslaufbahnen und beruflichen Karrieren ist – nicht zuletzt in Abhängigkeit von der sozialen Lage – mehr oder weniger groß. Ob und wie es gelingt, die Ablösung von der Herkunftsfamilie in eine zufriedenstellende Form der privaten Lebensführung einmünden zu lassen, ist ungewiss. Nach der Entdeckung der ökologischen Grenzen des Wachstums, dem Ende des Glaubens an einen Fortschritt, der mit verbesserten Lebensbedingungen einhergeht und nunmehr auch mit dem Ende des Traums von einem immerwährenden Nachkriegsfrieden in Europa sind die Zukunftsaussichten

Jugendlicher auch von gesellschaftlichen Negativszenarien überformt. Dass unter solchen Bedingungen nicht utopische Entwürfe, sondern ein nüchterner Pragmatismus vorherrschend ist, verwundert nicht. Deutlich zugespitzter stellt sich die Situation für denjenigen Teil der Jugendlichen dar, die sich in einer Situation der Benachteiligung und sozialen Randständigkeit gefangen sehen und deren Zukunftserwartungen sich darauf reduzieren, irgendwie zurechtzukommen.

Wie im Kapitel 4 gezeigt wurde, war „die Jugend" seit Beginn des 20. Jhdts. immer wieder Gegenstand öffentlicher Thematisierungen. Diese waren und sind auch ein Medium der gesellschaftlichen Selbstvergewisserung und Projektionen: Debatten über hoffnungsträchtige und bedrohliche gesellschaftliche Entwicklungstendenzen wurden und werden wiederkehrend als Auseinandersetzung über die Jugendbewegungen und die soziale Situation Jugendlicher geführt. Ängste vor einer Auflösung der sozialen Ordnung und vor sozialem Abstieg werden etwa als Angst vor der vermeintlichen Disziplinlosigkeit oder der vermeintlich immer schlimmer werdenden Jugendgewalt artikuliert. Auch soziologische Betrachtungen waren und sind nicht immer in der Lage, Distanz zu emotionalen, moralischen und politischen Aufladungen von Jugenddebatten zu wahren sowie ein wirksames Gegengewicht hierzu zu bilden.

Bereits im 19. Jahrhundert war die Thematisierung von Jugend auch mit weitreichenden Veränderungshoffnungen verbunden. So bei Friedrich Nietzsche (1844-1900), der die Mission der Jugend darin sieht, zur Überwindung von Lebensformen beizutragen, die durch die Macht der Geschichte und die überkommenen Werte erdrückt würden (s. die „Zweite unzeitgemäße Betrachtung" von 1874).

Anfang des 20. Jahrhunderts setzte sich dies vor dem Hintergrund der bürgerlichen Jugendbewegung fort. Es war eine Zeit voller Jugendpathos, wie exemplarisch in folgender Formulierung Walter Benjamins (1892-1940) deutlich wird. In seiner Schrift „Die religiöse Stellung der neuen Jugend" (1914/15) schrieb er:

> „Die Bewegung der erwachenden Jugend weist in die Richtung jenes unendlich fernen Punktes, in dem wir die Religion wissen. (...) Die Jugend steht im Zentrum, wo das Neue wächst." (Benjamin 1970: 18)

Die anfängliche Kriegsbegeisterung, die in die blutigen Schlachten des Ersten Weltkrieg mündete, die Weltwirtschaftskrise Ende der 1920er Jahre, der Aufstieg des Nationalsozialismus und seine weitgehend mühelose Vereinnahmung der Jugendbewegung und Jugendorganisationen sowie der Zweite Weltkrieg sind Ereignisse, in denen ein solcher Glaube an Jugend als Trägergruppe von Fortschritt und Wandel zu Grunde gegangen ist. Darin, dass nur ein kleiner Teil der jugendbewegten Jugendlichen auf Distanz zum Nationalsozialismus ging oder aktiven Widerstand leistete, wurde ebenso wie am Aufbau der Hitlerjugend, die Möglichkeit einer ideologischen Vereinnahmung deutlich.

In den 1960er Jahren waren es dann jedoch vor allem Jugendliche und junge Erwachsene in der Schüler- und Studentenbewegung, die eine offensive Auseinandersetzung mit der nationalsozialistischen Geschichte einforderten – dies gegen eine durch Verdrängung und Verleugnung charakterisierte Elterngeneration und politische Kultur. Damit verband sich eine weitreichende Infragestellung der damals vorherrschenden Moralvorstellungen und Ordnungskonzepte, die in Verbindung mit der Herausbildung der konsumgesellschaftlichen Kultur zu entscheidenden sozialkulturellen Veränderungen und zum Wertewandel beigetragen haben. Auch in den Anti-Atom-, Ökologie- und Friedensbewegungen kam Jugendlichen eine bedeutsame Rolle zu, auch wenn es sich hier nicht um Jugendbewegungen handelte.

Dies führte im politischen Diskurs, in der sozialwissenschaftlichen Forschung und in der Pädagogik zur Wiederbelebung von Positionen, die eine emanzipatorische, auf die Überwindung von überholten Traditionen und von Herrschaftsverhältnissen gerichtete Perspektive mit der Thematisierung von Jugend verbanden und die in unterschiedlichen Varianten bis heute fortgeführt werden. Dies ist trotz der erheblichen Irritation der Fall, die die Herausbildung rechtsextremer und rassistischer Jugendszenen für eine Haltung darstellt, die von prinzipieller Sympathie gegenüber Formen politischer und kultureller Dissidenz und des abweichenden Verhaltens Jugendlicher getragen ist.

Nüchtern betrachtet bleibt demgegenüber festzustellen, dass eine differenzierte, gegenüber möglichen eigenen Projektionen skeptische Betrachtung die einzig wissenschaftliche tragfähige Herangehensweise ist.

Differenziert zu betrachten sind sowohl die widersprüchlichen und wandelbaren politischen und kulturellen Tendenzen unter Jugendlichen als auch die sozial ungleichen und soziokulturell heterogenen Lebenslagen und Lebensformen.

Eine verlässliche Prognose, welche Bedeutung Jugendliche in welchem Alter im Gesellschafts- und Kulturprozess der Bundesrepublik oder Europas in der ersten Hälfte des 21. Jahrhunderts haben werden, ist nicht möglich. Insgesamt spielen Jugendliche (im engeren Sinne des Begriffs) in den westlichen Industriegesellschaften schon wegen ihres historisch einmalig kleinen Bevölkerungsanteils eine relativ geringe Rolle. Zudem ist die marktökonomische Botschaft, dass die gesellschaftliche Entwicklung sich zentral an den tatsächlichen und vermeintlichen Sachzwängen der Ökonomie auszurichten habe, die wenig Spielräume zulassen, als eine anti-utopische Ernüchterung wirksam.

Dass sich die Tendenz zu einer zunehmenden Verunsicherung von Lebensperspektiven in Folge der ökonomischen Entwicklung und des Sozialstaatsabbaus weiter fortsetzen wird, ist ebenso zu befürchten, wie eine erneute Rückkehr zu autoritären und antidemokratischen Modellen in den für Jugendliche zentralen Lebensbereichen. Aber es gibt nach wie vor auch gesellschaftspolitische Bewegungen, die auf die Durchsetzung demokratischer und menschenrechtlicher Prinzipien, die Verringerung von sozialer Ungleichheit und Ausgrenzung, die Verteidigung bürgerlicher Freiheiten und kultureller Pluralität, gegen autoritative Ordnungskonzepte sowie gegen eine weitere Militarisierung internationaler Konflikte gerichtet sind. Über die zukünftige Situation Jugendlicher wird nicht zuletzt in politischen Auseinandersetzungen über die Fragen entschieden, die durch solche Bewegungen aufgeworfen werden.

Glossar

Akkulturation, Assimilation. Der aus dem Lat. abgeleitete Begriff bedeutet „Kulturübernahme", Anpassung an eine bestimmte Gesellschaft bzw. Kultur. Die Begriffsverwendung geht in der Regel mit einem unklar bleibenden Kultur- und Gesellschaftsbegriff einher. Akkulturation ereignet sich dann, wenn Einwanderer in einer Aufnahmegesellschaft vorherrschende Normen, Werte, Gewohnheiten, Sitten usw. (in einem bestimmten Ausmaß) übernehmen. Der Begriff sagt nicht, in welchem Ausmaß die Kulturübernahme und der Anpassungsprozess erfolgen. Der ebenfalls aus dem Lateinischen abgeleitete Begriff Assimilation bedeutet „Ähnlichmachung", Angleichung. In der Ethnologie, Kulturanthropologie und Soziologie wird der Begriff verwandt, um den Prozess der Angleichung einer sozialen Gruppe an eine bestimmte Kultur und Gesellschaft oder andere soziale Gruppen zu beschreiben.

Ambiguitätstoleranz. Begriff der interaktionistischen Rollen- und Identitätstheorie. Der aus dem Lateinischen abgeleitete Begriff der Ambiguität bedeutet „Doppelsinnigkeit", Mehrdeutigkeit. Nach den Annahmen der genannten Theorie müssen die Individuen im Sozialisationsprozess Ambiguitätstoleranz erwerben. Dadurch werden sie in die Lage versetzt, die Doppelsinnigkeit und Mehrdeutigkeit vieler Normen und Handlungssituationen zu ertragen und sich tolerant auf die Handlungspartner einzustellen (vgl. w.u. auch Frustrationstoleranz).

Arbeitslosenquote. Als arbeitslos gelten in der amtlichen Statistik Personen, die dem Arbeitsmarkt zur Verfügung stehen und entsprechend bei der Bundesagentur für Arbeit erfasst sind. Zur amtlich erfassten Arbeitslosigkeit kommt die verdeckte Arbeitslosigkeit hinzu, z.B. die Arbeitslosigkeit von Jugendlichen, die sich nicht als arbeitssuchend registrieren lassen.

Empathie. Der aus dem Griechischen abgeleitete Begriff bedeutet „engagierte Teilnahme"; er wurde von dem amerikanischen Soziologen Daniel Lerner in die soziologische und sozialpsychologische Literatur eingeführt. Nach Lerner soll dieser Begriff die Fähigkeit von Individuen ausdrücken, „sich mit neuen Aspekten ihrer Umgebung in hohem Maße zu identifizieren" und den neuen Rollenanforderungen gerecht zu werden. Empathie kann also als Fähigkeit definiert werden, sich sensibel in (neue) soziale Situationen einzufühlen und sich entsprechend zu verhalten.

Entfremdung. Begriff der Philosophie und der (vor allem marxistischen) Gesellschaftsanalyse. Er meint, dass Individuen oder soziale Gruppen Verhältnissen unterworfen sind, die sie nicht beeinflussen und gestalten können und in denen sie sich deshalb „fremd" fühlen. In seiner Bedeutung geht der Begriff vor allem auf die Philosophie

Hegels und die Theorie von Marx zurück. Ausgang der Entfremdung in der modernen Gesellschaft ist die Arbeitsteilung und die Entäußerung des Menschen an Produktionsprozesse und Produkte, die für ihn übermächtig und anonym sind. Aber auch andere Elemente der Kultur und Gesellschaft, die ein falsches Bewusstsein erzeugen, tragen zur Entfremdung des Menschen gegenüber seiner Lebenswirklichkeit bei.

Ethnomethodologie. In diesem Begriff stecken die Begriffe „Ethno" (griech. Volk, Stamm) und „Methodologie" (Lehre von den Regeln wissenschaftlichen Forschens; Erkenntnistheorie). Der Begriff wurde nach J. Matthes (1973: 199f.) zuerst von dem amerikanischen Sozialwissenschaftler Harold Garfinkel für jene Forschungsrichtung verwandt, die zur Aufdeckung der Strukturen der Alltagslebens führen soll. Im Gegensatz zum Struktur-Funktionalismus wird davon ausgegangen, dass die Lebenswirklichkeit des Menschen einem ständigen Interpretationsprozess unterliegt, also sehr viel weniger „festgelegt" ist, als der Struktur-Funktionalismus unterstellt. Was erlernt wird, sind Interpretationsregeln, nach denen ein bestimmtes Handeln als „Ausdruck" eines zugrundeliegenden Musters aufgefasst werden kann. Für „Ausdruck" und „Entzifferung" spielt Sprache eine überragende Rolle, so dass Ethnomethodologie auf qualitative Sprachanalyse und damit auf linguistische Methoden angewiesen ist.

Frustrationstoleranz. Ist ein zentraler Begriff der interaktionistischen Rollen- und Identitäts-Theorie. Der aus dem Lateinischen stammende Begriff Frustration bedeutet „Vereitlung", „Entsagung". Dieser seit S. Freud grundlegende Begriff der Psychologie verweist auf den Tatbestand, dass ein Organismus ein bestimmtes Ziel (Bedürfnis, Wunsch usw.) nicht erreicht, also frustriert wird. Frustrationstoleranz wird von Ausubel (1979: 179) als die Fähigkeit eines Individuums interpretiert, „intensivere und länger andauernde Erfahrung der Frustration ohne merklichen Verlust der Selbstachtung, Zusammenbruch des Strebungsniveaus oder Leistungsminderung zu ertragen".

Gesellschaftsstruktur. In soziologischen Gesellschaftstheorien wird davon ausgegangen, dass grundlegende Strukturen einer gesellschaftlichen Ordnung existieren (Strukturen der Ungleichheit, Strukturen der Arbeitsteilung, Herrschaftsstrukturen, Differenzierung in Teilsysteme usw.), die relativ stabil sind und Auswirkungen auf alle Einzelaspekte des sozialen Zusammenhanges haben.

Geschlecht, Geschlechterordnung, Gender, Sex. Mit der Unterscheidung von Sex (im Sinne biologischer Unterschiede) und Gender (im Sinne sozialer Vorstellungen über typisch männliche und typisch weibliche Eigenschaften und Fähigkeiten) wird darauf hingewiesen, dass Geschlecht keine Naturkategorie und kein vorgesellschaftlicher Sachverhalt ist. Denn Sex und Gender unterliegen einem historischen Wandel, auch die vermeintlich natürliche Körperlichkeit ist gesellschaftlich beeinflusst. Die sozialwissenschaftliche Genderforschung untersucht die Bedingungen, Formen und Folgen der gesellschaftlichen Hervorbringung und Formierung der Geschlechter. Für Gesellschaften und historische Epochen werden Geschlechterordnungen, d.h. in der Struktur der Gesellschaft verankerte Formen der geschlechtsbezogenen Arbeitsteilung, der Ungleichheit und der Macht und Herrschaft in den Blick gerückt.

Idealtypus. Ein von Max Weber in die Methodologie der Sozial- und Kulturwissenschaften eingeführter Begriff. Idealtypen werden als „Gedankenbilder" verstanden, die

„nicht die historische oder gar die ‚eigentliche' Wirklichkeit" abbilden sollen. Vielmehr sind Idealtypen gedankliche Abstraktionen, an denen „die Wirklichkeit zur Verdeutlichung bestimmter bedeutsamer Bestandteile ihres empirischen Gehaltes gemessen" wird. Der Idealtypus will „das Zurechnungsurteil schulen". Obwohl keine Hypothese, „will er der Hypothesenbildung die Richtung weisen" (zit. nach M. Weber).

Ideologie. Der aus dem Griechischen abgeleitete Begriff bedeutet „Lehre von den Ideen". Der Ideologiebegriff hat in der Philosophie und Geistesgeschichte, im Marxismus und in der Soziologie eine lange Tradition und einen überragenden Stellenwert. Der Begriff dient ganz allgemein zur Kennzeichnung des Verhältnisses von Sein und Bewusstsein, von Geist und Gesellschaft. Bereits Francis Bacon (1561-1626) wies in seiner „Idolen-Lehre" auf die Trübungen des Bewusstseins und des Denkens hin, denen beide durch Verfälschungen, Selektionen usw. unterworfen sind. Seit der Aufklärung wird Ideologie als die Gesamtheit der Ideen und Aussagen verstanden, die zur Absicherung einer bestimmten Herrschaft dienen, den Interessenstandpunkt der Herrschaftssicherung aber verschleiern sollen. Bei Marx erhält der Ideologiebegriff seine bis heute wohl bedeutendste Ausprägung: Einerseits ist Ideologie die Gesamtheit des (zum Teil bewusst erzeugten) „falschen Bewusstseins"; andererseits hat Ideologie die Funktion, die realen gesellschaftlichen Verhältnisse in verkehrter Weise zum Ausdruck zu bringen. In dieser Doppelpoligkeit ist der Ideologiebegriff verblieben. In der Kritik von Ideologietheorien wird gefragt, wer aus welchem Grund gegen wen den Ideologieverdacht erhebt oder wer beanspruchen kann, über einen nicht durch Ideologien überformten Zugang zu wahren Aussagen zu verfügen.

Institution, Institutionalisierung. Als Institutionen werden überindividuelle und verfestigte soziale Tatbestände bezeichnet, die durch je spezifische Strukturen, Regeln und Normen gekennzeichnet sind. Institutionalisierung meint den Prozess, durch den soziale Festlegungen zu relativ stabilen Einrichtungen werden.

Integration. Der Begriff Integration meint soziale Eingliederung; zu unterscheiden ist zwischen einem Verständnis von Integration als funktionale Anpassung in gesellschaftlichen Teilbereiche (Arbeitsmarkt, Bildungssystem, Recht usw.) einerseits, der Eingliederung in die sozialen Beziehungen, Normen und Werte von Gruppen andererseits.

Interpretatives Paradigma. Zusammenfassende Bezeichnung für Richtungen der sinnverstehenden Soziologie (symbolischer Interaktionismus, Sozialphänomenologie und Ethnomethodologie). Die Aufgabe soziologischer Forschung wird darin gesehen, die Bedeutungen empirisch zu erschließen und verständlich zu machen, die dem Alltagshandeln von Individuen zu Grunde liegen bzw. in diesem hervorgebracht werden. Es wird davon ausgegangen, dass „alle Interaktionen ein interpretativer Prozess sind, in dem die Handelnden sich aufeinander beziehen durch sinngebende Deutungen dessen, was der andere tut oder tun könnte". (Matthes 1973: 201)

Jugendszenen. Regionale, aber auch überregionale Netzwerke von Jugendlichen, die übereinstimmende jugendkulturelle oder politische Orientierungen, eigene Treffpunkte und Kommunikationsmittel (Internetseiten, Zeitschriften) aufweisen.

Klassen, Schichten, Milieus. Zur Beschreibung der Strukturen sozialer Ungleichheit wurden in der Soziologie unterschiedliche Theorien und Begriffe entwickelt. Der Begriff soziale Klassen akzentuiert, dass ungleiche Lebensbedingungen in einem notwendigen Zusammenhang mit der Struktur der kapitalistischen Ökonomie stehen. Ältere Klassentheorien gehen weiter davon aus, dass Klassenlagen mit unterschiedlichen bzw. gegensätzlichen politischen Interessen einher gehen. Schichtungstheorien sind dagegen darauf ausgerichtet, eine differenzierte, nicht auf die ökonomische Dimension begrenzte Beschreibung der Ursachen und Ausprägungen sozialer Ungleichheiten zu ermöglichen. Der Begriff soziale Milieus steht im Unterschied dazu für soziale Gruppen, die einen gemeinsamen Lebensstil sowie gemeinsame Grundüberzeugungen aufweisen. In seiner einflussreichen Theorie sozialer Ungleichheit hat Pierre Bourdieu ein Modell entwickelt, das eine multidimensionale Klassentheorie mit einer Theorie der Milieubildung zusammenführt.

Libido. Dieser lateinische Ausdruck bedeutet Begierde, Trieb, Lust, Verlangen. Seit S. Freud ein zentraler Begriff der Psychoanalyse, der die gesamte, vor allem sexuell aktivierte Lebensenergie des Menschen umfasst. Die Libido entwickelt sich entsprechend den von Freud unterschiedenen psycho-sexuellen Phasen (oral, anal usw.).

Moderne. Schlüsselbegriff zum Verständnis jener Gesellschaften, die seit der Aufklärung und der Doppelrevolution (der politischen und der industriellen) seit dem 18. Jhdt. entstanden sind. Zu den kulturellen Grundlagen der Moderne ist das Versprechen einer vernünftigen Gesellschaftsgestaltung zu rechnen, die die nunmehr als frei und gleich geltenden Individuen aus den Zwängen der alten Ordnung befreit und ins Zentrum der Politik, der Rechtsstaatsordnung, der Sozial- und Humanwissenschaften und der Ästhetik rückt. Modern ist auch der Glaube an die Möglichkeit eines Fortschritts, der zu einer Verbesserung der Lebensbedingungen führt. Moderne Gesellschaften sind funktional differenzierte, in denen Wirtschaft, Wissenschaft, Kunst usw. nicht mehr Elemente einer übergreifenden religiösen Ordnung sind. Die Postmoderne geht u.a. davon aus, dass das Fortschritts- und Aufklärungsprojekt der Moderne an sein Ende gelangt sei.

Migrationshintergrund. Mit dieser Kategorie werden Personen erfasst, die selbst oder von denen ein Elternteil aus dem Ausland eingewandert ist. Das Statistische Bundesamt bezeichnet eine Person als „Person mit Migrationshintergrund", wenn diese nicht auf dem Gebiet der heutigen Bundesrepublik Deutschland geboren wurde und 1950 oder später zugewandert ist und/oder diese keine deutsche Staatsangehörigkeit besitzt oder eingebürgert wurde. Darüber hinaus haben Deutsche einen Migrationshintergrund, wenn ein Elternteil der Person mindestens eine der genannten Bedingungen erfüllt.

Milieu. Soziale Milieus sind durch ähnliche Grundüberzeugungen und Vorlieben in unterschiedlichen Bereichen (z.B. Politik, Familienleben, Religion, Musik, Kleidung) gekennzeichnet. Personen, die dem gleichen Milieu angehören, nehmen sich entsprechend als Menschen wahr, die in ihren Vorlieben und Abneigungen in zentralen Punkten übereinstimmen. Soziale Milieus stehen in einem Zusammenhang mit der im Gefüge der sozialen Ungleichheit eingenommenen Position; dieser ist aber nicht im Sinne einer Ursache-Wirkungs-Beziehung zu verstehen: Eine gleiche soziale Lage führt nicht zwingend zu einer übereinstimmenden Milieuzugehörigkeit.

Narzissmus. Abgeleitet von der griechischen Sagengestalt Narziss, der sich in unbefriedigter Liebe zu seinem eigenen Spiegelbild, das er im Wasser erblickt hatte, verzehrte und schließlich in eine Narzisse verwandelt wurde. Der römische Dichter Ovid (43 v.-17. n. Chr.) deutete dies als Strafe dafür, dass Narziss die Liebe der Nymphe Echo zurückgewiesen hatte.

Narzissmus ist ein Begriff der Psychoanalyse und meint seit der populären Interpretation durch Sigmund Freud insbesondere die unterschiedlichen Formen der auf die eigene Person gerichteten erotischen Energien. Aktualität gewann der Begriff durch die Diskussion um den „neuen Sozialisationstypus" (T. Ziehe 1975).

Peer/Peers. „Das Wort ‚Peer' – vom lateinischen ‚par' (gleich) hergeleitet – hat im Deutschen keine Übersetzung gefunden. Es bedeutet ‚die Gleichen', insbesondere im Sinne von Statusgleichheit; peers meint zudem Gleichberechtigte – der Begriff bedeutete im Angelsächsischen zunächst die Zugehörigkeit zu den fünf oberen Rängen der englischen Nobilität (Allerbeck/Rosenmayr 1976: 109f; dort Hinweise auf die jetzige Bedeutung des Begriffs, wie sie sich in der amerikanischen Jugendsoziologie herausgebildet hat). Im Zusammenhang mit Gruppe – Peer-Group – bezeichnet der auch im Deutschen verwandte Begriff die Gruppe der Gleichaltrigen.

Phänomenologie. Die Lehre von den Phänomenen, dem Erscheinenden, sich den Sinnen Zeigenden. Die Phänomenologie als philosophische Lehre entwickelte sich seit dem 18. Jahrhundert und wird heute vor allem mit der Philosophie Edmund Husserls (1859-1938) verbunden. Nach Husserl ist Phänomenologie die Wissenschaft von der Wesensschau („zurück zu den Dingen selbst"), vom wesenschauenden Bewusstsein. Die von Husserl begründete Phänomenologie als universale Sinn- und Bedeutungsforschung der menschlichen Lebenswirklichkeit war und ist von großem Einfluss auf die Pädagogik und die Soziologie.

Prestige. Die Wertschätzung, die Individuen in Abhängigkeit von ihrer sozialen Position entgegengebracht wird, z.B. als Personen, die als höherwertig betrachtete Berufe ausüben.

Pubertät. Dieser Begriff bezeichnet die biologischen und psychischen Prozesse, die mit der Geschlechtsreife einhergehen. Ausgangspunkt sind hormonelle Prozesse, die zum Wachstum der Geschlechtsorgane führen.

Rolle, soziale. Abstrahierender Ausdruck für den Tatbestand, dass das soziale Handeln vorstrukturiert ist: durch Normen (Verhaltensregeln), Erwartungen und Ansprüche der Handlungspartner, die in den „Entwurf" der eigenen Rolle übernommen werden. Die sozialen Rollen sind mehr oder weniger deutlich ausgeprägt und mit Rollen-Attributen versehen: Die Rolle des Lehrers ist „eindeutiger" als die Rolle des Familienvaters, die Rolle eines Offiziers im Dienst klarer definiert als die Rolle eines Politikers. Zwischen Rollen-Vorschriften, Rollen-Erwartungen und tatsächlichem Rollen-Handeln gibt es ein Spannungsverhältnis und unterschiedliche Freiheitsgrade, aus der zugewiesenen Rolle eine selbst gestaltete Eigen-Rolle zu machen. Dieses Spannungsverhältnis lässt sich an den Rollen-Erwartungen, die mit dem Jugendalter verknüpft werden, und dem Verhalten Jugendlicher gut belegen.

Säkularisierung (auch Säkularisation, Säkularismus; von lat. saeculum: ein Jahrhundert, ein Menschenalter, auch: die Welt; frei übersetzt bedeutet Säkularisierung also „Verweltlichung"). Einer der wichtigsten Teilvorgänge der Entstehung der modernen, industriell-bürokratischen, bürgerlichen Gesellschaft. Bei der Säkularisierung sind ein materiell-rechtlicher und ein normativ-kultureller Teilvorgang zu unterscheiden: Die Ablösung kirchlich-klösterlichen Besitzes, in Deutschland vor allem nach 1803; die Loslösung der „normativen Kultur" aus der Interpretation und dem Machtanspruch der Religion/Kirche; die Verselbstständigung des Staates und der Gesellschaft, der Wissenschaft und anderer sozialer Bereiche aus der Bevormundung durch Religion und Kirche.

Sozialisation, politische Sozialisation. In der älteren Soziologie wird unter Sozialisation die Prägung des Individuums durch seine gesellschaftlichen Lebensbedingungen und Erfahrungen verstanden. Erziehung, der Versuch der Einflussnahme auf Kinder und Jugendliche, wird als ein Teil der Sozialisation verstanden. In der gegenwärtigen Sozialisationsforschung wird die Vorstellung einer kausalen Beeinflussung des Einzelnen durch die Gesellschaft zurückgewiesen und betont, dass die individuelle Entwicklung aus dem komplexen Zusammenwirken von sozialen Einwirkungen und individueller Eigensinnigkeit resultiert. Zudem wird in Rechnung gestellt, dass Sozialisation auch zur Entstehung eigenverantwortlicher Urteils- und Handlungsfähigkeit führt. Politische Sozialisation ist jener „Teil" der Sozialisation, der zur Herausbildung (bestimmter) politischer Einstellungen, Verhaltensweisen und Handlungskompetenzen führt. Ziel der politischen Bildung ist ein handlungsfähiges und handlungsbereites sowie mündiges Individuum als Träger der demokratischen und rechtsstaatlichen, der sozialstaatlichen und pluralistischen Ordnung und Kultur.

Wann und wo die entscheidenden „Prägungen" im Prozess der allgemeinen oder intentional politischen Sozialisation (Erziehung) erfolgen, welchen Anteil Elternhaus und Schule, Medien und Arbeitswelt oder auch einzelne Personen haben, ist umstritten (da kaum generalisierbar).

Soziologismus. Tendenz in der älteren Soziologie, alle geistigen und kulturellen, individuellen und psychischen Erscheinungen allein aus sozialen Bedingungen zu erklären und das Individuum als sozial determiniert darzustellen.

Struktur-Funktionalismus. Soziologische Theorierichtung, die danach fragt, welche Leistungen soziale Teilsysteme erbringen müssen, damit eine soziale Ordnung stabil ist. Gesellschaft wird entsprechend als ein Funktionszusammenhang verstanden, in den die Individuen durch Sozialisation und soziale Kontrolle eingefügt werden.

Sublimierung (auch Sublimation). Der aus dem Lateinischen stammende Begriff bedeutet in seinem hier gemeinten Zusammenhang: „Verfeinerung", „geistige Erhöhung". Seit Sigmund Freud ein Begriff der Psychoanalyse, die inner-psychische Vorgänge des Einzelnen in ihrem komplexen Zusammenhang mit sozialen Strukturen zu verstehen versucht. Sublimierung ist jene Form der Verarbeitung von Antriebsüberschüssen und (vor allem sexuellen) Triebpotentialen, die nicht der unmittelbaren Befriedigung dienen.

Symbolischer Interaktionismus. Paradigma der soziologischen (und sozialpsychologischen) Handlungstheorien, das im Anschluss an den Sozialbehaviorismus von George Herbert Mead entwickelt wurde. Danach ist Kultur ein System von Symbolen, von mehr oder weniger festgelegten Bedeutungsgehalten. Das wichtigste Symbolsystem ist die Sprache. Interaktionen (Handlungen) sind dadurch möglich, dass die in der Sozialisation erlernten Symbole in den Interaktions- und Kommunikationsprozess eingebracht und von den Handlungspartnern in ihrer gemeinten Bedeutung „entschlüsselt" werden können.

Neben Mead waren vor allem die Phänomenologie und die daran anknüpfenden soziologischen Richtungen (z.B. Alfred Schütz) von Einfluss auf den Symbolischen Interaktionismus.

Systemtheorie. Sammelbezeichnung für Theorien in unterschiedlichen wissenschaftlichen Disziplinen, die über klassische Ursache-Wirkungs-Erklärungen hinausgehen. Systeme werden als ein komplexer und eigendynamischer Zusammenhang von Elementen gefasst, die sich von ihrer Umwelt abgrenzen und durch interne Wechselbeziehungen gekennzeichnet sind. Die soziologische Systemtheorie unterscheidet soziale und psychische Systeme und lehnt die Vorstellung ab, dass soziale Strukturen und Prozesse Ergebnis der Handlungen von Individuen sind.

Ungleichheit. Die ungleiche Verteilung von Lebensbedingungen und Lebenschancen in ihrer Verknüpfung mit den ökonomischen und politischen Strukturen der Gesellschaft ist seit den Anfängen ein zentrales Thema der Soziologie. Hintergrund dessen ist der Gegensatz zwischen dem Anspruch der modernen Gesellschaft, eine Gesellschaft freier und gleicher Individuen zu sein zu den faktischen Ungleichheiten der Lebenssituation der sozialen Klassen und Schichten.

Utilitarismus. (von lat. utilis, „nützlich"), philosophisch-ökonomische Lehre, die auf die Sozialphilosophen und Ökonomen Jeremy Bentham (1748-1832) und John Stuart Mill (1806-1873) zurückgeht. Im Mittelpunkt steht eine sowohl individualistische wie kollektive Handlungslehre. Individuell wird das Handeln nach seiner Nützlichkeit oder Schädlichkeit für das handelnde Individuum betrachtet; kollektiv und als Leitmaxime der Wirtschafts- und Gesellschaftspolitik steht der von Bentham propagierte Satz im Mittelpunkt, dass alle Politik das „größte Glück der größten Zahl" zu bewirken habe. Die Verbindung zu den Handlungsmaximen des Liberalismus und damit der Theorie von Adam Smith (1723-1790) wie allen daran anschließenden Theorien der „Wohlfahrtsökonomik" ist eng.

Literaturverzeichnis

Abels, H., 1993, Jugend vor der Moderne. Soziologische und psychologische Theorien des 20. Jahrhunderts., Opladen

Abels, H., 2001, Interaktion, Identität, Präsentation, 2. Aufl., Wiesbaden

Achenbach, A., Hautvast, M., Stangier, P., 2006, Aktuelle Ergebnisse der Shell-Studie zum Thema Jugend und Religion. http://www.fb1.uni-siegen.de/kaththeo/mitarbeiter/reis/materialien/resobi/shell_jugend_u_religion.pdf

Aichhorn, A., 1925/1951, Verwahrloste Jugend, Bern/Stuttgart/Wien

Albrecht, G., 1997, Anomie oder Hysterie – die bundesdeutsche Gesellschaft und ihre Kriminalitätsentwicklung, in: W. Heitmeyer (Hg.), Was treibt die Gesellschaft auseinander?, Frankfurt/M., S. 506-556

Alheit, P., C. Glaß, 1986, Beschädigtes Leben. Soziale Biographien arbeitsloser Jugendlichen, Frankfurt/New York

Alkemeyer, T., 2003, Der Sport, die Sorge um den Körper und die Suche nach Erlebnissen, in: Berliner Debatte Initial, H. 14, S. 16-29

Allerbeck, K., W.J. Hoag, 1986, Jugend ohne Zukunft? Einstellungen, Umwelt, Lebensperspektiven, München/Zürich

Allerbeck, K.R., L. Rosenmayr, 1976, Einführung in die Jugendsoziologie. Theorien, Methoden und empirische Materialien, Heidelberg

Alleweldt, E., V. Leuschner, 2004, Freundschaften auf der Straße. Marginalisierung, Ausgrenzung und Freundschaftsbeziehungen bei jungen Menschen mit Lebensmittelpunkt Straße, in: Berliner Journal für Soziologie, H. 3, S. 339-356

Althoff, M., 2002, ‚Kriminalität' – eine diskursive Praxis, in: R. Anhorn, D. Betttinger (Hg.), Kritische Kriminologie und Soziale Arbeit, Weinheim/München, S. 47-74

Andresen, S., 2005, Einführung in die Jugendforschung, Darmstadt

Angermeyer, M., E. Brähler, 2001, Rechtsextreme Einstellungen in Deutschland. Ergebnisse einer repräsentativen Erhebung, Leipzig

Angress,W., 1985, Generation zwischen Furcht und Hoffnung. Jüdische Jugend im Dritten Reich, Hamburg

Anhorn, R., F. Bettinger, J. Stehr, (Hg.), 2008, Sozialer Ausschluss und Soziale Arbeit, Wiesbaden

Apel, H., 1992, Intergenerative Bildungsmobilität in den alten und neuen Bundesländern, in: Jugend '92, Bd. 2, a.a.O., S. 353-370

Arbeitsgruppe Bielefelder Jugendforschung (1990): Das Individualisierungs-Theorem – Bedeutung für die Jugendforschung, in: Heitmeyer, W., T. Olk, T. (Hg.), Individualisierung von Jugend, Weinheim/München, S. 11-34

Archiv der Jugendmusikbewegung e.V. Hamburg (Hg.), 1980, Die deutsche Jugendmusikbewegung in Dokumenten ihrer Zeit von den Anfängen bis 1933, Wolfenbüttel/Zürich

ARD/ZDF-Online-Studie, 2004, hg. von der ARD/ZDF-Medienkommission, online verfügbar unter http://www.daserste.de/service/studie.asp

Ariés, P., 1978, Geschichte der Kindheit, München

Aristoteles, 1980, Rhetorik. Übersetzt, mit einer Bibliographie, Erläuterungen und einem Nachwort von F.G. Sieveke, München (UTB Bd. 159)

Aronson, E., T.D. Wilson, R.M. Akert, 2004, Sozialpsychologie, München

Aufmuth, U., 1979, Die deutsche Wandervogelbewegung unter soziologischem Aspekt, Göttingen

Augstein, A., 1996, Beschneidung von Mädchen und Frauen, Bonn

Ausubel, D.P., 1979, Das Jugendalter. Fakten, Probleme, Theorie, 6. Aufl., München (amerik. Orig. 1954)

Baacke, D. (Hg.), 1998, Handbuch Jugend und Musik, Opladen

Baacke, D., 1970, Untergrund. Einblick und Ausblick, in: Merkur. Deutsche Zeitschrift für europäisches Denken, 24. Jg./1970, H. 266, S. 526-541

Baacke, D., 1987, Jugend und Jugendkulturen, Weinheim und München

Baacke, D., 1999, Jugend und Jugendkulturen, 3. überarb. Aufl., Weinheim

Baacke, D., W. Heitmeyer (Hg.) 1985, Neue Widersprüche. Jugendliche in den achtziger Jahren, Weinheim/München

Badawia, T., F. Hamburger, M. Hummrich, 2003, Wider die Ethnisierung einer Generation, Frankfurt/M.

Baethge, M., B. Hantsche, W. Pellul, 1997, Jugend, Arbeit und Identität, Opladen

Baethge, M., H. Solga, M. Wieck, 2007, Berufsbildung im Umbruch, Bonn

Ballestrini, N. et al., 1997, Kursbuch JugendKultur. Stile, Szenen und Identitäten vor der Jahrtausendwende, Köln

Barz, H. (Hg.), 2000, Pädagogische Dramatisierungsgewinne, Frankfurt/M.

Barz, H., 1992, Postmoderne Religion. Die junge Generation in den Alten Bundesländern, Opladen

Bauer, U., U. Bittlingmayer, 2007, ‚Aspirationen ohne Konsequenzen‘, in: Zeitschrift für Soziologie der Erziehung und Sozialisation, 27. Jg., H. 2/2007, S. 160-180

Bauman, Z., 1999, Unbehagen in der Postmoderne, Hamburg

Bauman, Z., 2000, Vom Nutzen der Soziologie, Frankfurt/M.

Baumert, J. (Hg.), 2000, PISA 2000, Leverkusen

Beauftragte der Bundesregierung für Migration, Flüchtlinge und Integration, 2004, Strukturdaten der ausländischen Bevölkerung, Berlin; online verfügbar unter http://www. integrationsbeauftragte.de/download/Strukturdaten. pdf

Beauftragte der Bundesregierung für Migration, Flüchtlinge und Integration, 2005, Bericht über die Lage der Ausländerinnen und Ausländer in Deutschland, Berlin; online verfügbar unter http://www.integrationsbeauftragte.de/download/LageberichtInternet.pdf

Beauftragte der Bundesregierung für Migration, Flüchtlinge und Integration, 2007, Bericht über die Lage der Ausländerinnen und Ausländer in Deutschland, Berlin, online verfügbar unter http://www.bundesregierung.de/Content/DE/Publikation/IB/Anlagen/ auslaenderbericht-7-barrierefrei,property=publicationFile.pdf

Beck, U., 1986, Risikogesellschaft. Auf dem Weg in eine andere Moderne, Frankfurt/M.

Beck, U., 1995, Die „Individualisierungsdebatte", in: B. Schäfers (Hg.), Soziologie in Deutschland, Opladen, S. 185-199

Beck, U., A. Giddens, S. Lash, 1996, Reflexive Modernisierung, Frankfurt/M.

Beck, U., E. Beck-Gernsheim, 2006, Generation Global, in: U. Beck (Hg.). Generation Global, Frankfurt/M., S. 236-265

Becker, H.S., 1946, German Youth: Bond or Free, Oxford University Press

Becker, H.S., 1973, Außenseiter, Frankfurt (engl. Orig. 1963)

Becker, R., B. Kortendiek (Hg.), 2004, Handbuch der Frauen und Geschlechterforschung, Wiesbaden

Beck-Gernsheim, E., 1981, Der geschlechtsspezifische Arbeitsmarkt. Zur Ideologie und Realität von Frauenberufen, 2. Aufl., Frankfurt/M.

Bell, D., 1979, Die Zukunft der westlichen Welt, Frankfurt/M.

Benjamin, W., 1970, Über Kinder, Jugend und Erziehung, Frankfurt/M (zuerst 1914/1915)

Berger, P.L., B. Berger, H. Kellner, 1975, Das Unbehagen in der Modernität, Frankfurt/New York

Berger, P.L., Th. Luckmann, 1977, Die gesellschaftliche Konstruktion der Wirklichkeit, Frankfurt/M.

Bernfeld, S., 1914/1925, Über den Begriff der Jugend, Diss. Wien

Bernfeld, S., 1925/1979, Sisyphos oder die Grenzen der Erziehung, Frankfurt/M.

Bernfeld, S., 1970, Antiautoritäre Erziehung und Psychoanalyse. 3 Bände, Frankfurt/M.

Bernstein, B., 1971, Der Unfug mit der kompensatorischen Erziehung, In: B. Bernstein et al., Lernen und soziale Struktur, Amsterdam, S. 37-47

Bertram, H.,1990, Individualisierte Lebensstile – Fakt oder Fiktion?, in: W. Zapf (Hg.), Die Modernisierung moderner Gesellschaften, Frankfurt/New York, S. 636-658

Berufsbildungsbericht 1996, hg. vom Bundesministerium für Bildung und Forschung; online verfügbar unter http://www.bmbf.de/de/9046.php

Berufsbildungsbericht 2006, hg. vom Bundesministerium für Bildung und Forschung; Berlin (online unter www.bmbf.de/pub/bbb_2006.pdf)

Berufsbildungsbericht 2008 (Vorversion), hg. vom Bundesministerium für Bildung und Forschung; online verfügbar unter http://www.bmbf.de/pub/bbb_08.pdf

Bette, K.-H., 1999, Systemtheorie und Sport, Frankfurt/M.

Bette, K.-H., U. Schimank, 1995, Doping im Hochleistungssport, Frankfurt/M.

Bette, K.-H., U. Schimank, 2000, Sportevents, in: W. Gebhardt et al. (Hg.), Events, Opladen, S. 307-323

Bingel, G., A. Nordmann, R. Münchmeier (Hg.), 2008, Die Gesellschaft und ihre Jugend, Opladen/Farmington Wells

Bloch, E., 1959, Das Prinzip Hoffnung, 5 Bde., Frankfurt/M.

Blos, P., 1962, Adoleszenz. Eine psychoanalytische Interpretation, Stuttgart

Blossfeld, H.-P. u.a., 2005: Globalization, uncertainty and youth in society, London et al.: Routledge

Blüher, H., 1911/13, Wandervogel. Geschichte einer Jugendbewegung, 3 Bde., Charlottenburg; Nachdruck Frankfurt/Main 1976

Bohle, H.H. et al., 1997, Anomie in der modernen Gesellschaft, in: W. Heitmeyer, (Hg.): Was treibt die Gesellschaft auseinander?, Frankfurt/M., S. 29-68

Bohleber, W. (Hg.), 1996, Adoleszenz und Identität, Stuttgart

Böhnisch, L, H. Gängler, Th. Rauschenbach (Hg,), 1991, Handbuch Jugendverbände, Weinheim und München

Bohnsack, R. et al., 1995, Die Suche nach Gemeinsamkeit und Gewalt in der Grupppe, Opladen

Bommes, M., A. Scherr, 1991, Der Gebrauchswert von Selbst- und Fremdethnisierung in Strukturen sozialer Ungleichheit. In: Prokla, H. 83, S. 291-316

Bommes, M., A. Scherr, 2000, Soziologie der Sozialen Arbeit, Weinheim und München

Boos-Nünning, U., Y. Karakasoglu, 2005, Viele Welten leben. Zur Lebenssituation von Mädchen und jungen Frauen mit Migrationshintergrund, Münster

Bourdieu, P., 1983a, ,Jugend' ist nur ein Wort, in: Ders., Soziologische Fragen, Frankfurt/M., S. 136-146

Bourdieu, P., 1983b, Ökonomisches, kulturelles und soziales Kapital, in: R. Kreckel (Hg.), Soziale Ungleichheiten, Göttingen, S. 183

Bourdieu, P., 1993, Historische und soziale Voraussetzungen des modernen Sports, in: Ders., Soziologische Fragen, Frankfurt/M., S. 165-186

Brähler, E., O. Decker, 2005, Rechtsextreme Einstellungen in Deutschland, Leipzig

Brake, M., 1981, Soziologie der jugendlichen Subkulturen. Eine Einführung. Hg. und mit einem Nachwort von R. Lindner, Frankfurt/New York
Brettfeld, K., H. Wetzels, 2007, Muslime in Deutschland, Hamburg
Brettschneider, W.-D., T. Kleine, 2002, Jugendarbeit in Sportvereinen, Schorndorf
Breuer, H., 1950, Der Zupfgeigenhansel, Mainz (zuerst 1909)
Breyvogel, W., 1991, Piraten, Swings und Junge Garde. Jugendwiderstand im Nationalsozialismus, Bonn
Breyvogel, W., 1998a, Pädagogische Jugendforschung. Erkenntnisse und Perspektiven, Opladen
Breyvogel, W., 1998c, Die gefährlichen Jugendlichen auf der Bühne der Sichtbarkeit, in: Breyvogel 1998b, S. 84-111
Breyvogel, W. (Hg.), 1998b, Stadt, Jugendkulturen und Kriminalität. Bonn
Brück, B. et al. (Hg.), 1992, Feministische Soziologie, Frankfurt/New York
Brückner, P., 1976, Ulrike Marie Meinhof und die deutschen Verhältnisse, Berlin
Brückner, P., 1980, Das Abseits als sicherer Ort. Kindheit und Jugend zwischen 1933 und 1945, Berlin
Brückner, P., 1983, Selbstbefreiuung, Berlin
Buchen, S., C. Helfferich, M.S. Maier, 2004, Gender methodologisch, Wiesbaden
Bude, H., A. Willisch (Hg.), 2008, Exklusion, Frankfurt/M.
Bueb, B., 2006, Lob der Disziplin, München
Bühler, Ch., 1921/1987, Das Seelenleben des Jugendlichen, Stuttgart
Bühler, Ch., 1922, Zwei Mädchentagebücher, Jena (2. Auflage 1927)
Bundesagentur für Arbeit, 2008, Der Arbeits- und Ausbildungsmarkt in Deutschland. Juni 2008 (online unter www.pub.arbeitsamt.de/hst/services/statistik/000000/html/start/monat/aktuell.pdf
Bundesamt für Verfassungsschutz, 1999, Rechtsextremismus in der Bundesrepublik Deutschland. Ein Lagebericht, Köln; Lagebericht 2004 online verfügbar unter http://www.verfassungsschutz.de/de/publikationen/
Bundesinstitut für Bevölkerungsforschung (BIB), 2004, Sonderheft der Schriftenreihe. Zweite überarbeitete Auflage
Bundeskriminalamt, 2004, Polizeiliche Kriminalstatistik 2003, Wiesbaden; online verfügbar unter http://www.bka.de/pks/pks2003/index.html
Bundeskriminalamt, 2008, Polizeiliche Kriminalstatistik Bundesrepublik Deutschland 2007. 55. Ausgabe 55, hg. vom om Bundeskriminalamt, Kriminalistisches Institut, Fachbereich KI 12, Wiesbaden; online verfügbar unter http://www.bka.de/pks/pks2007/download/pks-jb_2007_bka.pdf
Bundesministerium für Bildung und Forschung, 2004, Berufsbildungsbericht 2004, Berlin; online verfügbar unter http://www.bmbf.de/pub/bbb_2004. pdf
Bundeszentrale für gesundheitliche Aufklärung (BZgA), 2004, Aktuelle Studien; online verfügbar unter http://www.bzga.de
Bundeszentrale für gesundheitliche Aufklärung (BZGABZgA), 2006, Jugendsexualität, Köln
Bundeszentrale für politische Bildung, 2008, Ausländische Bevölkerung nach Aufenthaltsdauer verfügbar unter http://www.bpb.de/files/9J7RE8.pdf, S. 9-12.
Bürgerliches Gesetzbuch; online verfügbar unter http://bundesrecht.juris.de/bundesrecht/bgb/gesamt.pdf
Butler, J., 1991, Das Unbehagen der Geschlechter, Frankfurt/M.
Butterwegge, C., G. Lohmann, 2000, Jugend, Rechtsextremismus und Gewalt, Opladen
BWHT, 20007, Zukunft der Hauptschule, Stuttgart (online unter www.handwerk-bw.de/fileadmin/gruppe_bildung/datei_upload/bildungsstudien/Brosch_Zukunft_Hauptschule2007_10_26.pdf)

Castells, M., 2001, Das Informationszeitalter, Opladen

Castells, M., 2003, Die Macht der Identität, Opladen

Caysa, V., 2003, Körperkult und Körperkapitalisierung, in: Berliner Debatte Initial, H. 14, S. 5-15

Chaussy, U., 1983, Die drei Leben des Rudi Dutschke, Darmstadt u.a.

Child Soldiers Global Report 2008. www.childsoldiersglobalreport.org

Chowanski, J., R. Dreier, 2000, Die Jugendweihe. Eine Kulturgeschichte seit 1852

Christie, N., 2005, Wieviel Kriminalität braucht die Gesellschaft?, München

Cicourel, A., 1968, The Social Organisation of Juvenile Justice, London/New York/Sydney

Clarke, J. et al., 1979, Jugendkultur als Widerstand, Frankfurt/M.

Clarke, J., 1979a, Die Skinheads und die magische Rückgewinnung der Gemeinschaft, in: J. Clarke et al., a.a.O., S. 171-175

Cloward, R.A., L.E. Ohlin, 1960, Delinquency and Opportunity. A Theory of Delinquent Gangs, New York

Cohen, A.K., 1955, Delinquent Boys, New York (dt.: Kriminelle Jugend, Hamburg 1961)

Coleman, J.S., 1978, Current contradictions in adolescent theory, in: Journal of Youth and Adolescence, 7, p. 1-11

Coleman, J.S., 1961, The Adolescent Society. The Social Life of the Teenager and its Impact on Education, New York

Connell, R.W., 1999, Der gemachte Mann, Opladen

Cremer-Schäfer, H., H. Steinert, 1998, Straflust und Repression, Münster

Dannenbeck, C., F. Esser, H. Lösch, 1999, Herkunft erzählt. Befunde über Zugehörigkeiten Jugendlicher, Münster et al.

Datenreport 1989, hg. vom Statistischen Bundesamt, 1989, Bonn

Datenreport 2004, hg. vom Statistischen Bundesamt, 2004, Bonn

Datenreport 2006, hg. vom Statistischen Bundesamt, 2006, Bonn

Decker, O. et al., 2008, Ein Blick in die Mitte. Berlin

Decker, O., E. Brähler, 2006, Vom Rand zur Mitte. Rechtsextreme Einstellungen und ihre Einflussfaktoren in Deutschland. Herausgegeben von der Friedrich-Ebert-Stiftung, Forum Berlin, online verfügbar: http://library.fes.de/pdf-files/do/04088a.pdf

Deinet, U., B. Sturzenhecker (Hg.), 2005, Handbuch Offene Kinder- und Jugendarbeit, Wiesbaden

Deinet, U., C. Reutlinger (Hg.), 2004, ‚Aneignung' als Bildungskonzept der Sozialpädagogik, Wiesbaden

Deisenhofer, A. (Hg.), 2004, Jugendrecht, 26. überarb. Aufl., München

Denzin, N., 2005, Symbolischer Interaktionismus, in: U. Flick, E. von Kardoff, I. Steinke (Hg.): , Qualitative Forschung, Reinbek, S. 136-149

Deutscher Bundestag (Hg.), 1982, Jugendprotest im demokratischen Staat, Bonn

Deutscher Werkbund e.V. (Hg.), 1986, Schock und Schöpfung. Jugendästhetik im 20. Jahrhundert, Neuwied

Deutsches Jugendinstitut (Hg.), 1982, Die neue Jugenddebatte, Weinheim/München

Deutsches PISA-Konsortium (Hg.), 2002, PISA 2000 – Die Länder der Bundesrepublik Deutschland im Vergleich, Opladen

Dietz, G.-U., E. Matt, K.F. Schumann, 2001, Lehre tut viel. Berufsbildung, Lebensplanung und Delinquenz bei Arbeiterjugendlichen, Münster

Döbert, R., G. Nunner-Winkler, 1975, Adoleszenzkrise und Identitätsbildung, Frankfurt/M.

Döbert, R., J. Habermas, G. Nunner-Winkler (, Hg.), 1977, Entwicklung des Ichs, Köln

Dollinger, B., H. Schmidt-Semisch (Hg.), 2008, Handbuch Jugendkriminalität. Wiesbaden (im Erscheinen)

Dreher, E., M. Dreher, 1985, Wahrnehmung und Bewältigung von Entwicklungsaufgaben im Jugendalter, in: R. Oerter (Hg.), Lebensbewältigung im Jugendalter, Weinheim, S. 30-61 dtv-Lexikon der Antike, 1971, München

Dubert, D., F. Lapeyronnie, 1994, Im Aus der Vorstädte, Stuttgart

Duby, G., 1990, Wirklichkeit und höfischer Traum, Frankfurt/M.

Dudek, P., 1990, Jugend als Objekt der Wissenschaften. Geschichte der Jugendforschung in Deutschland und Österreich 1890-1933, Opladen

Durkheim, É., 1922/1972, Erziehung und Soziologie, übersetzt und hrsg. von R. Krisam, Düsseldorf

Durkheim, É., 1984, Die Regeln der soziologischen Methode, Frankfurt/M. (franz. Orig. 1895)

Durkheim, É., 1993, Der Selbstmord. Frankfurt/M. (franz. Orig. 1897)

Dux, G., 1997, Die Spur der Macht im Verhältnis der Geschlechter, Frankfurt/M.

Eccarius, J., 1996, Individualisierung und soziale Reproduktion im Lebensverlauf, Opladen

Eckert, R., 2003, Orientierung oder Desinformation?, in: J. Mansel, H.M. Griese, A. Scherr (Hg.), Theoriedefizite der Jugendforschung, Weinheim/München, S. 41-48

Eckert, R., C. Reis, T.A. Wetzstein, 2000, Ich will halt anders sein als die anderen. Abgrenzung, Gewalt und Kreativität bei Jugendlichen, Opladen

Ehalt, H.Ch., 1985, Über den Wandel des Termins der Geschlechtsreife in Europa und dessen Ursachen, in: Saeculum 36, S. 226ff.

Eisenberg, G., 1982, Risse im Packeis, in: H.-E. Bahr, (Hg.), Wissen wofür man lebt, München, S. 51-76

Eisenstadt, S.N., 2006, Der Wandel der Lebensphase Jugend in modernen Gesellschaften, in: Ders.: Theorie und Moderne, Wiesbaden, S. 577-590

Eisenstadt, S.N., 1956/1966, Von Generation zu Generation. Altersgruppen und Sozialstruktur, München (amerik. Orig. 1956)

Elias, N., 2001, Über den Prozeß der Zivilisation, 2 Bde., Frankfurt/M. (zuerst 1938)

Elias, N., E. Dunning, 2003, Sport und Spannung im Prozess der Zivilisation, Frankfurt/M.

Elias, N., J.L. Scotson, 1990, Etablierte und Außenseiter, Frankfurt/M. engl Original 1965

Engelfried, 2008, Konstruktion von Männlichkeiten im Sport. Bedeutung und Funktion von Jungen- und Männergruppen, in: Beiträge zur feministischen Theorie und Praxis, H. 69, Arenen der Weiblichkeit - Frauen, Körper, Sport, Jg. 31, S. 59-68

Engels, F., 1974, Die Lage der arbeitenden Klasse in England, Berlin (Original 1845)

Erdheim, M., 1988, Die Psychoanalyse und das Unbewusste in der Kultur, Frankfurt/M.

Erdheim, M., 1983, Die gesellschaftliche Produktion von Unbewusstheit, Frankfurt/M.

Erikson, E.H., 1959/1977, Identität und Lebenszyklus. Drei Aufsätze, 7. Aufl., Frankfurt/M.

Eßbach, W., 1994, Der Mittelpunkt außerhalb. Helmuth Plessners Philosophische Anthropologie, in: G. Dux und U. Wenzel (Hg.), Der Prozeß der Geistesgeschichte. Frankfurt/M., S. 15-44.

Etscheid, M., 2008, ,Wie ticken Jugendliche'. Die Sinus-Milieustudie U27. In: BDKJ-Journal März/April 2008, S. 3-13

Farin, K., 1998, Jugendkulturen zwischen Kommerz und Politik, Bad Tölz

Farin, K., 2006, Jugendkulturen in Deutschland, Berlin

Fauser, K., A. Fischer, R. Münchmeier (Hg.), 2006, Jugendliche als Akteure im Verband: Ergebnisse einer empirischen Untersuchung der Evangelischen Jugend, Opladen

Feige, A., 1988, Autonomie, Engagement, Distanz. Problemdimensionen im Verhältnis der Jugend zur Kirche, in: Religion, Kirchen und Gesellschaft in Deutschland, SH 5 der Zeitschrift GEGENWARTSKUNDE, hg., von F.-X. Kaufmann und B. Schäfers, S. 161-181

Fend, H., 1998, Sozialgeschichte des Aufwachsens, Frankfurt/M.

Fend, H., 2000, Entwicklungspsychologie des Jugendalters, Opladen

230

Fend, H., 2003, Entwicklungspsychologie des Jugendalters, Wiesbaden
Fend, H., 2006, Neue Theorie der Schule, Wiesbaden
Ferchhoff, W., 1985, Pluralisierung und Differenzierung von Lebenszusammenhängen bei Jugendlichen, in: D. Baacke, W. Heitmeyer (Hg.), a.a.O., S. 46-85
Ferchhoff, W., 1999, Jugend an der Wende vom 20. zum 21. Jahrhundert. Lebensformen und Lebensstile, 2. überarb. Aufl., Opladen
Ferchhoff, W., 2007a, Jugend und Jugendkulturen im 21. Jahrhundert, Wiesbaden
Ferchhoff, W., 2007b, Geschichte globaler Jugend und Jugendkulturen, in: Villanyi/Witte/Sander a.a.O., S. 25-52
Fischer, A. et al., 2000, Jugend 2000, Band 2, Leverkusen
Fischer, A., 1981, Jugend '81, Hamburg
Fischer, G., 1985, Tanz, in: Jugendliche + Erwachsene '85, Bd. 2, S. 59-106
Flaake, K., V. King (Hg.), 1992, Weibliche Adoleszenz, Frankfurt/New York
Flam, H. (Hg.), 2007, Migranten in Deutschland: Statistiken – Fakten – Diskurse, Konstanz
Flick, U., E. von Kardoff, I. Steinke (Hg.), 2005, Qualitative Sozialforschung – ein Handbuch. Reinbek b. Hamburg
Forschungsgruppe Wahlen, Landtagswahlen in Sachsen und Brandenburg: NPD und DVU. 19. September 2004, online verfügbar unter http://www.forschungsgruppewahlen.de/Studien/Wahlanalysen/Kurzanalysen/Newsletter_NPD_DVU.pdf
Förster, P., Friedrich, W. et al., 1993, Jugend Ost: Zwischen Hoffnung und Gewalt, Opladen
Foucault, M., 1974, Die Ordnung des Diskurses, München
Foucault, M., 1979, Sexualität und Wahrheit, Erster Band, Frankfurt/M.
Frei, N., 2008, 1968. Jugendrevolte und globaler Protest, München
Freud, S., 2005, Drei Abhandlungen zur Sexualtheorie, Frankfurt/M. (zuerst 1904/05)
Friedan, B., 1966, Weiblichkeitswahn oder die Mystifizierung der Frau, Hamburg
Fuchs, W., 1985, Konfessionelle Milieus und Religiösität, in: Jugendliche + Erwachsene '85, Bd. 1, a.a.O., S. 265-304
Fyvel, T.R, 1961, Trouble Makers Rebellious Youth in an Affluent Society, New York
Gaiser, W. et al., 2001, Jugend und Politik. Entwicklungen in den 90er Jahren, in: Politische Bildung, Jg. 34, H. 4, S. 38-59
Gebhardt, W., R. Hitzler, M. Pfadenhauer (Hg.), 2000, Events, Opladen
Gehlen, A., 1993, Anthropologische und sozialpsychologische Untersuchungen, Reinbek
Geißler, R., 2005a, Die Metamorphose der Arbeitertochter zum Migrantensohn, in: P.A. Berger, H. Kahlert (Hg.), Institutionalisierte Ungleichheiten, Weinheim und München, S. 19-38
Geißler, R., 2005b, Die Sozialstruktur Deutschlands, 4. Aufl., Wiesbaden
Gellner, E., 1995, Nationen und Nationalismus. Berlin
Georg. W. (Hg.), 2006, Soziale Ungleichheiten im Bildungssystem, Konstanz
Gerlach, J., 2006, Zwischen Pop und Dschihad, Berlin
Geulen, D., H. Veith (Hg.), 1993, Sozialisationstheorie interdisziplinär, Stuttgart
Giddens, A., 1984, Interpretative Soziologie, Frankfurt/New York
Giesecke, H., 1981, Vom Wandervogel bis zur Hitlerjugend. Jugendarbeit zwischen Politik und Pädagogik, München
Giesecke, H., 1983, Die Jugendarbeit, 6. Aufl., München
Gille, M., W. Krüger (Hg.), 2000, Unzufriedene Demokraten. DJI-Jugendsurvey 2, Opladen
Gillis, J.R., 1984, Geschichte der Jugend. Tradition und Wandel der Altersgruppen und Generationen in Europa von der zweiten Hälfte des 18. Jhs. bis zur Gegenwart, 2. Aufl., Weinheim/Basel
Glaser, H., 1989, Kulturgeschichte der Bundesrepublik Deutschland. Zwischen Protest und Anpassung. München

Goffman, E., 1967/2002, Stigma. Über die Techniken der Bewältigung beschädigter Identität, 16. Aufl., Frankfurt/M.

Goffman, E., 1977, Rahmen-Analyse, Frankfurt

Goffman, E., 1994, Interaktion und Geschlecht, Frankfurt/New York

Göttlich, U. et al. (Hg.), 2007, Arbeit, Politik und Religion in Jugendkulturen. Weinheim und München

Griese, H.M., 1981, Jugendliche Gastarbeiterkinder: Situation und Problematik. Eine Literatur- und Forschungsdiskussion, in: Z. f. Päd., 27. Jg./1981, Nr. 3, S. 441-456

Griese, H.M., 1987, Sozialwissenschaftliche Jugendtheorien. Eine Einführung, 3. Aufl., Weinheim/Basel

Griese, H.M., 2000, Übergangsrituale im Jugendalter, Münster

Groenemeyer, A. (Hg.), 2002, Soziale Probleme – Konstruktivistische Kontroversen und gesellschaftliche Herausforderungen. Heft 1-2/2001 der Zeitschrift Soziale Probleme, 12. Jg, Herbolzheim

Groenemeyer, A., J. Mansel (Hg.), 2003, Die Ethnisierung von Alltagskonflikten, Opladen

Gröschel, R., M. Schmidt, 1990, Trümmerkids und Gruppenstunde. Zwischen Romantik und Politik. Jugend und Jugendverbandsarbeit in Berlin im ersten Nachkriegsjahrzehnt, Berlin

Gukenbiehl, H.L., 1999, Bezugsgruppen, in: B. Schäfers, (Hg.); Einführung in die Gruppensoziologie, 3. korr. Aufl., Heidelberg/Wiesbaden

Habermas, J., 1969, Protestbewegung und Hochschulreform, Frankfurt/M.

Habermas, J., 1995, Theorie des kommunikativen Handelns, 2 Bde., Frankfurt/M.

Hagemann-White, C., 2000, Sozialisation: männlich – weiblich? Alltag und Biografie von Mädchen, Bd. 1, 2. vollst. überarb. Neuaufl., Opladen

Hall, S., 1995, Adolescence, London

Halm, D., 2000, Tradition, soziale Ungleichheit und Devianz, in: Kriminologisches Journal. H. 4, 32. Jg., S. 286-292

Harris, M., 1989, Kulturanthropologie, Frankfurt/New York

Hebdige, D., 1979, Die Bedeutung des Mod-Phänomens, in: J. Clarke, a.a.O.

Hebdige, D., 1983, Subculture – die Bedeutung von Stil, in: D. Diedrichsen et al., Schokker – Stile und Moden der Subkultur, Hamburg, S. 8-120

Heckmann, F., 1992, Ethnische Minderheiten, Volk und Nation, Stuttgart

Heer, F., 1973, Werthers Weg in den Underground. Die Geschichte der Jugendbewegung, München et al.

Heinz, W.R., 2003, Jugendkriminalität in Deutschland. Kriminalstatistische und kriminologische Befunde. Aktualisierte Ausgabe Juli 2003, Konstanz, online verfügbar unter http://www.uni-konstanz.de/rtf/kik [14.07.05]

Heinz, W.R., H. Krüger, 1987, Hauptsache eine Lehrstelle, Weinheim

Heitmeyer, W. (Hg.), 2005, Deutsche Zustände. Folge 3, Frankfurt/M.

Heitmeyer, W. et al., 1993, Die Bielefelder Rechtsextremismus-Studie. Erste Langzeituntersuchung zur politischen Sozialisation männlicher Jugendlicher, 2. Aufl., Weinheim/München

Heitmeyer, W., 1987/1995, Rechtsextremistische Orientierungen bei Jugendlichen. Empirische Ergebnisse und Erklärungsmuster einer Untersuchung zur politischen Sozialisation, 5. Aufl., Weinheim/München (zuerst 1987)

Heitmeyer, W., H.-G. Soeffner (Hg.), 2004, Gewalt. Entwicklungen, Strukturen, Analyseprobleme, Frankfurt/M.

Heitmeyer, W., Olk, T. (Hg.), 1990, Individualisierung von Jugend. Gesellschaftliche Prozesse, subjektive Verarbeitungsformen, jugendpolitische Konsequenzen, Weinheim/München

Heitmeyer, W., P. Imbusch, 2005 (Hg.), Integrationspotenziale einer modernen Gesellschaft, Wiesbaden

Helfferich, C., 1994, Jugend, Körper und Geschlecht, Opladen

Helfferich, C., 2006, Biografien und Lebenslauf, in: A. Scherr (Hg.), Soziologische Basics, Wiesbaden, S. 29-34

Herbert, U., 2001, Geschichte der Ausländerpolitik in Deutschland, München

Herrmann, U., 1987, Das Konzept „Generation" – Ein Forschungs- und Erklärungsansatz für die Erziehungs- und Bildungssoziologie und die Historische Sozialisationsforschung, in: Neue Sammlung 27, S. 364-377

Hitzler, R., 2001, Techno-Soziologie, Opladen

Hitzler, R., 2007, Freizeitspaß und Kompetenzaneignung, in: Göttlich u.a. a.a.O., S. 57-68

Hitzler, R., M. Pfadhauer, 1998, Let your body take control. Zur ethnographischen Kulturanalyse der Techno-Szene, in: R. Bohnsack, W. Marotzki (Hg.), Biographieforschung und Kulturanalyse, Opladen, S. 75-92

Hitzler, R., Th. Bucher, A. Niederbacher, 2000, Jugendszenen in Nordrhein-Westfalen. Strukturen und Veränderungen. Düsseldorf (Expertise zum 7. Kinder- und Jugendbericht der Landesregierung NRW)

Hitzler, R., Th. Bucher, A. Niederbacher, 2001, Leben in Szenen: Formen jugendlicher Vergemeinschaftung heute, Opladen

Hitzler, R., Th. Bucher, A. Niederbacher, 2005, Leben in Szenen, 2. aktual. Aufl., Wiesbaden

Hoffmann, D., H. Merkens (Hg.), 2004, Jugendsoziologische Sozialisationstheorie, Weinheim/München

Hoffmann, D., W. Schubarth, M. Lohmann (Hg.), 2008, Jungsein in einer alternden Gesellschaft. Weinheim und München

Hofstätter, P.R., 1975, Fieber und Heil in der Jugendbewegung in: Jugend in der Gesellschaft. Ein Symposion, München, S. 118-153

Holert, T., M. Terkessidis (Hg.), 1996, Mainstream der Minderheiten, Berlin/Amsterdam

Hollingshead, A.B., 1949, Elmtown Youth – The Impact of Social Classes on Adolescents, New York

Hollstein. W., 1969, Der Untergrund. Zur Soziologie jugendlicher Protestbewegungen, Neuwied/Berlin

Hopf, C., 2005, Frühe Bindungen und Sozialisation, Weinheim/München

Hormel, U., 2007, Diskriminierung in der Einwanderungsgesellschaft, Wiesbaden

Hormel, U., A. Scherr, 2003, Was heißt „Ethnien" und „ethnische Konflikte" in der modernen Gesellschaft, in: A. Gronemeyer, J. Mansel (Hg.), a.a.O., S. 47-68

Hormel, U., A. Scherr, 2004, Bildung für die Einwanderungsgesellschaft, Wiesbaden

Horn, K., 1967, Dressur oder Erziehung. Schlagrituale und ihre gesellschaftliche Funktion, Frankfurt/M.

Hornstein, W., 1965, Vom „Jungen Herrn" zum „Hoffnungsvollen Jüngling". Wandlungen des Jugendlebens im 18. Jh., Heidelberg

Hornstein, W., 1966, Jugend in ihrer Zeit. Geschichte und Lebensformen des jungen Menschen in der europäischen Welt, Hamburg

Hornstein, W., 1985, Jugend. Strukturwandel im gesellschaftlichen Wandlungsprozeß, in: S. Hradil (Hg.), Sozialstruktur im Umbruch, Opladen

Hornstein, W., 1990, Aufwachsen mit Widersprüchen. Jugendsituation und Schule heute, Stuttgart

Hornstein, W., 2002, Jugendforschung und Jugendpolitik, Weinheim/München

Hummrich, M., 2002, Bildungserfolg und Migration: Biographien junger Frauen in der Einwanderungsgesellschaft, Opladen

Hurrelmann, K. (Hg.), 1974, Soziologie der Erziehung, Weinheim und Basel

Hurrelmann, K., 2003, Der entstrukturierte Lebenslauf, in: Zeitschrift für Soziologie der Erziehung und Sozialisation, H. 2, 23. Jg., S. 115-126

Hurrelmann, K., 2004, Lebensphase Jugend. Eine Einführung in die sozialwissenschaftliche Jugendforschung, 7. vollst. überarb. Aufl., Weinheim (zuerst 1985)

Hurrelmann, K., D. Ulich, (Hg.), 2002, Handbuch der Sozialisationsforschung, 6. unveränd. Aufl., Weinheim/Basel (zuerst 1980)

Hurrelmann, K., M. Albert (Hg.), 2002, Jugend 2002. 14. Shell-Jugendstudie, Frankfurt/M.

Hurrelmann, K., M. Albert (Hg.), 2006, Jugend 2006. 15. Shell-Jugendstudie: Eine pragmatische Generation unter Druck, hg. vom Jugendwerk der Deutschen Shell. Frankfurt/M.

Hurrelmann, K., M. Grundmann, S. Walper (Hg.), 2008, Handbuch Sozialisationsforschung, Weinheim

Hurrelmann, K., S. Andresen, 2007, Kinder in Deutschland 2007, Frankfurt/M.

Hutzel, M., 2005, Clans und Gilden – Empirische und theoretische Untersuchung von virtuellen Spielgemeinschaften, Karlsruhe (unveröffentlichtes Manuskript)

Illies, B., 2005, Generation Golf, Frankfurt/M.

Inglehart, R., 1977, The silent Revolution, Pinceton University Press

Inglehart, R., 1979, Wertwandel und politisches Verhalten, in: Sozialer Wandel in Westeuropa. Verhandlungen des 19. Dt. Soziologentages (Berlin 1979), Frankfurt/M., S. 505-533

JIM-Studie, 2004, Jugend, Information, (Multi-)Media, hg. vom Medienpädagogischen Forschungsverbund Südwest, Stuttgart; online verfügbar unter http://www.mpfs.de/studien/jim/index_jim.html

JIM-Studie, 2007, Jugend, Information, (Multi-)Media. Basisuntersuchung zum Medienumgang 12- bis 19jähriger, hg. vom Medienpädagogischen Forschungsverbund Südwest, Stuttgart; online verfügbar unter http://www.mpfs.de/fileadmin/JIM-pdf07/JIM-Studie2007.pdf

Jugend '81, Lebensentwürfe, Alltagskulturen, Zukunftsbilder, 1981, hg. vom Jugendwerk der Deutschen. Shell, (Gesamtkonzeption d. Studie: A. Fischer u.a.), 3 Bde., Hamburg

Jugend '92, Lebenslagen, Orientierungen und Entwicklungsperspektiven im vereinigten Deutschland, hg. vom Jugendwerk der Deutschen Shell, 4 Bde., Opladen 1992

Jugend '97, Zukunftsperspektiven. Gesellschaftliches Engagement. Politische Orientierungen, hg. vom Jugendwerk der Deutschen Shell (12. Shell-Jugendstudie). Gesamtkonzeption: A. Fischer und R. Münchmeier, Opladen 1997

Jugend 2000, hg. vom Jugendwerk der Deutschen Shell (13. Shell-Studie), 2 Bde., Opladen 2000

Jugendliche + Erwachsene '85. Generationen im Vergleich, 1985 (10. Jugendstudie des Jugendwerks der Deutschen Shell) 5 Bde., Opladen

Kaesler, D. (Hg.), 1999, Klassiker der Soziologie 2 – von Talcott Parsons bis Pierre Bourdieu, München

Kaufmann, F.-X., B. Schäfers, (Hg.), 1988, Religion, Kirchen und Gesellschaft in Deutschland, SH 5 der Zeitschrift GEGENWARTSKUNDE, Opladen

Kaufmann, F.-X., G. Stachel, 1981, Religiöse Sozialisation, in: Christlicher Glaube in moderner Gesellschaft, Teilband 25, 4. Aufl., Freiburg et al., S. 117-164

Kaufmann, J.-C., 2005, Die Erfindung des Ich, Konstanz

Keddi, B., 2004, Junge Frauen: Vom doppelten Lebensentwurf zum biografischen Projekt, in: R. Becker, B. Kortendiek (Hg.), a.a.O., S. 378-383

Keil, S., 1989, Religiöse Überzeugungen und kirchliche Partizipation der Jugend, in:

Keim, W., 1995, Erziehung unter der Nazi-Diktatur, Darmstadt

Kelle, H., 2004, Mädchen: Zur Entwicklung der Mädchenforschung, in: R. Becker, B. Kortendiek (Hg.), a.a.O., S. 360-369

Kersten, J., 1997, Gut und Geschlecht, Berlin/New York

234

Kersting, F.-W., 2002, Helmut Schelskys „Skeptische" Generation von 1957. Zur Publikations- und Wirkungsgeschichte eines Standardwerkes, in: Vierteljahreszeitschrift für Zeitgeschichte, Jg. 50, Heft 3, S. 465-495

Keupp, H., 1999, Identitätskonstruktionen, Reinbek bei Hamburg

Keupp, H., 2005, Wie heute Identität geschaffen wird, in: B. Hafeneger (Hg.), Subjektdiagnosen, Bad Schwalbach, S. 60-94

Keupp, H., 1998, Diskursarena Identität, In: H. Keupp, R. Höfer, Identitätsarbeit heute, Frankfurt/M., S. 11-39

Key, Ellen, 1992, Das Jahrhundert des Kindes, Weinheim (zuerst 1902)

Kiesel, D., A. Scherr, W. Thole (Hg.), 1998, Standortbestimmung Jugendarbeit, Bad Schwalbach

Kindt, W. (Hg.), 1963, Grundschriften der Jugendbewegung, Dokumentation der Jugendbewegung I, Düsseldorf/Köln

Kindt, W. (Hg.), 1968, Die Wandervogelzeit, Quellenschriften zur deutschen Jugendbewegung 1896-1919, Dokumentation der Jugendbewegung II, Düsseldorf/Köln

Kindt, W. (Hg.), 1974, Die deutsche Jugendbewegung 1920-1933 – Die bündische Zeit, Dokumentation der Jugendbewegung III, Düsseldorf/Köln

King, V., 2000, Adoleszenz und die Konzepte geschlechtsbezogener Jugendarbeit, in: V. King, B.K. Müller, (Hg.), Adoleszenz und pädagogische Praxis, Freiburg, S. 37-57

Klages, H., 2001, Werte und Wertwandel, in: B. Schäfers, W. Zapf (Hg.), Handwörterbuch zur Gesellschaft Deutschlands, 2. verb. und erw. Aufl., Opladen, S. 726-738

Klein, G., 1999, Electronic vibration: Pop Kultur Theorie, Hamburg

Klein, G., M. Friedrich, 2003, Is this real? Die Kultur des Hip-Hop, Frankfurt/M.

Kleinert, C., 2004, Fremdenfeindlichkeit, Wiesbaden

Klönne, A., 1990, Jugend im Dritten Reich – die Hitler-Jugend und ihre Gegner, Köln

Kluge, N., 1998, Sexualverhalten Jugendlicher heute, Weinheim/München

Knobloch. H., 1999, Religionssoziologie, Berlin

Knoll, J.H., J.H. Schoeps (Hg.), 1988, Typisch deutsch: Die Jugendbewegung. Beiträge zu einer Phänomengeschichte, Opladen

Knoop-Graf, I. (Hg.), 1988, Briefe und Aufzeichnungen, Frankfurt/M.

Kock, K., 2008, Auf Umwegen in den Beruf, Dortmund

Koebner, Th., R. Janz, F. Trommler (Hg.), 1985, „Mit uns zieht die neue Zeit". Der Mythos Jugend, Frankfurt/M.

Kohli, M., G. Robert, 1984, Rekonstruktion von Lebenskonstruktionen, in: Dies. (Hg.), Biographie und soziale Wirklichkeit, Stuttgart, S. 1-46

Kohlstruck, M., 2004, Rechtsextreme Jugendliche und Gewalt, Berlin

Konsortium Bildungsberichterstattung, 2006, Bildung in Deutschland, Bielefeld

Krafeld, F.-J., 1984, Geschichte der Jugendarbeit: von den Anfängen bis zur Gegenwart, Weinheim u.a.

Krappmann, L., 2000, Soziologische Dimensionen der Identität. Strukturelle Bedingungen für die Teilnahme an Interaktionsprozessen, 9. veränd. Auflage, Stuttgart

Krasmann, S., 2003, Die Kriminalität der Gesellschaft, Konstanz

Kraushaar, W., 1998, 1968. Das Jahr, das alles verändert hat, München

Krekel-Eiben, E.M., J.G. Ulrich, 1993, Berufschancen von Jugendlichen in den neuen Bundesländern, in: Beilage zur Wochenzeitung Das Parlament, B 19/93

Krüger, H.-H. (Hg.), 1993, Handbuch der Jugendforschung, 2. erw. Aufl., Opladen

Kümmel, F., o.J., Kommentar zu den Thesen Mut zur Erziehung, http://www.friedrich-kuemmel.de/doc/MutzurErziehung.pdf

Lamnek, S., 1997, Neue Theorien abweichenden Verhaltens, 2. Aufl., Stuttgart

Lamnek, S., 2001, Theorien abweichenden Verhaltens.

Langbehn, A.J., 1943, Rembrandt als Erzieher, Weimar

Langer, S.K., 1984, Philosophie auf neuem Wege: das Symbol im Denken, im Ritus und in der Kunst. Frankfurt/M.

Laqueur, W., 1978, Die deutsche Jugendbewegung: eine historische Studie, Köln

Lebenslagen in Deutschland – Der 3. Armuts- und Reichtumsbericht der Bundesregierung, 2008, hg. vom Bundesministerium für Arbeit und Soziales

Lemert, E.M., 1951, Social Pathology, New York

Lenk, H., 1983, Eigenleistung. Plädoyer für eine positive Leistungskultur, Osnabrück

Lenz, K., 1988, Die vielen Gesichter der Jugend: jugendliche Handlungstypen in biographischen Portraits, Frankfurt/M.

Lessing, H., 1974, Jugendsoziologie in der Klassengesellschaft, in: H. Lessing, M. Liebel, Jugend in der Klassengesellschaft, München. S. 26-38

Levi, G., J.-G. Schmitt, 1996, Geschichte der Jugend, 2 Bde., Frankfurt/M.

Liebel, M., 2001, Kindheit und Arbeit. Frankfurt/M.

Linde, H., 1984, Theorie der säkularen Nachwuchsbeschränkung 1800 bis 2000, Frankfurt/M.

Lindner, R., 1979, Editorial, in J. Clarke, a.a.O., S. 6-19

Lindner, R., 1981, Jugendkultur und Subkultur als soziologische Konzepte, in: M. Brake, a.a.O., S. 172-193

Linse, U., 1983, Zurück, o Mensch, zur Mutter Erde. Landkommunen in Deutschland 1890-1933, München

Luckmann, T., 1991, Die unsichtbare Religion, Frankfurt/M. (zuerst dt. 1963 unter anderem Titel; dann engl. 1967: The Invisible Religion)

Luckmann, T., H. Döring, P.M. Zulehner, 1981, Anonymität und persönliche Identität, in: Christlicher Glaube in Moderner Gesellschaft, Teilband 25, 2. Aufl., Freiburg et al., S. 6-38

Lüdemann, C., T. Ohlemacher, 2002, Soziologie der Kriminalität, Weinheim/München

Luhmann, N., 1986, Ökologische Kommunikation., Opladen

Luhmann, N., 1987, Sozialisation und Erziehung, in: Ders., Soziologische Aufklärung 4, Opladen, S. 173-181

Luhmann, N., 1993, Individuum, Individualität, Individualismus, in: Ders., Gesellschaftsstruktur und Semantik, Frankfurt/M., S. 149-258

Luhmann, N., 1995, Das Kind als Medium der Erziehung, in: Ders., Soziologische Aufklärung 6, Wiesbaden, S. 204-222

Luhmann, N., 2002, Einführung in die Systemtheorie, Heidelberg

Luhmann, N., 2005, Einführung in die Theorie der Gesellschaft, Heidelberg

MacLeod, J., 1995, Ain't No Making it, Westview

Maerker, R., 1969, Jugend im anderen Teil Deutschlands, München

Mannheim, K., 1928/1972, Das Problem der Generationen, in: L. v. Friedeburg (Hg.), Jugend in der modernen Gesellschaft, Köln/Berlin, S. 23-48

Mansel, J., H.M. Griese, A. Scherr (Hg.), 2003, Theoriedefizite der Jugendforschung. Standortbestimmung und Perspektiven, Weinheim/München

Marcuse, H., 1967/2004, Der eindimensionale Mensch: Studien zur Ideologie der fortgeschrittenen Industriegesellschaft

Markefka, M., 1967, Jugend. Begriffe und Formen in soziologischer Sicht, Neuwied

Markefka, M., R. Nave-Herz (Hg.), 1989, Handbuch der Familien- und Jugendforschung, Bd. 2: Jugendforschung, Neuwied/Frankfurt

Marx, K., 1890/1972, Das Kapital. Band I. Berlin

Matthes, J, 1973, Einführung in das Studium der Soziologie, Reinbek bei Hamburg

Matza, D., 1973, Abweichendes Verhalten. Stuttgart

McDonald, K., 1999, Struggles for Subjectivity, Cambridge University Press

McRobbie, A., J. Garbner, 1979, Mädchen in den Subkulturen, in: J. Clarke et al. (Hg.), Jugendkultur als Widerstand, Frankfurt/M., S. 217-237

Mead, G.H., 1934/1968, Geist, Identität und Gesellschaft, Frankfurt/M.
Mead, G.H., 1995, Geist, Identität und Gesellschaft aus der Sicht des Sozialbehaviorismus, 10. Aufl., Frankfurt/M. (amerik. Orig. 1934)
Mead, M., 1928/1970, Jugend und Sexualität in primitiven Gesellschaften, 3 Bde., dtv-Wissenschaft, München
Mead, M., 1974, Der Konflikt der Generationen. Jugend ohne Vorbild, München (dtv Bd. 1042; amerik. Orig. 1969)
Menrath, S., 2001, Represent what. Performativität im Hip-Hop, Berlin
Merton, R.K., 1968, Sozialstruktur und Anomie, in: R. König (Hg.), Kriminalsoziologie, Neuwied, S. 283-313
Meuser, M., 2004, Junge Männer: Aneignung und Reproduktion von Männlichkeit, in: R. Becker, B. Kortendiek (Hg.), a.a.O., S. 370-377
Misoch, S., 2004, Identitäten im Internet. Selbstdarstellung auf privaten Homepages, Konstanz
Mitterauer, M., 1986, Sozialgeschichte der Jugend, Frankfurt/M.
Mogge, W., J. Reulecke, 1988 „Wann wir schreiten Seit' an Seit' ...". Das Phänomen „Jugend" in der deutschen Jugendbewegung, in: J.H. Knoll, J.H. Schoeps (Hg.), a.a.O., S. 35-55
Möller, K., 2001, Extremismus, in: B. Schäfers,W. Zapf (Hg.), Handwörterbuch zur Gesellschaft Deutschlands, 2. Aufl., Opladen, S. 194-207
Möller, K., Schumacher, N., 2007, Rechte Glatzen, Wiesbaden
Moser, T., 1987, Jugendkriminalität und Gesellschaftsstruktur. Zum Verhältnis von soziologischen, psychologischen und psychoanalytischen Theorien des Verbrechens, Frankfurt/M.
Müller, R. et al., 2002, Wozu Jugendliche Musik und Medien gebrauchen, Weinheim/ München
Münchmeier, R., 1998, „Entstrukturierung" der Jugendphase, in: Aus Politik und Zeitgeschichte, B 31/98, S. 3-13
Neckel, S., F. Sutterlüty, 2005, Negative Klassifikationen – Konflikte um die symbolische Ordnung sozialer Ungleichheit, in: Heitmeyer/Imbusch a.a.O., S. 409-428
Neidhardt, F., 1970, Die Junge Generation, Opladen
Neumann-Braun, S., B. Richard (Hg.), 2005, Coolhunters. Jugendkulturen zwischen Medien und Markt, Frankfurt/M.
Niethammer, L., 2000, Kollektive Identität, Reinbek bei Hamburg
Nietzsche, F., 1874, Unzeitgemässe Betrachtungen, Band: 2, Vom Nutzen und Nachtheil der Historie für das Leben, Leipzig
Nohl, H., 1935/1961, Die pädagogische Bewegung in Deutschland und ihre Theorie, Frankfurt
Nunner-Winkler, G., 1990, Jugend und Identität als pädagogisches Problem, in: Zeitschrift für Pädagogik, S. 23-36
Oerter, R. (Hg.), 1985, Lebensbewältigung im Jugendalter, Weinheim
Olenhusen, I.G. v., 1987, Jugendreich, Gottesreich, Deutsches Reich: junge Generation, Religion und Politik, Köln
Olk, Th., 1985, Jugend und gesellschaftliche Differenzierung. Zur Entstrukturierung der Jugendphase, in: H. Heidt, W. Klafki (Hg.), Arbeit-Bildung-Arbeitslosigkeit, Weinheim/Basel, S. 290-307
Opaschowski, H.W., 1999, Generation @, Hamburg
Otto, H.-U., R. Merten (Hg.), 1993, Rechtsradikale Gewalt im vereinigten Deutschland. Jugend im gesellschaftlichen Umbruch, Opladen
Panke, M., 2005, Arbeiten lernen, Wiesbaden
Paris, R., 1990, Erzwungene Gegenwartsorientierung, in: Prokla, H., 80, S. 7-27
Parsons, T., 1940/1968: Soziale Klassen und Klassenkampf im Lichte der neueren soziologischen Theorie, in: Ders., Beiträge zur soziologischen Theorie. Neuwied, S. 206-222

Parsons, T., 1942/1968, Alter und Geschlecht in der Sozialstruktur der Vereinigten Staaten, in: Ders., Beiträge zur soziologischen Theorie, Neuwied, S. 65-83

Parsons, T., 1965, Jugend im Gefüge der amerikanischen Gesellschaft, in: L.v. Friedeburg, (Hg.), a.a.O., S. 131-155 (amerik. Orig. 1962)

Peuckert, R., 2004, Familienformen im sozialen Wandel, 5. überarb. und erw. Aufl., Wiesbaden

Peuker, D., 1987, Die Weimarer Republik, Frankfurt/M.

Pfadenhauer, M., 2007, Die ‚Kamele des lieben Gottes'. In Göttlich u.a., a.a.O., S. 133-145

Pfaff, N., 2007, Politisierung in jugendkulturellen Kontexten, In: Göttlich u.a,. a.a.O., S. 101-116

Plessner, H., 1976, Die Frage nach der Conditio humana. Aufsätze zur philosophischen Anthropologie, Frankfurt/M.

Popitz, H., 1995, Der Aufbruch zur artifiziellen Gesellschaft: Zur Anthropologie der Technik, Stuttgart

Popitz, H., 2006, Über die Präventivwirkung des Nichtwissen. In: Ders.: Soziale Normen. Frankfurt/M, S. 158-174

Popp, U., 1994, Geteilte Zukunft. Lebensentwürfe von deutschen und türkischen Schülerinnen und Schülern, Leverkusen

Prenzel, M., J. Baumert, W. Blum (Hg.), 2003, PISA 2003, München

Preuss-Lausitz, U. et al., 1983, Kriegskinder, Konsumkinder, Krisenkinder. Zur Sozialisationsgeschichte seit dem Zweiten Weltkrieg, Weinheim/Basel

Projektgruppe Jugendbüro, 1977, Die Lebenswelt von Hauptschülern, Weinheim/München

Pross, H., 1964, Jugend, Eros, Politik, Geschichte der deutschen Jugendverbände, Bern/München/Wien

Rapsch, A. 2004, Soziologie der Freundschaft: historische und gesellschaftliche Bedeutung von Homer bis heute, Stuttgart

Rassem, M., 1975, Entdeckung und Formierung der Jugend in der Neuzeit, in: Jugend in der Gesellschaft. Ein Symposion, dtv Bd. 1063, S. 98-117

Reimann, H., H. Reimann, (Hg.), 1987, Die Jugend, 2. völlig neu bearb. Aufl., Opladen

Reinfandt, K.-H. (Hg.), 1987, Die Jugendmusikbewegung. Impulse und Wirkungen, Wolfenbüttel/Zurich

Reulecke, J., 1985, Männerbund versus Familie. Bürgerliche Jugendbewegung und Familie in Deutschland im ersten Drittel des 20. Jahrhunderts, in: Th. Koebner et al. (Hg.), a.a.O., S. 199-223

Riegel, C., 2004, Im Kampf um Anerkennung und Zugehörigkeit, Münster

Riesman, D., 1964, Die einsame Masse. Eine Untersuchung der Wandlungen des amerikanischen Charakters, Reinbek (amerik. Orig. 1950)

Rink, D., 2002, Beunruhigende Normalisierung: Zum Wandel der Jugendkulturen, in: Aus Politik und Zeitgeschichte, B. 5/2002, S. 3-6

Ritsert, J., 1998, Der Kampf um das Surplusprodukt. Einführung in die klassischen Klassenbegriff, Frankfurt/New York

Ritsert, J., 2001, Soziologie des Individuums, Darmstadt

Rose, L., 2004, Gender-Mainstreaming in der Kinder- und Jugendhilfe, Münster

Rose, L., M. Schulz, 2007, Gender-Inszenierungen im pädagogischen Alltag, Köln

Rosenmayr, L., 1976, Jugend, in: R. König, (Hg.), Handbuch der empirischen Sozialforschung Bd. 6, 2. völlig neubearb. Aufl., Stuttgart

Rosenmayr, L., 1979, Jugend und sozialer Wandel, in: J.C. Welbergen (Hg.), a.a.O.

Roth, L., 1983, Die Erfindung des Jugendlichen, Frankfurt/M.

Roth, R., 2002, Globalisierungsprozesse und Jugendkulturen, in: Aus Politik und Zeitgeschichte, B 5/2002, S. 20-27

Roth, R., D. Rucht (Hg.), 2000, Jugendkulturen, Politik und Protest, Opladen

Rousseau, J.-J., 1762/1978, Emil oder über die Erziehung, Paderborn
Rübenach, S., 2007, Todesursache Suizid, in: Statistisches Bundesamt. Wirtschaft und Statistik 10/2007, S. 960-971
Rucht, D., R. Roth, 2000, Weder Rebellion noch Anpassung. Jugendproteste in der Bundesrepublik 1950-1994, in: Dies. (Hg.), Jugendkulturen, Politik und Protest, Opladen, S. 283-304; S. 218-235; S. 377-396
Sack, F., 1973, Abweichendes Verhalten – Folgerungen für die Sozialarbeit, in: H.U. Otto, S. Schneider (Hg.) Gesellschaftliche Perspektiven der Sozialarbeit. Bd. 1., Berlin, S. 129-138
Sackmann, R., A., Weymann, 1994, Die Technisierung des Alltags, Frankfurt/New York
Schacht, L., 1987, Psychische Probleme und Krisen Jugendlicher, in: H. und H. Reimann (Hg.), a.a.O., S. 141-156
Schäfers, B., 1983, Gruppenbildung als Reflex auf gesamtgesellschaftliche Entwicklungen am Beispiel der deutschen Jugendbewegung, in: F. Neidhardt, (Hg.), Gruppensoziologie. Perspektiven und Materialien, SH 25 der KZfSS, S. 106-125
Schäfers, B., 1998, Sozialstruktur und sozialer Wandel der Bundesrepublik Deutschland, 7., völlig neu bearb. und erw. Aufl., Stuttgart
Schäfers, B. (Hg.), 1999, Einführung in die Gruppensoziologie, Geschichte – Theorien – Analysen, 3. korr. Aufl., Heidelberg
Schäfers, B., 2003, Die „Skeptische Generation" von Helmut Schelsky – revisited nach 45 Jahren, in: J. Mansel et al. (Hg.), a.a.O., S. 31-40
Schäfers, B., 2004, Sozialstruktur und sozialer Wandel in Deutschland, 8. aktualis. Aufl., Stuttgart
Schelsky, H., 1963, Die skeptische Generation. Eine Soziologie der deutschen Jugend, Düsseldorf/Köln (zuerst 1957)
Scherr, A., 1994, Individualisierung bei Jugendlichen, in: Gegenwartskunde, Jg. 43
Scherr, A., 1995, Soziale Identitäten Jugendlicher, Opladen
Scherr, A., 1996, Zum Stand der Debatte über Jugend und Rechtsextremismus., in: W. Falter, H.-G. Jaschke, J.R. Winkler (Hg.), Rechtsextremismus. Sonderheft der Politischen Vierteljahresschrift (PVS), S. 97-120
Scherr, A., 1997, Subjektorientierte Jugendarbeit. Eine Einführung in die Grundlagen emanzipatorischer Jugendpädagogik, Weinheim/München
Scherr, A., 1998, Individualisierung und gesellschaftliche Desintegration, in: Gegenwartskunde, H. 2, S. 155-168
Scherr, A., 2001, Bedingungen und Formen von Fremdenfeindlichkeit und Rechtsextremismus, in: Gegenwartskunde, H. 2, S. 173-186
Scherr, A., 2003, Konturen einer genuin soziologischen Jugendforschung, in: J. Mansel, H.M. Griese, A. Scherr (Hg.), a.a.O., S. 49-66
Scherr, A., 2004a, Selbstsozialialisation in der polykontexturalen Gesellschaft, in: D. Hoffmann, H. Merkens (Hg.), Jugendsoziologische Sozialisationstheorie, Weinheim und München, S. 221-236
Scherr, A., 2004b, Subjektbildung, in: H.-U. Otto, ,T. Coelen (Hg.): Grundbegriffe zur Ganztagsbildung. Beiträge zu einem neuen Bildungsverständnis in der Wissensgesellschaft, Wiesbaden, S. 85-98
Scherr, A., 2004c, Gewalt und soziale Ausgrenzung in der ‚postindustriellen Wissensgesellschaft', in. W. Heitmeyer, H.-G. Soeffner (Hg.), Gewalt, Frankfurt/M., S. 202-226
Scherr, A., 2006, Sozialisation, Person, Individuum, in: H. Korte, B. Schäfers (Hg.), Einführung in die Hauptbegriffe der Soziologie, Wiesbaden, S. 45-66
Scherr, A., 2008a, Kinder- und Jugendbildung, in: H. Faulstich-Wieland, P. Faulstich (Hg.), Erziehungswissenschaft. Ein Grundkurs, Reinbek, S. 470-488
Scherr, A., 2008b, Jugendkriminalität – eine Folge sozialer Armut und sozialer Benachteiligung?, in: B. Dollinger/ H. Schmidt-Semisch a.a.O (im Druck)

Scherr, A., B. Schäuble, 2008, „Ich habe nichts gegen Juden, aber …", Berlin

Scheuch, E.K., 1975, Die Jugend gibt es nicht. Zur Differenziertheit der Jugend in heutigen Industriegesellschaften, in: Jugend in der Gesellschaft, 1063, S. 5478

Schimank, U., U. Volkmann (Hg)., 2000, Soziologische Gegenwartsdiagnosen I, Opladen

Schimank, U., U. Volkmann, (Hg.), 2002, Soziologische Gegenwartsdiagnosen II, Opladen

Schleiermacher, F.E.D., 1826/1959, Theorie der Erziehung, in: Ders., Ausgewählte Pädagogische Schriften, Paderborn, S. 36-243

Schneewind, K.A., 2008, Sozialisation in der Familie, in: K. Hurrelmann u.a. a.a.O., S. 256-273

Schock und Schöpfung. Jugendästhetik im 20. Jahrhundert, 1986, hg. vom Deutschen Werkbund e.V. und Württembergischen Kunstverein, Darmstadt/Neuwied

Schulze, G., 2000, Die Erlebnisgesellschaft. Kultursoziologie der Gegenwart, 8. Aufl., Frankfurt/New York (zuerst 1992)

Schumann, K.F., 2002. Ausbildung, Arbeit und kriminalisierbares Verhalten, in: R. Anhorn (Hg.), Kritische Kriminologie und Soziale Arbeit, Weinheim, S. 147–168

Schumann, K.F. (Hg.), 1992, Delinquenz im Lebensverlauf, Weinheim und München

Schütz, A., 1979, Strukturen der Lebenswelt, Band 1, Frankfurt/M.

Schütz, A., 1984, Strukturen der Lebenswelt, Band 2, Frankfurt/M.

Schweer, T., H. Strasser, 1995, Drogenmarkt Deutschland: Die Szene im Wandel, in: Beilage zur Wochenzeitung Das Parlament, B 9/95, S. 3-12

Schwendter, R., 1993, Theorie der Subkultur. Mit einem neuen Nachwort, Frankfurt/M.

Schwersenz, J., E. Wolff., 1969, Jüdische Jugend im Untergrund. Eine zionistische Gruppe in Deutschland während des Zweiten Weltkrieges, Tel Aviv

Schwier, J., 2000, Sport als populäre Kultur, Hamburg

Schwier, J., 2005, Sport und soziale Ungleichheit, Gießen

Schwonke, M., 1981, Sozialisation und Sozialstruktur, Studienreihe Politik, hg. von H. Giesecke, Bd. 3, 2. Aufl., Stuttgart

Seidelmann, K., 1955, Bund und Gruppe als Lebensformen der deutschen Jugend, München (1970/71 in 2 Bänden: Gruppe – soziale Grundform der Jugend)

Sennett, R., 1998, Der flexible Mensch und die Kultur des neuen Kapitalismus, Berlin

Shorter, E., 1988, Jugend, Gewalt und Kontrolle in drei Jahrhunderten, in: W. Ferchhoff, T. Olk (Hg.): Jugend im internationalen Vergleich, Weinheim/München, S. 45-51

Sieppmann, E. (Hg.), 1986, Heiss und Kalt. Die Jahre 1945-69, Berlin

Silbereisen, R.K., L.A. Vaskovics, J. Zinnecker (Hg.), 1996, Jungsein in Deutschland. Jugendliche und junge Erwachsene 1991 und 1996, Opladen

Simmel, G., 1917/1984, Grundfragen der Soziologie, Berlin/New York

Sinus-Institut, 1983, Die verunsicherte Generation, Opladen

Sinus-Institut, 2008, Sinus-Milieustudie 2007, www.sinus.de

Sozialgesetzbuch; online verfügbar unter http://bundesrecht.juris.de/bundesrecht/sgb_8/gesamt.pdf

Spode, H., 2001, Die Macht der Trunkenheit. Kultur- und Sozialgeschichte des Alkohols in Deutschland, 2. überarb. und aktualis. Aufl., Opladen

Spranger, E., 1924/1979, Psychologie des Jugendalters, Heidelberg

Statistisches Bundesamt, 2006, Fachserie 1, Reihe 2.2., Bevölkerung mit Migrationshintergrund. www.destatis.de

Statistisches Bundesamt, 2008, Einbürgerungen – Fachserie 1 Reihe 2.1, 2007, online verfügbar unter www.destatis.de

Statistisches Bundesamt: Absolventen/Abgänger nach Abschlussarten, 2008; online verfügbar unter http://www.destatis.de/jetspeed/portal/cms/Sites/destatis/Internet/DE/Content/Statistiken/BildungForschungKultur/Schulen/Tabellen/Content100/AllgemeinbildendeSchulenAbschlussart,templateId=renderPrint.psml

Statistisches Bundesamt: Gebiet und Bevölkerung – Ausländische Bevölkerung, 2008; online verfügbar unter http://www.statistik-portal.de/Statistik-Portal/de_jb01 jahrtab2. asp
Statistisches Bundesamt: Rechtspflege. Strafverfolgung. Lange Reihe über verurteilte Deutsche und Ausländer nach Art der Straftat, Altersklasse und Geschlecht. 1976-2006. Wiesbaden 2007
Statistisches Jahrbuch 1995 für die Bundesrepublik Deutschland, hg. vom Statistischen Bundesamt, Wiesbaden 1995
Statistisches Jahrbuch 2001 für die Bundesrepublik Deutschland, hg. vom Statistischen Bundesamt, Wiesbaden 2001
Statistisches Jahrbuch 2004 für die Bundesrepublik Deutschland, hg. vom Statistischen Bundesamt, Wiesbaden 2004
Statistisches Jahrbuch 2007 für die Bundesrepublik Deutschland, hg. vom Statistischen Bundesamt, Wiesbaden 2007
Stehr, J., 2002, Außerstrafrechtliche Reaktionen auf Kriminalität, in: R. Anhorn, D. Betttinger (Hg.), Kritische Kriminologie und Soziale Arbeit, Weinheim/München, S. 189-200
Stierlin, H., 1980, Eltern und Kinder. Das Drama von Trennung und Versöhnung im Jugendalter, Frankfurt (amerik. Orig. 1974)
Stiksrud, A., 1994, Jugend im Generationen-Kontext, Opladen
Stöss, R., O. Niedermeyer, 1998, Rechtsextremismus, politische Zufriedenheit und das Wählerpotential rechtsextremer Parteien in der Bundesrepublik im Frühsommer 1998. Arbeitspapiere des Otto-Stammer-Zentrums Nr.1, Freie Universität Berlin
Strafgesetzbuch; online verfügbar unter http://bundesrecht.juris.de/stgb/bgb/gesamt.pdf
Sutherland, E.H., 1947, Principlex of Criminology, 4. Aufl., Philadelphia (zuerst 1939)
Taylor, C., 1994, Quellen des Selbst, Frankfurt/M.
Tenbruck, F.H., 1962, Jugend und Gesellschaft. Soziologische Perspektiven, Freiburg
Tertilt, H., 1996, Turkish Power Boys. Ethnographie einer Jugendbande, Frankfurt/M.
Tessaring, M., 1993, Das duale System der Berufsausbildung in Deutschland: Attraktivität und Beschäftigungsperspektiven, in: MittAB 2/93, S. 121-161
Thränhardt, D., 1996, Geschichte der Bundesrepublik Deutschlang 1949-1990, Darmstadt
Todt, E., 1992, Interesse männlich – Interesse weiblich, in: Jugend '92, Bd. 2, a.a.O., S. 301-319
Tönnies, F., 1887/1978, Gemeinschaft und Gesellschaft. Grundbegriffe der reinen Soziologie, Nachdr. d. 8. Aufl., Darmstadt
Treibel, A., 2004, Einführung in soziologische Theorien der Gegenwart, 6. überarb. und aktualisierte Aufl., Wiesbaden
Trommler, F., 1985, Mission ohne Ziel. Über den Kult der Jugend im modernen Deutschland
Trotha, T. von, 1982a, Zur Entstehung von Jugend, in: KZfSS 34. Jg., S. 255-277
Trotha, T. von, 1982b, Entstehung von Jugend und Erfindung von Jugenddelinquenz als historischer Prozess, in: A, Weymann, Hrsg., Staatliche Antworten als soziale Probleme, Frankfurt/New York, S. 180-202
Tully, C.J. , 2003, Mensch – Maschine – Megabyte, Opladen
Tully, C.J., 2004, Verändertes Lernen in modernen technisierten Welten, Wiesbaden
Ulich, D., 2002, Schulische Sozialisation, in: K. Hurrelmann, D. Ulich (Hg.), a.a.O.
van Dülmen, R., 1997, Die Entdeckung des Individuums, Frankfurt/M.
van Gennep, A., 1909/1995, Übergangsriten, Frankfurt/New York
Vester, M. et al., 2001, Soziale Milieus im gesellschaftlichen Strukturwandel, Frankfurt
Villányi, D., M.D. Witte, U. Sander (Hg.), 2007, Globale Jugend und Jugendkulturen: Aufwachsen im Zeitalter der Globalisierung, Weinheim/München
Vogel, M.R., 1971, Jugendsoziologie, in: T. Ellwein et al. (Hg.), Erziehungswissenschaftliches Handbuch, Dritter Band, S. 236-287
Vogel, M.R., 1974, Erziehung im Gesellschaftssystem, München

Vollbrecht, R., 1997, Jugendkulturelle Selbstinszenierungen, in: Medien und Erziehung, H. 4., S. 7-14

von Friedeburg, L. (Hg.), 1965, Jugend in der modernen Gesellschaft, Köln/Berlin (NWB Bd. 5)

von Friedeburg, L., 1989, Bildungsreform in Deutschland, Frankfurt/M.

von Onna, B., 1976, Jugend und Vergesellschaftung, Frankfurt/M.

Wahl, K., 1989, Die Modernisierungsfalle, Frankfurt/M.

Weber, M., 1922/1972, Wirtschaft und Gesellschaft, Studienausgabe, Tübingen

Weber, M.,1920/1981, Die protestantische Ethik I, Tübingen

Weber, M., 1919/1973, Der Beruf zur Wissenschaft. In: Ders., Soziologie, Universalgeschichtliche Analysen, Politik, Stuttgart, S. 167-185

Weidacher, A. (Hg.), 2000, In Deutschland zu Hause. Politische Orientierungen griechischer, italienischer, türkischer und deutscher Jugendlicher im Vergleich, Opladen

Weingarten, E. et al., 1976, Ethnomethodologie, Frankfurt/M.

Weiß, O., 1999, Einführung in die Sportsoziologie, Wien

Welbergen, J.C., (Hg.), 1979, Die Jugend und ihre Zukunftschancen. Ein Symposium mit Jugendlichen und Vertretern aus Wissenschaft, Wirtschaft, Politik und Verwaltung, Hamburg

Welsch, W., 1988, Unsere postmoderne Moderne, Weinheim

Welzer, H., S. Moller, K. Tschuggnall, 2002, ‚Opa war kein Nazi'. Nationalsozialismus und Holocaust im Familiengedächtnis, Frankfurt/M.

Wensierski, H.-J., C. Lübcke (Hg.), 2007, Junge Muslime in Deutschland. Opladen

Willems, H. et al., (Hg.), 1993, Fremdenfeindliche Gewalt. Einstellungen, Täter, Konfliktseskalation, Opladen

Willis, P., 1979, Spaß am Widerstand. Gegenkultur in der Arbeiterschule, Frankfurt (engl. Orig. 1977)

Willis, P., 1991, Jugend-Stile, Hamburg

Winter, R., 2004, Jungen: Reduzierte Problemperspektive und unterschlagene Potentiale, in: R. Becker, B. Kortendiek (Hg.), Handbuch der Frauen und Geschlechterforschung, Wiesbaden, S. 353-359

Wölber, H.-O., 1959, Religion ohne Entscheidung. Volkskirche am Beispiel der jungen Generation, Göttingen

Wyn, J., White, R., 1997, Rethinking Youth, London: Sage Publications

Ziehe, T., H. Stubenrauch, 1982, plädoyer für ungewöhnliches lernen. Reinbek

Ziehe, Th., 1975, Pubertät und Narzißmus. Sind Jugendliche entpolitisiert? Frankfurt/M.

Ziehe, Th., 1991, Zeitvergleiche – Jugend in der kulturellen Modernisierung, Weinheim und München

Zilch, D., 1992, Die FDJ – Mitgliederzahlen und Strukturen, in: Jugend '92, Bd. 3, a.a.O., S. 61-80

Zimbardo, P.G., R.J. Gerrig, 2004, Psychologie. 16. Auflage, München

Zinnecker, J., 1986, Jugend im Raum gesellschaftlicher Klassen, in: W. Heitmeyer, (Hg.), Interdisziplinäre Jugendforschung, Weinheim und München, S. 99-132

Zinnecker, J. et al., 2002, Null Zoff & voll busy. Die erste Jugendgeneration des neuen Jahrtausends, Opladen

Zinnecker, J., 1987, Jugendkultur 1940-1985, Opladen

Zinnecker, J., 2005, Alles ist möglich und nichts ist gewiss. Deutschlands erste Jugendgeneration im 21. Jahrhundert, in: K. Neumann-Braun, B. Richard (Hg.), Coolhunters, Frankfurt/M., S. 175-190

Zoll, R., 1989, Nicht so wie unsere Eltern. Ein neues kulturelles Modell? Opladen

Verzeichnis der Tabellen und Abbildungen

Tabellen

Abbildungen

Sachregister

Theorie

Dirk Baecker (Hrsg.)
**Schlüsselwerke
der Systemtheorie**
2005. 352 S. Geb. EUR 24,90
ISBN 978-3-531-14084-1

Ralf Dahrendorf
Homo Sociologicus
Ein Versuch zur Geschichte,
Bedeutung und Kritik der Kategorie
der sozialen Rolle
16. Aufl. 2006. 126 S. Br. EUR 14,90
ISBN 978-3-531-31122-7

Shmuel N. Eisenstadt
**Die großen Revolutionen und
die Kulturen der Moderne**
2006. 250 S. Br. EUR 34,90
ISBN 978-3-531-14993-6

Shmuel N. Eisenstadt
Theorie und Moderne
Soziologische Essays
2006. 607 S. Geb. EUR 49,90
ISBN 978-3-531-14565-5

Axel Honneth /
Institut für Sozialforschung (Hrsg.)
**Schlüsseltexte der
Kritischen Theorie**
2006. 414 S. Geb. EUR 34,90
ISBN 978-3-531-14108-4

Niklas Luhmann
Beobachtungen der Moderne
2. Aufl. 2006. 220 S. Br. EUR 24,90
ISBN 978-3-531-32263-6

Uwe Schimank
**Differenzierung und Integration
der modernen Gesellschaft**
Beiträge zur akteurzentrierten
Differenzierungstheorie 1
2005. 297 S. Br. EUR 29,90
ISBN 978-3-531-14683-6

Uwe Schimank
**Teilsystemische Autonomie
und politische Gesellschafts-
steuerung**
Beiträge zur akteurzentrierten
Differenzierungstheorie 2
2006. 307 S. Br. EUR 29,90
ISBN 978-3-531-14684-3

Jürgen Raab / Michaela Pfadenhauer /
Peter Stegmaier / Jochen Dreher /
Bernt Schnettler (Hrsg.)
Phänomenologie und Soziologie
Theoretische Positionen, aktuelle Pro-
blemfelder und empirische Umsetzungen
2008. 415 S. Br. EUR 29,90
ISBN 978-3-531-15428-2

Erhältlich im Buchhandel oder beim Verlag.
Änderungen vorbehalten. Stand: Juli 2008.

www.vs-verlag.de

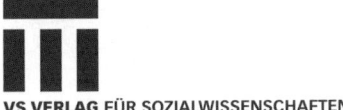

VS VERLAG FÜR SOZIALWISSENSCHAFTEN

Abraham-Lincoln-Straße 46
65189 Wiesbaden
Tel. 0611.7878-722
Fax 0611.7878-400

Soziologie

Hans Paul Bahrdt
Die moderne Großstadt
Soziologische Überlegungen
zum Städtebau
Hrsg. von Ulfert Herlyn
2. Aufl. 2006. 248 S. Br. EUR 34,90
ISBN 978-3-531-14985-1

Jürgen Gerhards
**Kulturelle Unterschiede
in der Europäischen Union**
Ein Vergleich zwischen Mitgliedsländern,
Beitrittskandidaten und der Türkei
2., durchges. Aufl. 2006. 316 S.
Br. EUR 29,90
ISBN 978-3-531-34321-1

Andreas Hadjar / Rolf Becker (Hrsg.)
Die Bildungsexpansion
Erwartete und unerwartete Folgen
2006. 362 S. Br. EUR 29,90
ISBN 978-3-531-14938-7

Ronald Hitzler /
Michaela Pfadenhauer (Hrsg.)
Gegenwärtige Zukünfte
Interpretative Beiträge zur sozialwissen-
schaftlichen Diagnose und Prognose
2005. 274 S. Br. EUR 19,90
ISBN 978-3-531-14582-2

Andrea Mennicken /
Hendrik Vollmer (Hrsg.)
Zahlenwerk
Kalkulation, Organisation
und Gesellschaft
2007. 274 S. (Organisation und
Gesellschaft) Br. EUR 29,90
ISBN 978-3-531-15167-0

Armin Nassehi
Soziologie
Zehn einführende Vorlesungen
2008. 207 S. Geb. EUR 16,90
ISBN 978-3-531-15433-6

Gunter Schmidt / Silja Matthiesen /
Arne Dekker / Kurt Starke
Spätmoderne Beziehungswelten
Report über Partnerschaft und Sexualität
in drei Generationen
2006. 159 S. Br. EUR 24,90
ISBN 978-3-531-14285-2

Georg Vobruba
**Entkoppelung von Arbeit
und Einkommen**
Das Grundeinkommen in der
Arbeitsgesellschaft
2., erw. Aufl. 2007. 227 S. Br. EUR 24,90
ISBN 978-3-531-15471-8

Erhältlich im Buchhandel oder beim Verlag.
Änderungen vorbehalten. Stand: Juli 2008.

www.vs-verlag.de

VS VERLAG FÜR SOZIALWISSENSCHAFTEN

Abraham-Lincoln-Straße 46
65189 Wiesbaden
Tel. 0611.7878 - 722
Fax 0611.7878 - 400